本书出版受河北经贸大学学术著作出版基金、河北省高等学校人文社会科学重点研究基地河北经贸大学现代商贸服务业研究中心资助

中国资源型城市
绿色转型复合系统研究

张晨 著

中国社会科学出版社

图书在版编目（CIP）数据

中国资源型城市绿色转型复合系统研究/张晨著.—北京：中国社会科学出版社，2022.3
ISBN 978-7-5227-0800-3

Ⅰ.①中⋯ Ⅱ.①张⋯ Ⅲ.①城市经济—绿色经济—转型经济—研究—中国 Ⅳ.①F299.21

中国版本图书馆 CIP 数据核字（2022）第 153113 号

出 版 人	赵剑英
责任编辑	车文娇
责任校对	周晓东
责任印制	王　超
出　　版	中国社会科学出版社
社　　址	北京鼓楼西大街甲 158 号
邮　　编	100720
网　　址	http://www.csspw.cn
发 行 部	010-84083685
门 市 部	010-84029450
经　　销	新华书店及其他书店
印　　刷	北京明恒达印务有限公司
装　　订	廊坊市广阳区广增装订厂
版　　次	2022 年 3 月第 1 版
印　　次	2022 年 3 月第 1 次印刷
开　　本	710×1000　1/16
印　　张	18.5
插　　页	2
字　　数	303 千字
定　　价	98.00 元

凡购买中国社会科学出版社图书，如有质量问题请与本社营销中心联系调换
电话：010-84083683
版权所有　侵权必究

序　言

在我国工业化和城市化进程中，资源型城市一直是我国城市经济乃至整个国民经济的重要"增长极"，是国家经济建设所需能源和原材料的供应基地。但是随着时间的推移，我国资源型城市中的一些城市资源已经趋向萎缩甚至枯竭，主导产业逐渐没落，正面临一系列城市发展中的问题。如何在资源逐步枯竭的情况下避免矿竭城衰，如何在资源尚未枯竭时探索出一条可持续发展的新路，已经引起全社会的广泛关注。资源型城市应结合自身实际，进行经济增长方式的转变，不仅要转型，而且要推动生产方式的绿色革新，实现绿色转型。

在当前"绿色"发展已成为时代的主题。党的十八大报告明确提出了包括生态文明在内的"五位一体"新布局的构想，党的十九大报告进一步提出要建立健全绿色低碳循环发展的经济体系，这些都为我国资源型城市发展绿色经济、实施绿色转型奠定了坚实的政策基础。在党的十九大精神和"两个一百年"奋斗目标的指引下，推进资源型城市绿色转型具有特殊重要的意义。资源型城市摆脱黑色路径依赖、实现绿色转型发展，与绿色经济体系的建立具有相同的历史背景和出发点，是我国经济社会可持续发展的客观需求。

本书的研究目的是挖掘资源型城市绿色转型内涵，探索绿色转型内部各系统的构成及其相互影响。主要围绕什么是资源型城市绿色转型，怎样实现资源型城市绿色转型，以及如何评价资源型城市绿色转型等一系列问题展开研究。本书从资源型城市绿色转型理论出发，阐述了绿色转型的内涵，构建了资源型城市绿色转型的复合系统，设立了资源型城市绿色发展能力评价指标体系，探讨了我国资源型城市绿色转型机制及转型对策。既是对资源型城市绿色转型问题的一次理论性思考，又是对资源型城市绿色转型太原案例的实证性探索，并在研究过程中有如下收获。

一是对资源型城市绿色转型内涵提出了新的界定。本书构建绿色转型三维结构模型来阐述绿色转型内涵,通过比较分析,得出一般经济转型与绿色转型的差异,即绿色转型在经济、社会、资源、环境、企业、产业、政府七方面与一般经济转型存在显著不同。相较而言,资源型城市绿色转型强调绿色经济的实现而非仅为避免"矿竭城衰";强调产业内劳动力质量的挖掘提升而非产业间劳动力数量的转移安置;强调资源的高效利用而非脱资源化发展;强调生产过程对环境的保护而非生产过后对污染的治理;绿色转型注重企业绿色运营制度和绿色创新体系的构建;注重资源型产业的绿色改造及产业体系的绿色重构;注重转型过程中政府角色的转换及其自身的绿色约束与管理。

二是提出了生态环境保护成本与人力资本提升成本是绿色转型特有的内化成本。本书分析了资源型城市绿色转型的内化成本、最佳时期及最优模式,在把握绿色转型内涵的基础上,进一步指出,生态环境保护成本与人力资本提升成本是资源型城市绿色转型特有的内化成本;绿色转型可以选择在资源型产业成长期、成熟期和衰退前期进行;绿色转型的最优模式为产业延伸模式。

三是构建了资源型城市绿色转型复合系统模型。本书运用复合系统理论与建模方法构建模型,使之与阐述资源型城市绿色转型内涵的三维结构模型相对应,从经济、社会、资源、环境四大因素及企业、产业、政府三大主体角度进行系统归纳。其中,动力系统回答资源型城市为什么要进行绿色转型的问题,它由四大因素代表的经济子系统、社会子系统、资源子系统、环境子系统共同构成,剖析了绿色转型的必要性和内在动力;操作系统回答资源型城市如何进行绿色转型的问题,涉及三大主体代表的企业子系统、产业子系统、政府子系统,阐述了实现绿色转型的具体可操作途径;检测系统回答资源型城市进行绿色转型将达到什么目标的问题,它由两个层面共同构成,原因层面包括经济发展、社会和谐、资源节约、环境友好,方法层面包括企业绿色运营、产业绿色重构、政府绿色管理,它们共同对绿色转型应达到的目标效果做出了系统评价。

四是建立了资源型城市绿色发展能力评价指标体系。本书初步设计了由1个一级指标,7个二级指标,17个三级指标,103个四级指标共同构成的资源型城市绿色发展能力评价指标体系。该指标体系承接绿色转型内涵，综合考查资源型城市经济建设、社会发展、资源使用、环境保护、企业运营、产业重构、政府管理七大子系统的发展现状与变化趋势以及七大子系统间的协调状态。通过对太原市绿色转型及绿色发展能力进行定量研究与实证分析，总结了太原市在实施绿色转型前后的发展变化，并为进一步推进资源型城市绿色转型提出了对策建议。

张晨

2019 年 12 月

目 录

第一章 引言 ... 1
第一节 研究背景与研究意义 ... 1
第二节 研究的总体思路与主要内容 ... 8
第三节 研究方法与技术路线 ... 11
第四节 本章小结 ... 14

第二章 资源型城市绿色转型的理论基础与研究综述 ... 16
第一节 资源型城市绿色转型的理论基础 ... 16
第二节 国内外相关领域研究综述 ... 19
第三节 本章小结 ... 43

第三章 资源型城市绿色转型内涵 ... 44
第一节 资源 ... 44
第二节 资源型城市 ... 46
第三节 资源型城市转型 ... 50
第四节 资源型城市绿色转型 ... 56
第五节 本章小结 ... 85

第四章 资源型城市绿色转型复合系统构建 ... 87
第一节 系统科学及其分析方法 ... 87
第二节 资源型城市绿色转型复合系统耦合及演化 ... 94
第三节 资源型城市绿色转型复合系统的内在运转机制 ... 103
第四节 本章小结 ... 108

第五章 资源型城市绿色转型复合系统分解 ……… 110

第一节 动力系统：绿色转型与经济、社会、资源、
环境的关系 ……… 110
第二节 操作系统：绿色转型下的企业、产业、政府行为 …… 118
第三节 检测系统：绿色转型与绿色发展能力评价指标体系 …… 170
第四节 本章小结 ……… 180

第六章 案例研究：山西省太原市绿色转型 ……… 182

第一节 太原城市发展分析 ……… 183
第二节 太原市绿色转型及绿色发展能力评价 ……… 195
第三节 本章小结 ……… 211

第七章 我国资源型城市绿色转型的对策体系 ……… 212

第一节 动力系统角度的对策建议 ……… 213
第二节 操作系统角度的对策建议 ……… 217
第三节 本章小结 ……… 220

第八章 总结 ……… 222

附 录 ……… 227

参考文献 ……… 274

后 记 ……… 286

第一章 引言

第一节 研究背景与研究意义

一 研究背景

资源型城市一直是我国城市经济乃至整个国民经济的重要"增长极",是国家经济建设所需能源和原材料的主要供应基地,在我国国民经济持续快速发展中发挥着重要的支撑作用。但是随着时间的推移,我国资源型城市中的一些城市资源已经趋向萎缩,还有一些已经演化为资源枯竭城市。资源型城市由于资源的逐渐枯竭及主导产业的逐渐没落,正面临一系列的城市发展过程中的经济问题、社会问题,不可避免地影响到这些城市的进一步发展。如何在资源逐步枯竭的情况下避免矿竭城衰,如何在资源尚未枯竭时探索出一条可持续发展的新路,已经引起全社会的广泛关注。资源型城市转型的成功与否,关系着国家经济的发展和社会的稳定,研究我国资源型城市转型,制定出可行、有效的转型方案,意义重大,任务艰巨。

资源型城市(Resource-Based City)是我国重要的城市类型。资源型城市的发展主要依靠自然资源来维持,如矿产资源、森林资源等,通过对自然资源的开发利用、简单加工等维持城市的发展。相近的概念有矿业城市(Mining City)、工矿城市(Industrial and Mining City)等。根据中国矿业城市基础数据库,全国现有矿业城市(镇)426个,根据矿业城市的发展阶段,处于老年期、中年期、幼年期的矿业城市(镇)分别有54个、290个和82个,各占12.68%、68.08%和19.25%。根据2013年国务院出台的《全国资源型城市可持续发展规划(2013—2020年)》,全国现有资源型城市262个,其中有67个城市自然资源趋于枯竭,为衰退型资源型城市。而成长型、成熟型、再生型资源型城市①数量分别为31个、141个、23个。处于幼年期、中年期的资源型城市，或属于成长型、成熟型的资源型城市，均可认为是资源未枯竭型城市。由以上数据可以看出，我国资源未枯竭型城市是我国资源型城市的重要类型，在资源型城市中占有较高比重，对全国经济社会的稳定和发展也具有举足轻重的作用。

然而长期以来，国内外政府、专家学者对资源枯竭型城市关注较多，但对资源尚未枯竭、主导产业对城市发展仍具有较强拉动作用的资源未枯竭型城市却关注不够。资源型城市若全部等待资源枯竭后获取政府援助，不仅将为国家财政带来沉重负担，而且资源濒枯的状况也会使城市转型及发展陷入被动。为避免矿竭城衰，资源型城市应结合自身实际，在资源尚未枯竭时积极进行经济增长方式的转变。正是基于此动机，本书将侧重对资源尚未枯竭的资源型城市进行分析研究。

当前，我国经济发展进入新常态，由高速增长阶段转向高质量发展阶段，正处在转变发展方式、优化经济结构、转换增长动力的攻关期，绿色可持续发展战略坚定实施，大批资金投向节能减排、生态工程建设，这为资源型城市推动生产方式的绿色革新，摆脱传统经济的黑色束缚提供了良好契机，资源型城市，尤其是资源未枯竭型城市应把握时机探索出一条可持续发展的新路，不仅要转型，而且要实现绿色转型。

太原市作为资源尚未枯竭的资源型城市的代表，近年来积极进行绿色转型实践的探索与创新，成为全国资源型城市绿色转型的先锋。2006年以来山西省太原市积极推进城市绿色转型工作，要求强化绿色理念，围绕发展模式创新，制定绿色标准，全方位、宽领域、深层次推进绿色转型。太原市委、市政府把建设创新型城市、整体推进绿色转型列入"十一五"规划纲要，进一步明确了率先发展的思路。2007年4月12日，太原召开创新发展模式、推进绿色转型工作会议，提出要向绿色经济社会全面转型，并进一步明确了绿色转型的方向、推进路径及具体措施。

---

① 成长型城市资源开发处于上升阶段，资源保障潜力大，经济社会发展后劲足，是我国能源资源的供给和后备基地。成熟型城市资源开发处于稳定阶段，资源保障能力强，经济社会发展水平较高，是现阶段我国能源资源安全保障的核心区。衰退型城市资源趋于枯竭，经济发展滞后，民生问题突出，生态环境压力大，是加快转变经济发展方式的重点难点地区。再生型城市基本摆脱了资源依赖，经济社会开始步入良性发展轨道，是资源型城市转变经济发展方式的先行区。

11月14日，太原市召开绿色转型标准体系新闻发布会，《太原绿色转型标准体系》第1部分（总则）、第2部分（框架）正式发布，太原市成为全国第一个编制地方性绿色转型标准体系的城市。2008年12月30日，《太原绿色转型标准体系》第3部分（实施）、第4部分（评价与改进）正式发布，至此，经过两年的努力，太原市共发布地方性绿色标准20个，基本覆盖全市经济社会发展的重点领域，标志着太原市绿色标准体系重点框架初步形成，太原也由此成为全国拥有地方绿色标准最多的城市。此外，为创新发展模式，促进绿色转型，建设资源节约型、环境友好型社会，促进经济社会全面协调可持续发展，太原市结合自身发展实际，分别于2008年、2009年出台了《太原市绿色转型促进条例》《太原市绿色转型促进条例实施办法》。在此基础上，太原市于2010年设立了促进绿色转型专项资金，并就资金使用管理，出台了《太原市促进绿色转型专项资金使用管理办法》。经过10年的努力，太原市绿色转型取得了显著成效，并得到了国家和社会的高度关注与认可。2018年2月13日，国务院批复同意太原市建设国家可持续发展议程创新示范区，同意太原市以资源型城市转型升级为主题，建设国家可持续发展议程创新示范区，将太原市绿色转型与可持续发展推上一个新高度。

太原市绿色转型为我国资源型城市尤其是资源尚未枯竭的资源型城市在"创新、协调、绿色、开放、共享"的新发展理念指引下实施绿色转型开辟了道路，提供了较好的经验借鉴，也为本书的研究提供了生动可靠的研究素材。在山西省太原市绿色转型实践的启发下，本书将研究内容进一步确定为资源尚未枯竭的资源型城市的绿色转型研究。

二 研究意义

（一）理论意义

对于资源尚未枯竭的资源型城市进行定向绿色转型研究，使其能够另辟发展蹊径，从经济学角度来说具有十分重要的理论意义。首先，资源型城市本身是一个复杂的系统，总结资源型城市的分布、特征、发展机制和转型规律等内容，为推动现有资源型城市发展与转型问题提供理论依据。其次，这一研究融合了多种门类的学科知识，比如城市经济学、产业经济学、发展经济学及资源环境经济学等，对于多学科融会交流、促进学科理论的综合发展具有一定意义。再次，当前学术界对资源枯竭型城市关注较多，但对资源未枯竭型城市却关注不够。资源枯竭型城市的转型与资源未枯竭型城市的转型有其共同之处,但是也存在诸多差别,因此要用发展的眼光看待发展中的问题,对资源濒临枯竭的城市和资源尚充足的城市,要分情况处理资源使用及主导产业的选择问题,本书正是对资源型城市理论研究中较少涉及的资源未枯竭型城市转型问题进行了初步的探讨。最后,有关"绿色转型"的相关文献极为少见,就该命题相关文献资料的搜集整理情况来看,除山西省太原市构建的全国首个《绿色转型标准体系》外,我国尚未有资源型城市绿色转型问题的系统理论研究,因此本书尝试从复杂系统这一视角入手,研究我国资源型城市绿色转型,具有一定的理论意义。

(二)现实意义

对于资源尚未枯竭的资源型城市进行定向绿色转型研究,使其能够另谋发展出路,从经济学角度来说,具有十分重要的现实意义。根据世界不同国家在发展过程中总结出来的经验,虽然工业发展能够使一国的国民经济快速增长,但以消耗资源为代价的发展对于环境的危害是巨大的,环境一旦被破坏,恢复原貌需要花费几百年甚至上千年的时间。发展中国家科学技术不发达、经济支柱不牢靠,无法拥有发达国家的先进高超技术,尽管在发展过程中,对于环境污染的破坏采取了一定的保护措施,但是仍然无法改变工业化带来的消极影响。根据有关专家研究发现,国际上人均 GDP 在 3000 美元以下的国家和地区,其所有发展几乎都是以牺牲资源和环境为代价的,其中工业是牺牲资源与环境的主要领域[①]。这种以消耗资源为代价的发展,并非长久之计。发展中国家应该改变以往的发展战略,减少资源消耗、提高资源效率。绿色转型是中国城市化健康发展的重要突破口,《全国资源型城市可持续发展规划(2013—2020 年)》指出,促进资源型城市可持续发展,对于维护国家能源资源安全、推动新型工业化和新型城镇化、促进社会和谐稳定和民族团结、建设资源节约和环境友好型社会具有重要意义。目前,我国对资源型城市可持续发展提出了新的要求,迫切需要统筹规划、协调推进。

1. 资源型城市绿色转型依然是当前经济发展的重要任务

"绿色"发展已经成为我国经济社会发展的主要方向,也是被世界各国所认同的发展模式。党的十八大报告明确提出了包括生态文明在内的

---

① 王顺华:《众说纷纭 GDP》,《经济日报》2004 年 5 月 11 日。

"五位一体"新布局的构想,从而为我国提出的绿色经济和绿色转型这一战略决策奠定了坚实的政策基础。党的十九大报告指出,要"建立健全绿色低碳循环发展的经济体系",且高频出现"绿色"相关词汇,如表1.1所示,全文十三个部分里,有三个部分论述了"绿色发展"有关内容,全面阐述了绿色发展的时代背景、现状、理念、建设重点和目标等,成为我国未来一段时期绿色发展的行动指南。在经济新常态背景下,在党的十九大精神和"两个一百年"奋斗目标的指导下,推进资源型城市绿色转型具有特殊重要的意义。资源型城市摆脱"黑色"路径依赖实现绿色转型发展,与绿色经济体系的建立具有相同的历史背景和出发点,是我国经济社会可持续发展的客观需求。

表1.1　党的十九大报告中"绿色"相关词汇高频出现的次数

词汇	生态	环境	资源	绿色发展
出现次数	43	29	13	4

要跟上经济发展的步伐,加快城市化进程,资源型城市仅靠单一的资源经济是远远不够的,必须抓住当前重要的战略机遇期,通过推进绿色转型,构建绿色产业体系,运用循环经济技术模式,努力缩小差距,使资源型城市加入全面建成小康社会的奋斗行列中。我国资源型城市在城市总量中占有相当比重,其绿色转型对于全面建成小康社会举足轻重,没有全国资源型城市的经济发展,就没有全国全面小康社会的实现。因此,资源型城市绿色转型对于全面建成小康社会而言既是一项重要的经济任务,也是一项重要的政治任务。

2. 资源型城市绿色转型是实现可持续发展的必然要求

在发展过程中推行的可持续发展观是人类在追求经济发展中损害生态环境付出沉重代价、受到大自然惩罚后的觉醒。可持续发展战略的实施离不开自然资源的合理开发利用和保护,只有夯实可持续利用的资源和环境基础,可持续发展的经济体系和社会体系才能有效建立。资源型城市在发展过程中,通过开采利用当地资源带来经济的快速迅猛增长,但与此同时,由于太过依赖资源,一旦资源耗竭,又将面临经济社会发展的停滞。因此,资源型城市必须要改变以往对资源的依赖性,注重自然资源的合理利用及高效率开发。资源型城市的发展离不开资源型产业各个环节的相互支撑,当其中一个环节发生问题时就会导致整个环节的崩塌,这种"链条"式的发展模式虽说可以形成产业链和群体优势,但是很容易引起经济危机和生态危机,进一步引发资源危机。所以,对于资源型城市来说,应该从长远的角度来考虑发展问题,不以牺牲生态环境来换取一时的经济增长,主动进行绿色转型,走可持续发展道路。

3. 资源型城市绿色转型是提高城市竞争力的关键

城市竞争是该城市的主导产业的竞争,资源型城市主要依靠资源发展,当资源消耗过多、没有得到合理利用时,资源型产业竞争力会日趋弱化,资源型城市的发展也将面临困境。资源型城市的主导产业主要是对资源进行初级加工,由于处于产业链条的上游,产品附加值低,利润率低。此外,当资源消耗过多时,资源型城市生产产品的成本会逐渐上升,这种长期低利润的发展方式会使资源型城市的积累能力下降。当城市积累能力下降时,会进一步影响该城市的竞争力与创新思维能力,使资源型城市在发展过程中,只能持续依赖自然资源,只能承担初级产品生产加工职能,在这种不断轮回之中形成恶性循环,如图 1.1 所示①。可见,传统资源型产业特点及不可再生资源的可耗竭性对于资源型城市的产业竞争设置了较大的局限性,要改变传统资源型产业的特点,提高资源型城市的产业竞争力,从而进一步提升资源型城市的竞争力,其关键就是进行绿色转型,提高自然资源的使用效率,提高产品附加值及利润率,运用循环经济技术手段节能、低耗、环保地进行生产,最大限度地减少污染,减少浪费,为城市发展注入绿色动力。

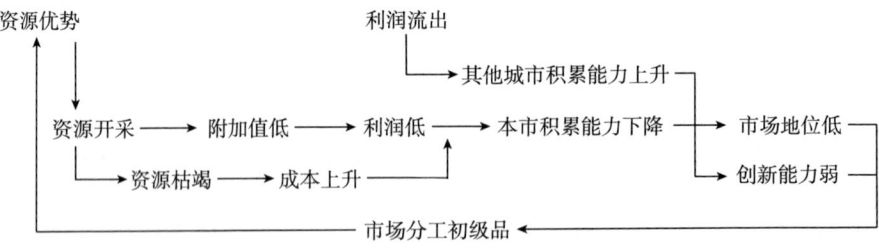

图 1.1　资源型城市产业衰退循环

---

① 张耀辉、路世昌:《衰退地区经济振兴战略》,中国计划出版社 1999 年版,第 244 页。

4. 资源型城市绿色转型为工业经济时代向新经济时代转变奠定基础

根据国民经济和产业生产变化，可以将人类文明划分为黄色文明、黑色文明、绿色文明三个阶段①。

首先，在国民经济和产业发展过程中的第一个阶段是"黄色文明"阶段。在这一阶段，没有太多技术性发展，生产力水平低下。国民经济发展主要以农业为主，资源型城市还没有产生。整个社会处于农业经济时代，对于资源的开发利用并不迫切，对自然资源和生态环境的破坏程度也较低。所以这一发展阶段，可被称为"黄色文明"阶段。

其次，在国民经济和产业发展过程中的第二个阶段是"黑色文明"阶段。在这一阶段，人类已经掌握了很多技术性手段，进入工业经济时代。这一时间段又可以分为三个部分：第一部分，资源型城市的初步发展，轻工业发展较快并在工业中占据了主要地位。第二部分，资源型城市快速发展建设，并达到发展巅峰，制造业在城市发展中的地位得到了新的提高，且重工业占据了工业发展的主要地位。第三部分，资源型城市的地位受到挑战，人们已经察觉到重工业给可持续发展带来的危害，重工业比率开始降低，人类文明演进从"采掘和利用天然化学物质的时代"走向"人工创造和利用化学物质的时代"②。在这一阶段，人类大肆开发资源，谋取了很多经济利益，工业发展取得了巨大的成就，但是也付出了相应的代价，对生态环境的破坏影响深远。所以这一发展阶段，可被称为"黑色文明"阶段。

最后，在国民经济和产业发展过程中的第三个阶段是"绿色文明"阶段。在这一阶段，工业所占的比重越来越低，第三产业逐渐兴盛，资源型城市转型时代开启，第三产业占据了经济发展头条，在国民经济中占据的比例也越来越大。当传统工业化发展模式面临深刻危机、难以为继的时候，人类必然寻求解决之道，设计和建立一种新的制度或机制，进行一场新的"革命"，为实现人类向新经济时代的跨越注入活力。资源型城市绿色转型就是这场新的"革命"，"革命"之后，人类将迈进绿色经济时代。本书认为，绿色经济时代是在工业经济时代之后出现的一种崭新的经济时代，它在时期上可与服务经济时代重叠，但是对服务经济

---

① 杨多贵、高飞鹏：《"绿色"发展道路的理论解析》，《科学管理研究》2006 年第 5 期。
② 韩民青：《文明的演进与新工业革命》，《光明日报》2002 年 4 月 11 日。

时代有更高层次的要求。在绿色经济时代里，人类将进一步理顺自身与经济、社会、资源、环境之间的关系，形成一种健康和谐的共生发展模式。从微观角度讲，人类对于资源可以更加高效合理地进行开采与利用，污染物的排放却日渐降低。从宏观角度讲，随着国民经济的增长，生态环境质量获得持续改善，使人均生态服务价值提升并实现增值，经济、社会、资源、环境实现可持续发展。所以这一发展阶段，可被称为"绿色文明"阶段。

第二节 研究的总体思路与主要内容

一 总体思路

本书研究中国资源型城市绿色转型及绿色转型过程中的复合系统构建问题。主要围绕什么是资源型城市绿色转型、怎样实现资源型城市的绿色转型以及如何评价资源型城市的绿色转型等一系列问题展开研究。

首先，对资源型城市转型相关研究进行了评价，找出盲点并尝试突破创新，从而将本书的研究建立在对国内外研究成果的充分吸收借鉴基础之上。其次，回答"什么是绿色转型"的问题。对资源、资源型城市、资源型城市转型等相关概念进行阐述，并对我国资源、资源型城市及资源型城市转型情况加以系统概述，从而为资源型城市绿色转型内涵的科学界定打牢理论基础。通过建立绿色转型三维结构模型，阐述资源型城市绿色转型的科学内涵，并进一步探讨资源型城市绿色转型的转型成本、转型时机与转型模式。在此基础上，将本书研究对象——资源型城市进一步界定为处于成长期、成熟期及衰退前期的资源型城市。再次，进行资源型城市绿色转型复合系统的构建与分解，建立由动力系统、操作系统、检测系统共同构成的绿色转型复合系统模型，并详细分析各系统与绿色转型之间的内在联系。之后，进行案例分析。山西省太原市是我国第一个编制地方性绿色转型标准体系的资源型城市，据此本书选取其作为典型案例进行实证分析，支持并检验了本书的理论体系，总结经验寻找不足，以期为我国其他具有类似条件的资源型城市的绿色转型提供良好的经验借鉴。最后，从复合系统角度对我国资源型城市绿色转型提出对策建议。

二 主要内容

全书共分八章。

第一章 引言。主要介绍本书的研究背景及研究意义，介绍全书的总体思路及内容结构、研究方法及技术路线。

第二章 资源型城市绿色转型的理论基础与研究综述。介绍支撑资源型城市绿色转型的可持续发展理论、循环经济理论、产业经济理论等基本理论，并对国内外学者的研究成果进行分析评价。

第三章 资源型城市绿色转型内涵。分层次逐一对资源、资源型城市、资源型城市转型进行内涵阐述，同时对我国资源、资源型城市、资源型城市转型情况加以概述。之后进入对资源型城市绿色转型内涵的探讨。为对绿色转型内涵进行科学系统直观的阐释，本书建立了由原因维、方法维、效果维三个坐标系组成的绿色转型三维结构模型。该模型的提出基于以下思路：为什么要进行绿色转型—怎样进行绿色转型—绿色转型的目标是什么。首先，"为什么要进行绿色转型"，即"绿色转型三维结构模型"的原因维，它由经济、社会、资源、环境四要素共同构成，剖析了绿色转型的必要性和内在动力；其次，"怎样进行绿色转型"，即"绿色转型三维结构模型"的方法维，它由企业、产业、政府三要素共同构成，阐述了实现绿色转型的具体可操作手段；最后，"绿色转型的目标是什么"，即"绿色转型三维结构模型"的效果维，它由两个层面七个要素共同构成，原因维层面包括经济发展、社会和谐、资源节约、环境友好四要素；方法维层面包括企业绿色运营、产业绿色重构、政府绿色管理三要素，它们对绿色转型应达到的目标效果做出了较为科学的评价。同时，从四大因素和三大主体角度对资源型城市绿色转型与资源型城市一般经济转型内涵加以比较，使绿色转型的内涵更加完整、更加清晰。此外，本章在把握绿色转型内涵的基础上，深入研究绿色转型的成本、最佳转型时机及转型模式。在转型成本分析上，指出生态环境保护成本与人力资本提升成本是绿色转型特有的内化成本，资源型城市绿色转型不仅能实现外部成本向企业内化，而且能进一步实现外部成本向生产系统内化；在转型成本分析的基础上，本书结合生命周期理论，对资源型产业进行收益、成本、利润的微观分析，指出绿色转型可以选择在资源型产业成长期、成熟期和衰退前期进行，资源型城市选择在不同时期进行绿色转型的难度及转型后的发展潜力是不同的，本书研究对象——资源型城市在此被进一步界定为处于成长期、成熟期及衰退前期的资源型城市，指出本书重点研究的是这部分资源型城市的绿色转型问题。

第四章 资源型城市绿色转型复合系统构建。介绍系统内涵及其系统科学的发展，阐述复杂系统耦合关系及发展演化，在此基础上构建资源型城市绿色转型复合系统模型。绿色转型复合系统模型由动力系统、操作系统、检测系统共同构成。首先，动力系统。动力系统与绿色转型三维结构模型的原因维相对应，回答资源型城市为什么要进行绿色转型的问题，它由四大因素代表的经济子系统、社会子系统、资源子系统、环境子系统共同构成。其次，操作系统。操作系统与绿色转型三维结构模型的方法维相对应，回答资源型城市要如何进行绿色转型的问题，涉及企业、产业、政府三大主体，其中，企业作为基础子系统，从微观层面对操作系统进行研究；产业作为支撑子系统，从中观层面对操作系统进行研究；政府作为决策子系统，从宏观层面对操作系统进行研究。最后，检测系统。检测系统与绿色转型三维结构模型的效果维相对应，回答资源型城市进行绿色转型将达到什么目标的问题，是对四大因素、三大主体的综合考察。在系统构建之后，进一步分析动力系统因素对绿色转型的利益驱动及操作系统主体对绿色转型的行为选择。

第五章 资源型城市绿色转型复合系统分解。分别阐述动力系统、操作系统、检测系统与绿色转型的关系。第一节，动力系统：绿色转型与经济、社会、资源、环境的关系。首先，构建绿色转型效率公式，并对绿色转型效率与经济、社会、资源、环境四大因素之间的关系进行经济学分析。其次，分析在经济、社会、资源、环境四大因素约束下，资源型城市必须实现生产运营模式的调整，即由传统生产过程中的单向线性技术范式向绿色生产过程中的循环网状技术范式转变，并对两种技术范式生产流程的量化分析进行深入比较。第二节，操作系统：绿色转型下的企业、产业、政府行为。该节探讨的是资源型城市如何进行绿色转型的具体方法。该操作系统中包含三个子系统，即基础子系统——企业、支撑子系统——产业、决策子系统——政府。企业、产业、政府三大主体与绿色转型息息相关。其中，绿色企业是资源型城市绿色转型的微观操作基础；绿色产业是资源型城市绿色转型的中观操作支撑；绿色政府是资源型城市绿色转型的宏观操作决策保障。如何实现产业体系的绿色重构，将分别从企业、产业、政府这三大主体的行为及发展模式进行探讨。第三节，检测系统：绿色转型与绿色发展能力评价指标体系。绿色转型是综合反映经济、社会、资源、环境长久健康发展的根本要素，是衡量企业运营、产业结构、政府管理的一把标尺，是考察资源型城市绿色发展能力的基础。从绿色转型内涵出发，考察并评价资源型城市绿色发展能力，有助于观察经济社会发展中无限需求与资源环境运行中有限供给之间的矛盾，有助于发现企业运营、产业结构、政府管理中的问题与不足，从而协调因素与主体间的关系，推进绿色转型顺利进行。资源型城市绿色转型的评价指标体系将反映经济、社会、资源、环境四大因素和企业、产业、政府三大主体的发展现状与变化趋势以及之间的协调状态，是定性与定量分析的结合。

第六章 案例研究：山西省太原市绿色转型。本章全面揭示太原市发展现状、绿色转型实施情况，并对调研到的一手资料及相关数据进行实证研究，全部实证研究过程紧紧围绕绿色转型的内涵展开，即分别考察太原市四大因素（经济、社会、资源、环境）和三大主体（企业、产业、政府）在绿色转型过程中所进行的调整，并进行绿色发展能力评价指标分析，实证结果将通过第五章第三节构建的评价指标检测系统进行验证，最终分析太原市在实施绿色转型后所发生的变化，为发现并找出太原市绿色转型过程中存在的问题并探寻实现绿色转型目标的努力方向奠定基础。

第七章 我国资源型城市绿色转型的对策体系。根据第六章太原市绿色转型案例分析所得到的启示，对太原市及与太原市具有类似条件的我国资源型城市的绿色转型就动力系统——经济、社会、资源、环境及操作系统——企业、产业、政府角度提出一定具有参考价值的对策建议。

第八章 总结。通过回顾和总结，概括本书研究内容所形成的基本结论。

第三节 研究方法与技术路线

一 研究方法

本书采用综合分析、归纳演绎、比较分析、实证分析、复杂系统分析相结合的研究方法对我国资源型城市绿色转型问题进行了研究。

综合分析法。在对资源型城市转型相关理论进行梳理时，综合运用了城市经济学、产业经济学、发展经济学及资源环境经济学等不同学科研究成果。资源型城市矿竭城衰就是在城市运行中，局部出现的变异，使整套城市运行体系失去平衡。因此，资源型城市绿色转型应该把重点放在综合分析与系统研究上，综合考察成本收益、转型时间、方向模式以及动力、操作、检测各系统，同时还要分析经济、社会、资源、环境、企业、产业、政府等各子系统之间的复杂联系，以求达到资源型城市绿色转型的综合动态平衡。

归纳演绎法。通过总结国内外不同类型资源型城市在不同时期的转型发展经验，以期对我国资源型城市绿色转型发展指明方向，并考证其与实际现象的适用程度，就要运用归纳演绎法。本书研究资源型城市绿色转型问题，构建模型并对模型内容及应用进行阐述，同时将模型应用于山西省太原市绿色转型的实践中，依据太原现有的绿色转型特点进行规划，对太原市及与太原市具有类似条件的我国资源型城市的绿色转型问题提出了对策建议。这一分析过程借助的正是归纳演绎法。

比较分析法。通过与资源型城市一般经济转型在经济、社会、资源、环境四大因素及企业、产业、政府三大主体角度的比较分析，明确了资源型城市绿色转型的内涵，为进一步分析其转型成本、转型时机及转型模式奠定了基础。此外，在绿色转型时机的研究基础上，本书得出资源型城市的绿色转型的最优模式——产业延伸模式，并进一步将资源型城市一般经济转型与绿色转型产业延伸模式进行了比较。

实证分析法。其特点是以典型案例为切入点，通过对典型案例的深入研究分析，总结资源型城市转型发展过程中的经验，并概括推理出适用于自身转型发展的规律。本书以我国第一座绿色转型具有代表性的资源型城市山西省太原市为案例进行剖析，运用AHP层次分析法构建绿色发展能力评价指标体系，利用调研所得的一手资料及相关数据进行检验，最后得出具有普遍意义的重要结论。

复杂系统分析法。资源型城市绿色转型研究，实质上是资源型城市动力系统、操作系统、检测系统及其包含的"经济—社会—资源—环境—企业—产业—政府"耦合而成的复杂系统的研究。复杂系统一般都具有四大共同特质：一是系统规模大而复杂，各个环节之间相互联系且环环相扣。二是系统在演化的过程中具有不确定性。三是系统并非静止，而是处于不断的动态变换之中。四是系统并非封闭，而是开放性地不断与外界环境进行交流交换。资源型城市绿色转型过程就是一个庞大的复杂系统，要更好地探求资源型城市绿色转型内部机理，揭示资源型城市绿色转型规律，就需要运用系统理论和系统分析的方法对其进行研究。考量资源型城市绿色转型中的复杂联系，绿色转型中的推动力因素、可操作主体及可调可控的检测手段等，以期为资源型城市绿色转型提供切实有效的对策建议。

二 技术路线

基于上述研究内容，本书研究主体可划分为五大部分，技术路线如图1.2所示。

第一部分为绿色转型基础研究，包含本书的第一章、第二章。其中，第一章为对资源型城市绿色转型研究开展的准备工作，涵盖了背景意义、思路内容、研究方法与技术路线等。第二章为理论梳理，详细介绍了与资源型城市绿色转型相关的各种基本理论，比如可持续发展理论、循环经济理论、产业经济学理论等，并对国内外相关研究进行综述。

第二部分为绿色转型内涵研究，包含本书第三章。通过与一般经济转型的比较，对资源型城市绿色转型概念进行较为完整的诠释。同时，在绿色转型概念的基础上进行深入探讨，进一步研究绿色转型的成本、最佳转型时机及转型模式，并以此为理论依据对本书研究对象——资源未枯竭型城市进行进一步界定。

第三部分为绿色转型系统研究，包含本书第四章、第五章。其中，第四章为模型构建，在阐述复杂系统理论的基础上构建资源型城市绿色转型复合系统模型。第五章为模型分解，分别从动力系统、操作系统、检测系统探讨推动资源型城市绿色转型的实现方法及途径。

第四部分为绿色转型实证研究，包括本书第六章。对我国资源型城市的代表——山西省太原市的发展现状、绿色转型实施情况及绿色发展能力进行分析研究，对调研获得的绿色转型一手资料及相关数据进行实证检验。

第五部分为绿色转型对策研究，包括本书第七章、第八章。对以太原市为代表的我国资源型城市的绿色转型提出对策与建议。

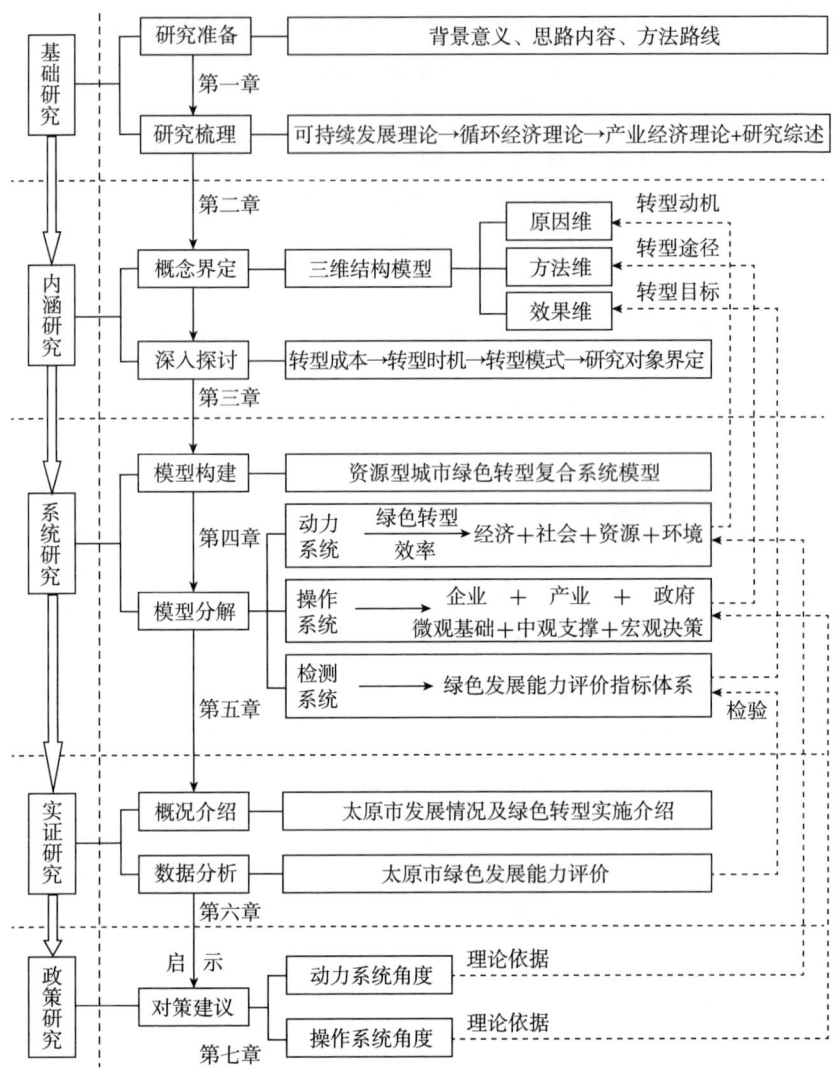

图 1.2 研究技术路线

第四节 本章小结

本书分析了资源未枯竭型城市在国民经济发展中占据地位和资源未枯竭型城市起到的作用，以此引起社会的关注和共识，带动资源未枯竭型城市的绿色转型发展。资源未枯竭型城市应把握时机探索出一条可持续发展的新路，不仅要转型，而且要实现绿色转型。太原市作为资源尚未枯竭的资源型城市的代表，通过绿色转型实践的探索与创新，成为全国资源型城市绿色转型的先锋，为本书提供了较好的经验借鉴与生动可靠的案例素材。

从经济学角度研究我国资源型城市绿色转型问题具有重要理论与现实意义。资源型城市绿色转型是全面建成我国小康社会的重要任务，是实现可持续发展的必然要求，是提高城市竞争力的关键，为工业经济时代向新经济时代转变奠定基础。

本书综合运用综合分析、归纳演绎、比较分析、实证分析、系统分析相结合的多种可实用的理论和实践分析方法，深入研究探讨关于中国资源型城市绿色转型及绿色转型过程中的复合系统构建问题。主要围绕什么是资源型城市绿色转型，如何实现资源型城市绿色转型等问题展开研究。全书共分八个章节，分别是：第一章引言，第二章资源型城市绿色转型的理论基础与研究综述，第三章资源型城市绿色转型内涵，第四章资源型城市绿色转型复合系统构建，第五章资源型城市绿色转型复合系统分解，第六章案例研究：山西省太原市绿色转型，第七章我国资源型城市绿色转型的对策体系，第八章总结。研究主体可划分为五大部分，第一部分为绿色转型基础研究，包含本书的第一章、第二章两大章。第二部分为绿色转型内涵研究，包含本书第三章。第三部分为绿色转型系统研究，包含本书第四章、第五章两大章。第四部分为绿色转型实证研究，包括本书第六章。第五部分为绿色转型对策研究，包括本书第七章、第八章两大章。

第二章 资源型城市绿色转型的理论基础与研究综述

第一节 资源型城市绿色转型的理论基础

在研究资源型城市绿色转型前,有必要对相关理论进行梳理。通过系统总结归纳基础理论,使研究内容从局部研究上升到综合研究。依据"五位一体"总体布局,获得资源型城市转型理论的再认识,从而探索资源型城市绿色转型的复合系统研究模式,为完善与发展现代资源型城市转型理论提供新思路寻找新方法。资源型城市绿色转型相关理论主要包括可持续发展理论、循环经济理论及产业经济理论等。

一 可持续发展是资源型城市绿色转型的目标

当人类社会生产力发展到一定阶段,为保证人类更好地生存,可持续发展理念应运而生。可持续发展意在发展能够持续有效进行,它是一种更加先进的发展观,是一种全新的经济社会发展模式,也是人类在自身发展过程中总结出来的最适合于人类发展的一种理念。研究资源型城市绿色转型的本质就是研究资源型城市如何实现可持续发展问题。

推行可持续发展观念,是因为可持续发展观念能够正确地反映经济、社会、资源、环境的内在联系,缓解经济增长与资源匮乏之间的矛盾,满足人类社会当前发展需要,促进当代发展。不仅如此,可持续发展观念还有助于反映生态系统内在的规律与客观要求,有助于科学地预测未来人类、社会与环境之间相互关系的主观要求,保证后代持续健康发展。可持续发展观是对传统发展观的扬弃,与传统发展观比较,可持续发展观坚持发展是主题,坚持可持续发展是根本,坚持走整体、协调、综合化的发展道路。可持续发展观念让人类不再以无休止地消耗资源为代价谋求经济的快速发展，既能够保证当代发展需求，又能为未来人类社会和生态环境之间的科学联系互动提供保障，因此是一种理性化的发展观念，它指导人类用一种平衡理性的视角去看待发展问题。

资源型城市多是凭借对当地资源的开采、利用及对所开采的初级产品进行加工而实现城市经济的快速发展，这一发展模式并非长久之计，不属于可持续发展。因为资源型城市在经济快速发展过程中，无时无刻不消耗着资源，而消耗的资源多是不可再生的，矿竭而城衰，随着可采资源的逐步耗竭，资源型城市将面临城市不可持续发展的问题。由于资源型城市经济发展呈现独特的资源性，其资源型产业发展对城市经济的贡献也呈现出特殊性与重要性，因此，资源型城市发展更要遵从可持续发展理念。绿色转型就是以可持续发展理念为目标的重要经济转型模式。它要求资源型城市，尊重客观发展规律，崇尚绿色发展理念，推动城市企业实现绿色运营，城市产业进行绿色重构，政府机构开展绿色管理，以实现经济、社会、资源、环境的可持续发展目标。为此，资源型城市应当坚持绿色导向，加大科技研发力度与投入，认真规划制定减少资源消耗、提升资源效率的方针策略，并积极进行污染治理，维护赖以生存的生态环境。通过绿色转型实现资源型城市的可持续发展。

二 循环经济是资源型城市绿色转型的导向

循环经济是一种强调资源环境相协调、互为依存的社会经济发展模式，本质上与可持续发展理念具有一致性。它要求把经济活动建立在物质财富的丰富、经济数量的增长、文化水平的提高、产业结构的优化、人口的规模等社会环境指标与生物多样性、土地承载力、环境质量、可供使用的资源数量等自然环境指标综合分析、合理规划的基础上，实现协调发展作为追求人类社会进步的极致，即要求把经济活动组织成一个"资源—产品—再生资源"的反馈式非线性经济，所有的物质和能源在这个不断进行的经济循环过程中得到最大限度的、合理的和持久的利用，从而使经济活动对自然资源的破坏和环境的污染等不利影响降到尽可能低的程度。

因此，循环经济可作为资源型城市绿色转型的导向。第一，循环经济是资源型城市绿色转型的路径导向。由于资源特别是矿产性资源大多具有不可再生性，开采过后想要恢复就需要花费几百年甚至上千年的时间。资源型城市的支柱产业会随着矿产资源的耗竭而由盛转衰。资源型城市经济发展又会随着其支柱产业的由盛转衰而停滞不前。循环经济理念为资源型城市的绿色发展道路提供了路径导向。资源型城市可以通过提高资源利用效率、延长产业链,从而延长资源型城市的生命周期,在合理高效利用资源的同时,利用循环经济发展其他非资源产业,促使资源型城市的产业发展向多样化模式转变。

第二,循环经济是资源型城市绿色转型的产业导向。循环经济原理作用于资源型城市,主要在于修复资源型城市产业系统及产业链条,使其能够建立一个良性的循环发展模式,弥补产业发展漏洞,接续产业重构断层,更好地完成资源型城市绿色转型。

第三,循环经济是资源型城市绿色转型的非物质导向。非物质性提倡对人类生产生活方式进行重新规划,对产品和服务进行重新理解,强调非物设计与服务设计,从而降低能耗,保护自然资源和生态环境。循环经济以绿色理念为导向,以先进技术为支撑,在减少资源消耗的同时,推动经济社会的发展,提高人们的生活质量。可以认为,循环经济脱离了单纯的物质追求,站在更高的发展层面,创新性地提出新的发展思路与解决方案。在循环经济导向下,资源型城市发展不再只注重于数量,而是更注重质量,从强调物质增长向注重非物质增长转变。

第四,循环经济是资源型城市绿色转型的非线性导向。资源型城市的发展模式大多是依靠大量的资源投入换取经济增长的粗放型发展模式,与传统经济理论吻合,主要发展目标就是追求经济利益的增长,其结果就是加重了资源的短缺和环境的压力,加快了从资源到废物的这一线性变化过程。而循环经济理念强调统筹兼顾,既能够在环境承受能力范围之内开采资源,也能够实现经济社会的持续快速发展,完成既定发展阶段目标。对于资源型城市绿色转型而言,就是要利用循环经济改变传统单向线性模式,减少过程中的资源和能源消耗,延长和拓宽生产技术链,最终实现可持续发展。

三 产业结构演进及优化是资源型城市绿色转型的突破口

合理的产业结构是经济持续健康发展的基础,其演进及优化是资源型城市发展的客观要求,也是实现资源型城市绿色转型的突破口。要顺利实现资源型城市绿色转型,促进经济可持续增长,就必须推动产业结构合理演进。资源型城市的产业结构演进主要是通过改变资源型城市原本不协调的产业体系,推动实现产业体系绿色重构来实现的。资源型城市通过主体产业群与辅助产业群的相互配合,将发展过程中已经落伍的、不适应时代潮流的落后产业进行调整组合、优胜劣汰、优化升级，从而实现资源型城市经济社会的健康持续发展。

一方面，要推进产业结构合理化。必须使产业间保持协调状态，即在一定经济条件下实现产业结构合理化。在市场不完善，价格信号不能起到自行调节供求关系的条件下，要使经济不断增长就必须调整产业结构，把各种资源调整到彼此相适应的位置上，使资源达到有效配置，实现经济增长的短暂均衡。在一定技术水平下，部门间联系是经济增长的客观基础，而实现这种部门间联系，则是各产业在经济增长中协调发展的结果。因此，为了实现经济的快速、协调和健康发展，必须建立合理的部门联系。另一方面，要推进产业结构高度化。这种高度化，主要是指在产业发展过程中的科技含量的提高和产业效率的提高，使其从低效向高效过渡，从低级向高级过渡。不断提高产业结构的素质，是产业结构演进的重要内容，它主要表现在技术的进步上。然而，产业发展不会按其地位、作用自行调节到位，产业结构演进过程中的主导产业发展，经济快速增长中的支柱产业发展，基础产业发展，以及第一、第二、第三产业如何协调发展等问题，都需要对产业结构进行必要的调整方能实现。产业结构合理化、高度化两个方面是对立统一、相辅相成的。离开产业结构的合理化，就很难实现产业结构的高度化；同理，离开产业结构的高度化，产业结构的合理化将偏离调整方向，并有可能陷入低水平的恶性循环。

综上所述，产业结构演进和优化与城市发展具有内在的联系，在产业结构演进过程中，构建合理化、高度化的产业结构能够促进资源型城市更好地进行绿色转型，逐渐摆脱城市发展对不可再生资源的依赖。资源型城市产业合理化、高度化的绿色转型过程，是通过产业体系绿色重构及主体产业群与辅助产业群的协调配合来实现的。这种产业体系重构与科学技术进步相联系，资源型城市在产业绿色转型过程中，既要遵循产业结构演进与优化的一般规律，也要遵循经济社会发展的客观规律。

第二节　国内外相关领域研究综述

中国现代化建设是在人口基数大、人均资源少、经济发展和科学技术水平都相对落后的条件下进行的。自20世纪70年代以来，随着中国人口的增长、经济的发展和人民生活水平的不断提高，我国资源环境也面临着越来越大的压力。尤其对很多资源型城市而言，相当一部分 GNP（Gross National Product）的增长从科学的可持续发展角度来看不但不是业绩，反而是一种破坏，因而有人说 GNP 的意思是国民总污染（Gross National Pollution）。所以，资源型城市尤其是资源未枯竭型城市选择一条什么样的发展道路已成为与当代中国人民及其子孙后代生存息息相关的重大问题。绿色转型就是要使资源型城市通过转型，高效利用资源，减少对生态的破坏和环境的污染，最终实现良性循环、协调发展的绿色经济模式。因此，对资源型城市进行的绿色转型研究将不可避免地涉及资源型城市发展与绿色转型相关研究。

一 资源型城市相关研究

（一）国外研究状况

1. 主要研究阶段

在 18 世纪，人们就开始步入矿产资源大规模开采利用的工业化时代，随着各种矿产资源被逐渐发现、不断开发，诸多资源型城市也应运而生。伴随着资源型城市的发展，资源型城市和其他城市的不同之处也逐渐显露出来，众多学者对此问题的研究经历了由浅入深的四个不同阶段，如表 2.1 所示。

表 2.1　　　　　　　国外资源型城市研究进展阶段

阶段	时期	特征	代表人物
理论形成	20 世纪 30 年代初—70 年代中期	主要以单一城市（镇）或特定区域中的若干城市为对象进行研究	Innis、Robinson 等
理论发展	20 世纪 70 年代中期—80 年代中期	研究范围从个体的研究转到对群体的总结归纳	J. H. Bradbury、C. O'Faircheallaigh 等
理论应用	20 世纪 80 年代中期—20 世纪末	关注各种结构的改变和经济全球化对于资源型城市发展带来的影响	R. Hayter、T. J. Barnes 等
理论延伸	21 世纪以来	资源型城市的发展逐渐向可持续性发展方向靠拢	Barns、Hayter 等

（1）第一阶段：理论形成阶段（20 世纪 30 年代初—70 年代中期）

理论形成阶段的研究时间是在 20 世纪 30 年代初到 70 年代中期。在这一时间段内主要是以单一城市的某些区域为研究对象进行调查分析，调查的内容也很详细，包括但不限于性别歧视、婚姻破裂、酗酒等。在调查过程中，主要运用传统的社会心理学、城市规划学理论与调查方法，对生活环境为居民造成的影响进行考察研究，寻找带来社区不稳定的因素。

首先在这一领域进行开创性研究的是加拿大著名经济史学家、经济地理学家伊内斯（Innis），其代表作有《加拿大的毛皮贸易》（1930年）[1]、《加拿大的原材料生产问题》（1933年）。之后，鲁滨逊（Robinson）于1962年出版《加拿大资源富集边缘区的新兴工业镇》，首次对加拿大资源型社区进行了全面的评估[2]，对资源型城市的研究更加深入化系统化。卢卡斯（R. A. Lucas）对资源型社区的调查和鲁滨逊对整个加拿大的资源型社区调查不同，卢卡斯只是针对一个单一的社区进行研究，通过代表作《采矿、磨坊、铁路城镇、加拿大单一工业社区的生活》（1971）提出了单产业城镇或地区的四个发展阶段理论[3]。赛门斯（Siemens）于1976年发表《加拿大资源边缘区的单一企业社区》，提出了通过规划来改善资源型社区的生活质量[4]。

（2）第二阶段：理论发展阶段（20世纪70年代中期—80年代中期）

理论发展阶段的研究时间是在20世纪70年代中期到80年代中期。研究范围从关注个体的发展过渡到针对群体的归纳总结。这一阶段，国外学者主要运用了依附理论、中心—外围理论等，研究资源型城市的兴起和衰落以及在此过程中表现出来的社会经济特征。

这一阶段的代表人物有加拿大著名地理学家布莱德伯里（J. H. Bradbury）和欧费奇力格（C. O'Faircheallaigh），他们对以前的研究持否定态度，认为过去的研究没有对结构状况进行充分分析，指出，"结构状况是单一企业社区中社会、经济问题的症结所在"，"合理的资源

---

[1] Innis, H. A., *The Fur Trade in Canada. An Introduction to Canadian Economic History*, Toronto: University of Toronto Press, 1930, pp. 383-402.

[2] Robinson J. L., "Geographical Reviews", *American Geographical Review*, Vol. 54, No. 2, 1964.

[3] Lucas, R. A., *Minetown, Milltown, Railtown, Life in Canadian Communities of Single Industry*, Toronto: University of Toronto Press, 1971, pp. 410-423.

[4] Siemens, L. B., Peach, J. W., Weber, S. M., "Aspects of Interdisciplinary Research in Resource Frontier Communities", Papers Presented to the Canadian Council for Research in Education Conference, Ottawa, March 9-11, 1970, Occasional Papers, Series 5, No. 5. Winnipeg, Man.: Center for Settlement Studies, University of Manitoba, 1970, pp. 45-75.

型城镇发展理论的建立，应依赖于对不平衡发展和资本积累的过程及背景的理解"，地方政府应通过制定鼓励性政策制度，引导资源流向资源型城市，促进资源型城市的资本积累[1]。

(3) 第三阶段：理论应用阶段（20 世纪 80 年代中期—20 世纪末）

理论应用阶段的研究时间是在 20 世纪 80 年代中期到 20 世纪末。学者开始关注各种结构的改变和世界经济全球化对于资源型城市发展带来的影响。在这个阶段的研究发展过程中，学者主要采用了经济结构调整理论、劳动力市场分割理论等基本理论。形成的主要观点包括：与灵活的专业化生产对应，资源型城市形成了二元劳动力市场；采掘业强烈的周期性对资源型城市的人口迁移、经济发展、社区发展有着强烈的影响等。

海特（R. Hayter）和巴恩斯（T. J. Barnes）主要是对加拿大矿业资源型城镇劳动市场进行研究。在调查研究中，海特和巴恩斯发现，加拿大的资源型产业经历了两个劳动力市场分割阶段，第一个阶段与福特主义生产相匹配，第二个阶段具有灵活性的特点，采用了专业化的生产手段。具有中心工业区和边缘工作区的发展特点的二元劳动力市场逐步形成[2]。然多（J. E. Randall）和伊如恩思德（R. F. Ironside）在对传统的资源型社区理论进行全面评价的基础上，对加拿大的资源型社区进行了研究调查。

(4) 第四阶段：理论延伸阶段（21 世纪以来）

理论延伸阶段的研究时间是进入 21 世纪后。20 世纪末期可持续发展理论逐渐形成和完善，21 世纪以来可持续发展成为资源型城镇研究的主要方向，学者致力于寻求资源开发、地区发展、社区建设和环境保护等各方面协调、可持续的资源型城镇发展路径和理论模式。在传统的经济产业、劳动力市场、社区建设等研究内容之外，对自然环境的保护、对文化多样性的尊重、对边缘地区资源产地的关注、对女性权利的维护、对资源开发活动综合影响的评价、对发展中国家资源型经济的阐释成为

---

[1] Bradbury, J. H., "Towards an Alternative Theory of Resource-Based Town Development in Canada", *Economic Geography*, Vol. 55, No. 2, 1979; O'Faircheallaigh, C., "Economic Base and Employment Structure in Northern Territory Mining Towns", in Brealey, C. T., Neil, N. P., eds., *Resource Communities: Settlement and Workforce Issues*, Melbourne: CSIRO, 1988, pp. 41-63.

[2] Hayter, R., *Flexible Crossroads: The Restructuring of British Columbia's Forest Economy*, Vancouver: UBC Press, 2000, pp. 321-354; Hayter, R., Barnes, T. J., "The Restructuring of British Columbia Coastal Forest Sector: Flexibility Perspectives", *BC Studies*, Vol. II, No. 3, 1997.

这一时期研究的新课题①。

Barns 和 Hayter 等对 Innis 所提出的大宗商品理论和资源型城镇飓风式的开发模式（Cyclonic Scheme）进行了论述②。Markey Sean 指出，依据区域发展等理论，竞争优势对于资源型城市经济发展具有十分重要的作用。Markey Sean 认为，转型应该从经济和资源的比较优势向城市的竞争优势转变③。加拿大国际发展研究中心（The International Development Research Centre，IDRC）和世界银行所支持的一项研究选取了来自玻利维亚、加拿大、智利、秘鲁和西班牙的6个案例以研究矿业开采对资源型社区经济、社会、文化和环境等方面的影响④。

2. 主要研究内容

国外关于资源型城市的研究主要集中在以下几个方面。

（1）产业转型问题研究

国外学者对于资源型城市产业转型发展进行了长时间的大量研究。从1962年7月到1991年7月，日本政府为了振兴煤矿区经济修改过多次煤炭政策。主要内容是针对国内煤炭资源不足提出可实施性的方针，维持国内煤炭工业生产稳定，不断调整国内煤炭工业结构，将依靠国内煤炭资源自给自足的结构转向从国外进口⑤。

关于资源型城市的经济振兴，可以借鉴国外的成功案例，德国鲁尔区煤矿城镇在20世纪50年代就遭遇到了资源型发展困境，工业结构复杂，加之发展过程中出现了制度错误，导致产业就业人口不断减少、生态环境逐步恶化，甚至出现了产业衰退的现象⑥。后来，鲁尔区煤矿城镇

---

① 柳泽、周文生、姚涵：《国外资源型城市发展与转型研究综述》，《中国人口·资源与环境》2011年第11期。

② Barnes, T. J., Hayter, R., Hay, E., "Stormy Weather: Cyclones, Harole Innis, and Port Alberni, BC", *Environment and Planning A*, Vol. 33, No. 12, 2001.

③ Markey, S., Halseth, G., Manson, D., "The Struggle to Compete: From Comparative to Competitive Advantage in Northern British Columbia", *International Planning Studies*, Vol. 11, No. 1, 2006.

④ McMahon, G., Remy, F., *Large Mines and the Community: Socioeconomic and Environmental Effects in Latin America, Canada, and Spain*, Washington, D. C.: IDRC and World Bank, 2001, pp. 3-18.

⑤ 潘惠正、汪道温、徐启敏：《日本煤炭工业结构调整与政府的支持政策》，《中国煤炭》1995年第11期、第12期。

⑥ ［德］迪特尔·格罗塞尔：《德意志联邦共和国经济政策及实践》，晏小宝等译，上海翻译出版公司1992年版，第201—217页。

实施了产业调整策略，实现了资源型城市的经济复兴。这些产业调整策略包括：对于当地煤矿工艺采取价格上的国家政策补贴，关闭亏损严重的煤矿工业厂，集中发展盈利多且科技水平高的煤矿厂，完善基础设施，促进新兴产业的发展以此带动传统产业发展，适度裁减人员并资助转岗培训等[1]。

（2）社会问题研究

资源型城市研究的另一主要内容是社会问题研究。为了找到资源型城市发展的解决策略，国外学者对社会问题进行了细致研究。例如，对居住在美国宾夕法尼亚州东北部的煤炭城镇居民进行社会调查，指出宾夕法尼亚州盛产煤矿，主要发展也是以煤矿业为主，但是采矿后的利润不高，大量财富跟随煤炭流通到纽约和费城等地，加之资源濒临枯竭，大部分人口迁移往外地[2]，美国宾夕法尼亚州并不是一个具有吸引力的居住地区。

从发展阶段来看，煤炭城镇一共经历了两个不对等的发展阶段。第一个阶段属于工业化早期阶段，自然资源非常丰富，能够供人们开采利用；而后，自然资源逐渐衰退，煤炭城镇进入了第二阶段，即自然资源不够人们开采利用，不能够满足人们所需物质基础的阶段。两个发展阶段都具有一定的稳定时间。这种发展过程中的兴盛与衰退，不仅表现在自然环境中，也表现在人文情怀上。这种发展模式并不能为人们带来利益，同时也不能为他们打造一个具有人文情怀的适合居住的环境，因此，美国宾夕法尼亚州的当地人对所居住的环境并没有居民归属感。

资源型城市社会学研究的又一个重要方面是对社会互动的研究，即对社会垂直互动与水平互动的研究。通俗一点来讲，社区互动的垂直方向研究就是指不同社区之间的联系；社区互动的水平方向研究就是指社区内部不同成员之间的联系。如果社区互动的水平方向很弱，那么社区相对于生活环境就无法进行完全的掌控，而那些社区互动垂直方向很强

---

[1] 焦华富、路建涛、韩世君：《德国鲁尔区工矿城市经济结构的转变》，《经济地理》1997年第2期。

[2] Marsh, B., "Continuity and Decline in the Anthracite Towns of Pennsylvania", *Annals of the Association of American Geographers*, Vol. 77, No. 3, 1987.

的成员就很难适应当地生活环境①。通过规划制定详细的社区互动内容来解决资源型社区的发展，已成为重要的理念。

（3）人口问题研究

欧费奇力格对澳大利亚北部的资源型城市 Alyangula 市的人口特征进行了详细的研究调查②，而布莱德伯里则从人口迁移的角度，对加拿大魁北克—拉布拉多资源型城市的人口特征进行了详细的研究调查③。布莱德伯里的观点是资源型城市的采矿业具有很强烈的周期性，冬季和夏季的采矿比例差别很大，这种大差距造成矿区人口迁移，如果矿区衰退，可能就会造成人口的永久性迁移。由于矿区的两个时期差别较大，采矿业的周期性就存在两个发展极端，在采矿区的兴盛期，就业岗位多、劳动力充足；但是在采矿区的衰退期，就业岗位少、劳动力匮乏。

（4）发展周期问题研究

在资源型城市发展生命周期研究方面，最著名的当属卢卡斯提出的四阶段发展理论，分别是建设阶段、雇用阶段、过渡阶段、成熟阶段。在前两个发展阶段，有明显的人员变动情况，年轻人和家庭先后到来，出生率很高。在第三阶段，公司不再独自经营而是由居民进行统一管理，社区越来越稳定，居民参与意识也越来越强。第四阶段是生命发展周期的成熟阶段，表现在成年劳动力流动率降低，退休比率增加④。

卢卡斯提出的四个发展阶段，属于一个理想的状态，并没有考虑到实际的问题，比如当地人口迁移、资源型城市由于资源消耗逐渐衰退没落等，应该从国际和全球经济的视角去考虑资源型城市转型发展问题。对于以上卢卡斯提出的四个阶段存在的漏洞，布莱德伯里又补充了第五和第六两个阶段。第五和第六阶段区别于上述四个阶段，在这两个阶段资源型城市逐步趋向于衰退化，在第五阶段可能会面临一些工厂的倒闭，

---

① Warren, R. L., *The Community in America*, Chicago: Rand McNally College Publishing, 1963, pp. 133-142.

② O'Faircheallaigh, C. "Economic Base and Employment Structure in Northern Territory Mining Towns", in Brealey, C. T., Neil, N. P., *Resource Communities: Settlement and Workforce Issues*, Melbourne: CSIRO, 1988, pp. 41-63.

③ Bradbury, J. H., "The Impact of Industrial Cycles in the Mining Sector", *International Journal of Urban and Regional Research*, Vol. 8, No. 3, 1984.

④ Lucas, R. A., *Minetown, Milltown, Railtown: Life in Canadian Communities of Single Industry*, Toronto: University of Toronto Press, 1971, pp. 410-423.

而在第六阶段就是资源型城市彻底消亡的阶段。

(5) 相关地区部门关系研究

布莱德伯里关于资源型城市发展阶段的一个基本论点是,在当前的资本主义阶段对资源的开采利用、经营运作分配,都是受跨国大公司控制的,而公司的目标就是使利益总体上实现最大化,从而使资源型城市在发展过程中过度依赖于资源。但是跨国公司不会为单一的资源型城市服务,以至于该资源型城市的经济活动随时都有可能被停止利用,进而影响城市的经济发展。即使跨国公司控制着资源型城市的发展命脉,政府部门也会对这种行为予以默认。布莱德伯里关于资源型城市发展的另一个观点是,资源型城市与为其供给资源、提供服务的工业中心城市之间是剥削关系。资源型城市的发展本来就不如被服务城市发达,再加上资源型城市给予被服务城市的各种自然资源等,使各种资本从资源型城市逐渐流入被服务城市。这种发展的不稳定性使资源型城市越来越依赖于这种服务与被服务的剥削关系,越来越依赖于对资源的开发利用[①]。

但是,对于欧费奇力格来说,布莱德伯里和卢卡斯等对于资源型城市发展的想法过于理想化和简单化,欧费奇力格认为资源型城市的发展要复杂得多。在对这一问题仔细研究时,欧费奇力格发现,地方经营和社会利益集团并不一定代表跨国公司的利益,在城市发展过程中,会出现多种利益集团之间的竞争。欧费奇力格还认为布莱德伯里提出的资源型城市和被服务城市之间是剥削关系的观点也存在漏洞。资源型城市的发展,本来就受资源的限制,只有在外界进行资本和劳动力投入时,才会使资源型城市的自然资源转换为真正可以利用的资源,因此,进行投入的外界有理由要求分享利润。换言之,资源型城市本身仅仅依靠自身的资源,无法进行自我救赎。此外,欧费奇力格对依附理论也存在不同的意见。按照他的观点,资本主义世界的矿产资源并未被跨国公司全部掌握,但存在很多并未垂直一体化的公司掌握着矿产资源[②]。

[①] Bradbury, J. H., St.-Martin, I., "Winding down in a Qubic Town: A Case Study of Schefferville", *The Canadian Geographer*, Vol. 27, No. 2, 1983.

[②] O'Faircheallaigh, C., "Economic Base and Employment Structure in Northern Territory Mining Towns", in Brealey, C. T., Neil, N. P., *Resource Communities: Settlement and Workforce Issues*, Melbourne: CSIRO, 1988, pp. 41-63.

(二) 国内研究状况

1. 主要研究阶段

对我国资源型城市的研究始于新中国成立之后，前后经历了四个阶段，如表 2.2 所示。

表 2.2　　　　　　　　国内资源型城市研究进展阶段

研究阶段	时期	特征
平衡布局与区域分工	1949—1978 年	集中在劳动力地域分工、人口迁移等问题，对于资源型城市未来发展展开规划
产业结构调整	1978 年—20 世纪 90 年代中期	关注资源型城市发展中产业结构调整的相关问题，寻找资源型城市可持续发展的解决办法
经济市场化发展	20 世纪 90 年代中期—21 世纪初	研究资源型城市转型，从市场化进程测度体系到转型中的实践环节进行深入的理论研究
转型及可持续发展	21 世纪初至今	研究形成了较多的成果和经验

（1）平衡布局与区域分工研究阶段（1949—1978 年）

平衡布局与区域分工研究阶段，主要是在 1949 年到 1978 年时期。由于新中国刚成立不久，全国范围内因工农建设需要大量的原材料。国家投入大量的人力、物力对矿产、土地、森林等资源进行开发利用，以满足经济社会发展的需要和人们日常生活的需要。伴随着对各类资源的开发利用，我国一批批资源型城市逐渐建立起来。但是，在平衡布局区分工研究阶段，人们对于资源型城市还没有一个全面详细的规划性的概念，对资源型城市的研究重点集中在劳动力地域分工、人口迁移等问题上，主要围绕资源型城市的布局选址、发展战略等问题展开。在这一时期资源型城市的发展主要是由国家进行引导，因此带有强烈的政府计划色彩。该时期对资源型城市的研究仅为城市地理研究的一个专题。

（2）产业结构调整研究阶段（1978 年—20 世纪 90 年代中期）

产业研究调整阶段，主要是在 1978 年至 20 世纪 90 年代中期。在这一发展时期里，资源型城市的发展弊端逐渐暴露出来，国家运用了各种数学统计、系统分析方法来弥补平衡布局与区域分工研究阶段的规划漏洞。由于国家发展战略的改变，人们认识到了资源型城市的发展并不是永恒性的，应从长远的角度来考虑问题，以发展的眼光来看待事物，国家开始由计划经济向市场经济转型。20 世纪 90 年代的可持续发展运动，使资源型城市理论有了明确的发展方向。在推行这种可持续发展观的过程中，人们认识到了资源型城市的发展只依靠开发资源和利用环境并不是长久之计，应该节约资源、保护环境，使生态系统达到一个良性发展循环状态，通过绿色发展的模式，使人与自然能够和谐相处，为资源型城市寻找一个新的发展方向。这一时期，资源型城市对于煤炭的研究开发占据很大比例。

(3) 经济市场化发展研究阶段（20世纪90年代中期—21世纪初）

经济市场的研究发展阶段，主要是在20世纪90年代中期到21世纪初。在这一时间段内对资源型城市资源的开采利用逐渐深入，资源型城市逐渐面临着资源枯竭的状态。辽宁省是我国各类资源型城市集中的省份，且大多城市已进入衰退期，因此引发了广泛的关注。要使资源型城市摆脱矿竭城衰的发展状态，就必须要推动资源型城市转型发展。1995年，辽宁省人民政府率先对资源型城市的转型问题进行深入的研究分析，通过事实证明了实施可持续性发展战略的必要性。在此之后，国内专家学者继续开展资源型城市的转型发展研究，从市场发展理论性到实践性，从传统的计划经济到适应适合发展的市场型经济，从没有标准的规章制度到现在制度完善精细，认识在不断深化，可持续发展理念在不断推行。

(4) 转型及可持续发展研究阶段（21世纪初至今）

转型及可持续发展研究阶段，主要是在进入21世纪后。这一阶段，资源型城市已经面临资源枯竭、城市发展停滞的窘境。国家对资源型城市发展状况十分重视，在党的十六大以后，多次召开以资源型城市发展为主题的会议及论坛，比如"矿业城市发展论坛"等。除此之外，国家还建立了相关主题网站，在矿业方面更是成立了矿业城市工作委员会，通过国家资助资金对相关资源型城市进行深入研究，形成了较多的成果和经验。特别是张以诚多次发表论文建议建立矿业城市学，并提出矿业城市学的基本构架，这标志着对资源型城市的理论研究和实证研究进入一个新的阶段。

2. 主要研究内容

我国学者对资源型城市的研究虽然起步较晚，但发展较快，特别是近几年来，无论是实践探索还是理论研究，都取得了阶段性突破，主要研究内容归纳如下。

（1）关于资源型城市概念的研究

在资源型城市概念方面，不同学者在不同研究视角下得出的研究结论也不尽相同，常见的有以下几种观点。

资源型城市的形成和发展对自然资源存在较大依赖性，以自然资源或能源以及其衍生品的输出为经济支柱的经济区域，这种经济区域进行职能化整合，即形成资源型城市。换言之，资源型城市指的是以自然资源为基础，在自然资源开发过程中而形成并发展的城市；或者在城市形成之后，随着自然资源的开发而进入全新发展阶段的城市。资源型城市的资源在广义层面上既包括自然资源，也包括人文资源；而在狭义层面上，只包括自然资源[1]。《全国资源型城市可持续发展规划（2013—2020年）》对资源型城市界定为以本地区矿产、森林等自然资源开采、加工为主导产业的城市（包括地级市、地区等地级行政区和县级市、县等县级行政区）。

资源型城市在某种意义上可纳入产业性城市的范畴，即超过40%的城市劳动力以直接或者间接的形式参与资源的开发和经营活动。基于此，可以把资源型城市划分成两种类型：一种是单纯的资源型城市，例如以石油为主的大庆市、以煤炭为主的大同市、以铜矿为主的铜陵市；另一种是产品型城市，例如以钢铁产业为主的攀枝花市、以汽车产业为主的十堰市、以化纤产业为主的仪征市[2]。与之类似的定义有，资源型城市指的是以资源型产业为经济支柱的城市，主要对外输出资源型产品，以维持城市经济。按照资源型城市的城市功能以及产业结构的特征，可以将资源型城市划分成两种类型：一方面是以生产功能为核心的城市，其资源型产业在产业结构中的比重较大；另一方面是以综合服务功能为核心的城市，资源型产业在产业结构中的占比较少，例如资源型区域中心城市[3]。

资源型城市是基于自然资源形成而发展的城市，该类城市以自然资源为核心，将围绕资源开发而建立的采掘业和初级加工业作为城市主导

---

[1] 郑伯红：《资源型城市的可持续发展优化及案例研究》，《云南地理环境研究》1999年第1期。
[2] 王元：《重视单一性城市的可持续发展》，《人民日报》2000年1月11日。
[3] 张复明、景普秋：《资源型区域中心城市的产业演进与城市化发展——以太原市为例》，《中国人口·资源与环境》2007年第2期。

产业①。资源型城市的核心功能是向社会提供矿产品及其初级加工品。对资源型城市而言，矿产资源是其经济支柱，在资源开发的不同阶段，资源型城市的产业结构和经济环境也呈现出不同的发展态势②。资源型城市也被称为资源城市，而资源是一种典型的不可再生资源，因此，资源型城市指的是以不可再生资源为基础的工业城市，而不可再生资源主要指的是矿产资源，因此，资源型城市也可称为"矿业城市"③。

（2）关于资源型城市定量标准的研究

如何界定一个城市是否为资源型城市目前尚未形成统一的观点，即资源型产业在城市经济结构中的占比应达到多大程度才能被称为资源型城市，还没有形成固定标准。部分学者以煤炭型城市为研究对象，以煤炭采选业在本市工业总产值中的比重大于或等于10%作为煤炭资源型城市的划分标准④；部分学者认为，就一个城市的整体产值而言，以资源初级开发为主的产业占比超过50%才能被称为资源型城市，换言之，在资源型城市的产业结构中，资源初级开发产业应占据主导地位⑤；部分研究人员提出，煤炭工业产值在城市经济结构中的占比需要达到7%或者超过7%，且煤炭采选业产值超过1亿元，才能称为煤炭型城市⑥；部分研究人员提出，资源型城市需要至少满足以下任何一个条件：若为县级行政区，则资源型产业产值达到或者超过4500万元；若为地级行政区，则资源型产业产值需要达到或者超过1亿元；或者，资源型产业产值占国内生产总值大于5%；或者，从事资源型产业的人口规模达到或者超过6000人；著名的老矿业城市、发展态势迅猛的新型矿业城市、统计数据明显漏列大数的矿业城市，其数据虽然低于前三项指标，也予以特别保留⑦。也有学者运用城市职能分类的理论与方法，对资源型城市识别与分类的

---

① 张米尔、武春友：《资源型城市产业转型障碍与对策研究》，《经济理论与经济管理》2001年第2期。
② 张秀生、陈先勇：《论中国资源型城市产业发展的现状、困境与对策》，《经济评论》2001年第6期。
③ 齐建珍：《资源型城市转型学》，人民出版社2004年版，第23页。
④ 樊杰：《我国煤矿城市产业结构转换问题研究》，《地理学报》1993年第3期。
⑤ 赵景海、俞滨洋：《资源型城市空间可持续发展战略初探——兼论大庆市城市空间重组》，《城市规划》1999年第8期。
⑥ 陈耀：《煤炭资源型城市产业结构调整研究》，《中国社会科学院工业经济研究所研究报告》2001年第2期。
⑦ 胡魁：中国矿业城市基础数据库，2002年。

指标与阈值进行了系统分析,识别出全国262座资源型城市,很好地支撑了由国务院发布的《全国资源型城市可持续发展规划》(2013—2020年)对资源型城市的范围与类别的划定①。

(3)关于资源型城市发展问题的研究

根据路建涛等学者的观点,资源型城市发展存在以下几方面的问题:产业基础薄弱,经济发展的依赖性较强;产业结构不合理,不具有可持续性;产业链不完整,工业体系落后;对环境破坏比较严重,空气质量较差;社会压力普遍较大,城市建设相对滞后;基础设施建设不完善,城市的现代化水平较低;岗位培训不到位,产业发展的专业化水平不高等②。根据张以诚等学者的观点,"矿竭城衰"可以概述资源型城市面对的困境,由于资源型城市普遍存在产业单一、经济转型困难、环保体系不完善、城市建设滞后等问题,加之城市发展的整体水平较低,社会保险制度不健全,导致社会缺乏创新活力,进而容易引发一系列的社会问题③。根据夏永祥等学者的观点,资源型城市面对的问题主要集中在以下四个方面:一是原有机械设备应如何投入使用的问题;二是淘汰劳动力如何实现再就业的问题;三是高污染高耗能产业如何实现转型升级的问题;四是如何更有效地保护环境并提升生态质量的问题④。

(4)关于资源型城市空间发展的研究

目前,在产业发展方面,资源型城市存在严重的同质化趋势,不同区域和城市之间的相关性较低,在职能联系方面比较滞后,尤其是城市中心和邻近区域在城市化水平方面呈现出较大差异,二元结构的特征日益凸显⑤。深入剖析资源型城市的发展历程可以发现,出现上述问题的原因主要有以下几个方面:一是城镇中心分布的不均衡;二是城市功能和产业布局的不匹配;三是资源开发模式较单一;四是社会组织模式、生产对城市化进程的差异化影响。在上述几方面原因的综合作用下,城市化和工业化的传导机制和驱动因素都会发生改变,并以创新、聚集和流

---

① 余建辉、李佳洺、张文忠:《中国资源型城市识别与综合类型划分》,《地理学报》2018年第4期。

② 路建涛:《工矿城市发展模式比较研究》,《经济地理》1997年第3期。

③ 张以诚:《矿业城市与可持续发展》,石油工业出版社1998年版,第95页。

④ 夏永祥、沈滨:《我国资源开发性企业和城市可持续发展的问题与对策》,《中国软科学》1998年第7期。

⑤ 张复明:《工矿区域城市化模式研究——以山西省为例》,《经济地理》2001年第4期。

动为中介要素，对城市发展和格局造成较大负面影响①。在产业升级和经济转轨的大背景下，资源型城市需要全面贯彻再城市化的基本策略，对城市发展规划进行相应调整，从而健全城市职能，并优化城市发展周期，完善城市经济结构②，在区域发展政策方面更加开放，通过和其他城市形成优势互补，在根本上转变二元经济的基本结构，从而推动整个资源型城市社会的良性发展③。

还有学者从另一角度研究资源型城市二元结构，指出由于资源型城市特殊的城市化发展特征和自然资源开发等方面的原因，资源型城市结构呈现出二元性、分散性以及不均衡性。例如，基于自然资源的产业开发具有多级直线型结构，而以工商业为核心的产业经济具有多核心组合式结构，换言之，资源开发经济和非资源开发经济通过整合而形成的复合型中心成为引导城市空间和城市结构演变的关键要素。城市结构的形成是一种复杂的动态过程，区域工业化影响了工商业区域结构；气候条件、地形条件以及资源分布特征影响了资源开发区域的内部结构；自然资源和条件的因素则在很大程度上决定了产业结构以及人口集聚结构④。对资源型城市而言，空间优化对其实现可持续发展具有重要意义，资源型城市的产业升级和经济转轨必然导致城市空间的调整。目前，资本密集型产业是经济结构调整的重要方向，发展第三产业和加工型产业将成为资源型城市产业转型的关键。由此必然引发资金要素、人口要素等在地域层面上的聚集，产业结构也随之呈现出多元性趋势，资源型城市的地域增长极也将进入高速发展阶段，传统分散型空间布局将逐渐发展成相对聚合的模式。其中，最常见的形态表现是以多城镇组团为核心的空间结构形式，具有紧凑型和多中心的基本特征⑤。在这一发展趋势下，资源型城市土地使用模式也将发生重要变化，传统单位式用地思维逐渐向

---

① 景普秋、张复明：《资源型地区工业化与城市化的偏差与整合——以山西省为例》，《人文地理》2005 年第 6 期。

② 郑伯红、廖荣华：《资源型城市可持续发展能力的演变与调控》，《中国人口·资源与环境》2003 年第 2 期。

③ 沈镭、万会：《试论资源型城市的再城市化与转型》，《资源产业》2003 年第 6 期。

④ 李国平、张洋：《抚顺煤田区域的工业化与城市形态及结构演化研究》，《地理科学》2001 年第 6 期。

⑤ 陈忠祥：《资源衰退型城市产业结构调整及空间结构优化研究——以宁夏石嘴山市为例》，《经济地理》2006 年第 1 期。

市场经济用地思维转变，计划经济的色彩将进一步淡化。资源型城市的转型将以建设用地重组为契机，优化城市生态环境，提升城市基础设施和配套设施建设水平，为新产业发展提供空间支持[①]。

(5) 关于资源型城市转型发展的研究

首先，转型成本方面的研究。从根本上讲，资源型城市的转型必然需要全面的改革，但是所有的改革或变革，不论其目的如何，都会有一定的成本，资源型城市转型的成本按照不同的标准，可以有不同的分类，国内学者对资源型城市转型成本的研究主要集中在以下几个方面：齐建珍指出，资源型城市转型成本主要包括产业转换成本、环境修复和保护成本、劳动力成本、其他成本等[②]；孙雅静对资源型城市转型进行动态成本分析，重点研究了投资及投资组合成本，并以转型时机为对象构建了数学模型[③]；于光、周进生、董铁柱指出矿业城市经济转型成本包括产业退出和进入成本、生态环境恢复成本、矿业劳动力安置成本、个人创业成本以及因经济、政治、自然环境等不确定或不可抗拒因素引起的新的成本[④]。

其次，转型动力方面的研究。李虹总结了我国资源型城市转型发展的动力来源，提出国内资源型城市在宏观层面上面对较大的转型压力，并进一步指出资源型城市转型的压力影响转型的决心，进而决定了转型的动力。经济转型引领了城市的综合转型，决定着城市未来的发展方向。创新驱动下要素投入结构优化和使用效率提升是当前转型发展的主要动因。市场和企业将成为下一步资源型城市转型发展的新动能的主要来源。政府的治理行为和水平影响着未来城市转型发展的新动能培育[⑤]。钟茂初提出，资源型城市振兴的根本出路在于创新。资源型城市应将技术创新转化为市场创新的条件（包括人才条件、适应创新的体制机制条件、资

---

① 赵景海、俞滨洋：《资源型城市空间可持续发展战略初探——兼论大庆市城市空间重组》，《城市规划》1999年第8期。

② 齐建珍：《资源型城市转型学》，人民出版社2004年版，第228—244页。

③ 孙雅静：《资源型城市转型与发展出路研究》，中国经济出版社2006年版，第130—132页。

④ 于光、周进生、董铁柱：《矿业城市经济转型成本分析与始点选择》，《中国矿业》2007年第10期。

⑤ 李虹：《新动能培育与资源型城市转型》，环球网（http://mini.eastday.com/bdmip/180330102521060.html#）。

金支持条件），并引入市场机制完善地区的企业，激发资源型城市创新能力[1]。杜宝贵指出，培育资源型城市转型发展新动能，需要正确认识和处理老产业与新动能、顶层设计与地方治理、经济发展与职能转变、自我发展与借力发力、转型收益与转型成本之间的关系[2]。

再次，转型模式方面的研究。郑志国提出了我国单一资源型城市产业转型的三个主要模式：新型产业植入模式、产业链扩展模式、新主导产业扶植模式[3]；李成军认为应当从经济转型的调控手段和基本路径入手研究煤矿类资源型城市经济转型的模式。在宏观调控层面上，包括三种基本手段，分别是政府主导、市场调控以及政府主导与市场调控的结合；就产业转换路径而言，包括三种基本方向，即产业更新、产业延伸以及产业复合[4]；曲建升等分析了我国煤炭、有色金属和石油三大主体资源型城市实施经济转型的基础和条件，提出了各自的经济转型重点和发展模式，即煤炭城市的经济转型模式、有色金属城市的经济转型模式、石油城市的经济转型模式[5]。黄溶冰、王跃堂以资源开采和产业依托为切入点，根据资源型城市的发展特征，将其划分成不同的类型，并全面论述了产业、地域、环境之间的内在关联，对产业延伸、产业组合、产业再造以及产业互补四种基本模式进行了论述[6]。

最后，转型思路方面的研究。张米尔等学者从国家发展层面出发，提出了针对性的发展路径，即不断提升制度创新水平，并对制度变迁利益输出进行分析；营造良好的投资环境，将区域比较优势最大化；积极引入国际先进模式，引入国际资本、人才资源等要素；为产业结构的转型升级提供政策支持；提升职业培训水平，全面贯彻大众创业、万众创新的策略[7]。陈先勇等学者认为资源型城市的转型可以通过以下路径实

---

[1] 钟茂初：《以新发展理念推动资源型城市转型》，《国家治理》2018年第24期。
[2] 杜宝贵：《资源型地区转型发展的几个重要关系》，《国家治理》2018年第24期。
[3] 郑志国：《我国单一资源城市产业转轨模式初探》，《经济纵横》2002年第2期。
[4] 李成军：《煤矿城市经济转型研究》，博士学位论文，辽宁工程技术大学，2005年，第103页。
[5] 曲建升、高峰、张旺锋等：《不同资源类型的资源型城市经济转型基础与模式比较——以典型资源型城市为例》，《干旱区资源与环境》2007年第2期。
[6] 黄溶冰、王跃堂：《我国资源型城市经济转型模式的选择》，《经济纵横》2008年第2期。
[7] 张米尔、武春友：《资源型城市产业转型障碍与对策研究》，《经济理论与经济管理》2001年第2期。

现，即制定合理的产业发展政策，全面加速资源型城市的转型升级；为产业发展创造良好的条件和环境，以实现产业转型的持续性；根据城市优势条件选择合理的转型方向，明确支柱型产业，提升区域经济发展的合理性；加强科技队伍的建设，提升城市创新和创造能力，为产业转型提供高素质人才的支持；全面推动市场经济体制转型；加强环境保护，提升生态环境保护水平①。董锁成等的对策是：组建专门的战略规划部门，为城市的经济转型发展提供指导；根据资源型城市的发展优势，加大政策扶持力度，在政府财政税收和投资政策方面予以支持；扩展资源型城市的试点范围，全面积累资源型城市的经济转型经验，在老工业基地振兴计划中列入资源型城市；大力发展民营经济，广辟再就业和剩余劳动力转移渠道；实施生态补偿政策，大力治理矿山和矿城生态环境②。

二 绿色转型相关研究

绿色，代表生命，象征活力，预示健康；绿色是一种信仰，绿色是一种文化，绿色是一种文明；走绿色发展之路，建设"绿色国家"是当代国家发展理念、发展战略和发展实践的一场深刻革命，具有里程碑式的历史意义。迄今为止，人类经历了从公元前200万年到公元前1万年的原始采猎文明、公元前1万年到公元18世纪的农业文明（黄色文明）、公元18世纪至20世纪的工业文明（黑色文明），迈入21世纪，追求人与自然和谐发展，追求自然、经济、社会协调发展的生态文明（绿色文明）成为人类文明的新形态③。

（一）国际：绿色运动的兴起

20世纪60年代之后，全球性的资源短缺、生态环境的恶化等问题给人类带来空前的挑战，人们开始关注自然资源及生态环境问题，绿色运动不断兴起。绿色运动又称生态运动或环境保护运动，始于20世纪70年代早期阶段，是西方社会中影响最为深远、参与人数最多的一种运动，对欧美的生活方式以及价值体系形成较大冲击。绿色运动发展具有深刻的历史逻辑性，其根本目标旨在推动社会和自然关系的重构，为人类社

---

① 张秀生、陈先勇：《论中国资源型城市产业发展的现状、困境与对策》，《经济评论》2001年第6期。

② 董锁成、李泽红、李斌等：《中国资源型城市经济转型问题与战略探索》，《中国人口·资源与环境》2007年第5期。

③ 杨多贵、高飞鹏：《"绿色"发展道路的理论解析》，《科学管理研究》2006年第5期。

会的发展创造适宜环境,以实现社会的可持续发展。生态问题并非现代社会的产物,但是随着城市化和工业化进程的不断推进,如何协调发展与生态环境的关系已经成为全社会需要面对的问题。进入19世纪50年代以后,以环境保护为宗旨的社会团体不断涌现,特别是在欧美经济进入全面发展阶段后,出现了一系列对生态环境造成较大破坏的事例,如震惊世界的"八大公害"事件等,环境污染对人类社会的反噬日益加剧,已成为全球广泛关注的焦点。至此,环境保护在全球范围达成普遍共识,成为各个国家制定经济社会发展政策的重要考虑因素,这也为绿色运动的产生与发展奠定了基础[1]。

根据英国学者的观点,绿色主义诞生于1972年,主要标志是三份国际知名书刊的出版:罗马俱乐部研究报告、联合国关于人类环境的报告、《生态学家》杂志的创刊[2]。1972年,丹尼斯·米都斯(Dennis L. Meadows)领导的一个17人小组向罗马俱乐部提交了一篇研究报告,题为《增长的极限》,这也是罗马俱乐部发表的第一个研究报告,它预言经济增长不可能无限持续下去,因为石油等自然资源的供给是有限的,做出了世界性灾难即将来临的预测,设计了"零增长"的对策性方案,在全世界挑起了一场持续至今的大辩论。同年,在瑞典斯德哥尔摩召开第一次国际人类环境会议,响亮地提出了"只有一个地球"的口号,通过了人类史上第一个国际性环境宣言——《人类环境宣言》,指出关注环境问题的必要性。《生态学家》杂志是在欧洲地区发行时间最久的一份关于生态环境的月刊,其主旨是引导人们对日常生活中一些基本的认定进行反思,内容涉及生态环境与文化多样性的保护。这些绿色运动从根本上改变了人类社会对自然环境的传统认知,如何处理人类社会与自然环境的关系、如何实现经济发展与生态环境保护成为全人类需要共同面对的重要课题[3],同时也推动了人类对可持续发展的观念创新,为可持续发展思想的传播及国际社会的广泛共识奠定了坚实基础。

---

[1] [苏] Г. С. 霍津:《当代全球问题》,刘仲亨等译,社会科学文献出版社1989年版,第2页。

[2] George, V. and Page R. eds., *Modern Thinkers on Welfare*, London: Prentice Hall, 1995, p. 161.

[3] 刘继同:《生态运动与绿色主义福利思想:生态健康科学与新型公共卫生框架》,《科技大学学报》2005年第3期。

可持续发展是人类对工业文明进程进行反思的结果，是人类为了克服一系列环境、经济和社会问题，特别是全球性的环境污染和广泛的生态破坏，以及它们之间关系失衡所做出的理性选择。当代最先提出可持续发展思想的是西方的环境保护论者，如哈里森·布朗宁（H. Browning）、E. J. 米香（E. J. Mishan）、J. 哈特（J. Hart）等，认为经济增长必然要受自然资源和环境容量的限制。1980 年，联合国大会向世界呼吁，全球各个国家必须充分认识到经济、社会、自然以及生态之间的关系，在自然资源的开发利用过程中必须考虑到可持续的问题。而可持续发展理念在 1987 年被正式提出，即在满足当代人发展需求的同时，不对后代人的发展造成损害。1992 年，在里约热内卢的环境和发展大会中，联合国将可持续发展作为未来共同发展的战略，通过的《关于环境与发展的里约宣言》和《21 世纪议程》，第一次把可持续发展理论和概念推向行动。与此同时，自 20 世纪 70 年代，关贸总协定（GATT）开始讨论贸易与环境的关系问题。1995 年 WTO 成立，随之在总理事会下组建了"贸易与环境委员会（CTE）"，进一步加快了将环境纳入贸易领域的步伐。"经济学家们越来越认识到环境问题对于发展努力获得成功的重要意义。……因为解决各种环境问题关系到提高资源的生产率和改善穷人的生活状况。因此，在环境上获得可持续发展就与我们对经济发展的定义成为同一语了。"[①]

（二）中国："五位一体"总体布局的提出

国际绿色主义及绿色运动影响深远，可持续发展思想扩及全世界，也传入我国。中国共产党和中国政府对资源环境问题极为关注，对可持续发展的概念及理论，不断地进行引进、吸收、创新与本土化，"五位一体"总体布局就是可持续发展思想根据我国国情加以应用的重要体现。

我国从 20 世纪 70 年代早期就一直紧跟国际绿色运动的发展方向，在不同阶段为可持续发展的理论建设做出了贡献，并成为世界上第一个以政府名义制定执行可持续发展行动计划的国家。1973 年 8 月，我国第一次全国环境保护会议在北京召开，揭开了我国环境保护事业的序幕。进入 80 年代后，我国政府已开始把人口控制和环境保护作为社会主义现代化建设的两项基本国策，环境保护已经列入国民经济和社会发展的中长

---

① Todaro, M. P., *Economic Development*, London：Longman, 1994.

期和年度计划之中。1991年，中国发起召开了"发展中国家环境与发展部长级会议"，发表了《北京宣言》，体现了中国政府对环境与发展问题的诚意与决心。1994年3月25日，中华人民共和国国务院通过了《中国21世纪议程——中国21世纪人口、环境与发展白皮书》，对我国可持续发展战略进行了系统阐述，并从我国的基本国情和发展战略出发，提出促进社会、经济、资源、环境以及人口、教育相互协调的可持续发展总体战略和政策措施方案。它已成为制定我国国民经济和社会发展中长期计划的一个指导性文件，并在"九五"、"十五"计划和2010年远景规划的制定中，作为重要目标和内容得到具体体现。1995年，党中央、国务院把可持续发展作为国家的基本战略，号召全国人民积极参与这一伟大实践。20世纪最后20年以来，随着可持续发展思想在全球范围内的普遍认同，可持续发展战略日益受到重视并成为各个层面所努力企及的发展模式，在此期间，我国指导和实施了一系列行之有效的法律、政策，按照同时处理好经济建设与环境保护关系的指导思想开展工作，形成了一条符合我国国情的环境保护道路，取得了很大成就。

然而，跨入新世纪，我国又将面临崭新的历史任务。在当代社会，经济的发展要求各种资源条件的支撑及它们的优化组合，如不全面考虑，我国社会经济发展所面临的人口、资源和环境的压力将越来越大。这要求我们用发展的眼光解决发展中的问题，根据我国的国情和经济承受能力，探索出一条可持续发展的新路。"五位一体"总体布局的提出为我国经济社会的持续健康发展指引了新的方向。2012年11月17—23日，党的十八大站在历史和全局的战略高度，对推进新时代"五位一体"总体布局作了全面部署。从经济、政治、文化、社会、生态文明五个方面，制定了新时代统筹推进"五位一体"总体布局的战略目标。党的十八大把生态文明建设纳入中国特色社会主义事业总体布局，要求突出生态文明建设的地位，实现经济、政治、文化、社会以及生态的全面发展。自此开始，我国将生态文明建设纳入执政党的总体布局战略，这是生态文明建设的重大历史性进步，生态文明建设对"五位一体"总体布局具有特殊意义和作用机制。"五位一体"总体布局的基本要求就是"全面推进经济建设、政治建设、文化建设、社会建设、生态文明建设，实现以人为本、全面协调可持续的科学发展"。可以认为，"五位一体"总体布局是可持续发展思想在中国的结晶与升华。

（三）太原：绿色转型的实践

绿色转型的思想渊源来自绿色主义，它是对可持续发展理论进行的实践探索，是在"五位一体"总体布局指导下解决可持续发展问题的具体体现。山西省太原市在全面推进绿色经济转型方面初步具备了现实条件，在部分领域的实践已经取得成功。太原市是历史悠久的城市，尤其是在新中国成立之后，立足丰富的煤铁资源，迅速成为我国重要的能源城市和重工业城市，经济发展达到较高水平，在主焦煤、特种钢等基础工业方面取得重要突破，化工材料、机械装备等产业也获得较快发达，工业化区域经济的特征十分显著。在太原市的产业结构中，传统资源型产业的占比较高，其矿产资源贡献了超过80%的工业原料和90%的一次能源。在太原市的规模以上工业总产值中，传统产业的产值达到87%，包括冶金业、机械业、煤焦业、电力业以及化工业等。与此同时，资源浪费严重，万元生产总值能耗比全国平均水平高40%。这种经济结构虽然在短时间内实现了经济快速发展，但是对能源和矿产资源的高度依赖以及对资源的过度浪费，都为太原市经济的持续发展埋下隐患。经济模式不具备可持续发展的条件，生态环境的恶化难以避免。随着资源和环境承载力的不断下降，太原市不但面对经济发展后劲不足的现实问题，还面对环境保护的压力[①]。太原市已成为中国环境污染较为严重的城市之一，曾被世界卫生组织列入世界十大污染城市行列，如何在保持经济发展的同时，改善自然生态环境，已成为太原市政府需要认真面对的重要课题。

在太原市的"十一五"规划中，太原市政府将构建创新型城市、加速推动绿色转型作为重点工作，并组织召开了创新发展模式研讨会议以及绿色转型工作会议，对绿色转型标准体系的可操作性进行了系统论证。在此基础上，太原市出台了全国首个地方性"绿色转型"标准体系，用建立标准化体系的办法推进绿色转型工作，成为全国资源型城市绿色转型的先锋。《太原市绿色转型标准体系》包括四个基本部分，即总则、体系框架、标准实施以及评价改进，为太原市全面展开绿色标准制定工作提供了规范性指导。作为标准中的标准，该体系的出台使太原市农业、建筑、企业、社区等方面的绿色化标准体系更加规范，提升了相关领域

---

① 张兵生：《全力推进资源型城市绿色转型》，《太原日报》2007年4月4日。

标准的科学性和合理性，有利于相关主体充分利用系统化、精准化的标准体系层层分解绿色转型目标，并将分解的目标落实到农业、工业、服务业以及工程技术等领域，通过不断的优化和量化，为推动产业绿色转型、实现城市绿色发展目标提供现代理论支持。

在太原市政府制定和实施绿色标准工作领导组办公室做出的科学发展的有益尝试"太原市创新发展模式推进绿色转型基本情况"中进一步指出，绿色转型的关键在于发展模式的转型，即用科学发展模式取代了传统发展模式的整体思路，树立经济发展和生态环境保护相协调的发展思维，将可持续发展作为经济转轨与产业转型的指导思想。全面深化绿色改革，是践行"五位一体"总体布局、建设新太原的战略选择。推进经济绿色转型，是建设资源节约型环境友好型社会、实现人与自然和谐发展的必由之路，是严格按照现代绿色发展理念，充分发挥政府、市场和社会公众的力量，实现由经济与社会生态割裂的传统发展模式向全面和谐和可持续发展的绿色经济发展模式转变。绿色转型作为一项复杂而艰巨的系统工程，它涵盖理念转变、制度创新、执行布控和机构补缺等重要环节，且环环相扣、相互牵引、互为补充和促进[①]。

基于山西省太原市绿色转型背景，学者依据其绿色转型实践，主要从以下几方面开展研究：从太原市进行绿色转型的必要视角进行分析，指出推进绿色转型是建设新太原的必然选择；从完善流域生态补偿机制出发研究流域绿色转型；从绿色转型战略措施的安排及部署上提出对策建议；从城乡规划建设与绿色转型的关系角度论述推进绿色转型对城乡规划建设的重要意义；从技术创新角度分析推动产业绿色转型的途径及实现产业绿色转型的基本形式；从经济地质学的视角提出结合资源优势，通过产业绿色化的方式实现产业绿色转型；从资源型城市自身产业基础和区域配套产业发展状况出发分析其对产业绿色转型升级的影响等。

然而，作为转型发展新主张，"绿色转型"大多作为一个被广泛接受的目标性导向，关于绿色转型的理论和实践仍处于探索阶段，尚缺乏系统理论的研究及实践措施的出台。

三 对现有研究的评述

综观国内外相关领域研究现状，已有文献对资源型城市绿色转型的

---

① 王永利：《推动经济绿色转型的重要环节》，《山西日报》2007年10月8日。

研究内容还不够丰富，对绿色转型的内涵及发展模式的探讨还不够深入，具体来看，存在以下问题。

一是对资源型城市转型缺乏划分阶段划分对象的研究。目前，有关资源型城市转型的文献，一部分为资源型城市的总体描述与分析，对资源型城市的转型也是在不同发展阶段城市共性的基础上进行，没有充分考虑到资源型城市在不同发展阶段所具有的个性特征，研究较为笼统。还有一部分文献顾及资源型城市不同发展阶段的特性，把资源型城市划分为资源枯竭型和资源未枯竭型进行研究，但是较多关注了资源枯竭城市的转型及发展，对资源尚未枯竭、主导产业对城市发展仍具一定拉动作用的资源未枯竭型城市关注不够，而资源未枯竭型城市在我国全部资源型城市中占有绝对多数比重，对这一部分资源型城市的转型进行专门性探讨，其研究意义和研究价值不亚于资源枯竭型城市。

二是缺乏明确的转型方向。我国资源型城市大多存在转型的问题，而当前对资源型城市转型问题的研究泛泛提出资源型城市该如何转型的文献较多，详细提出转型方向的研究成果并不多见。本书认为，研究资源型城市转型，首先应该明确"转向何方"，这就要求我们必须正确认识不同城市的自身条件，如所处的地理位置、资源稀缺情况、目前发展阶段等，根据城市自身条件确定不同的转型方向，然后根据不同的转型方向制定各自的转型策略。只有在明确转型具体方向的前提下才能进行深入有效的研究，以此为基础探讨资源型城市转型措施等问题才是有意义的。

三是绿色转型理论体系尚未构建。有关资源型城市绿色转型理论的文献研究目前较少见，尽管太原市从2006年已经开始对绿色转型问题从理论到实践展开了全方位的探索，并取得了一定的成果，但是由于时间尚短积累有限，学术界至今尚未形成较为系统的资源型城市绿色转型的理论体系，资源型城市绿色转型的内涵研究、转型成本及转型时机的探讨以及资源型城市绿色转型过程中产业体系的绿色重构，乃至绿色转型评价指标体系的构建更是极缺相关资料。总之，目前资源型城市绿色转型的理论研究大大落后于资源型城市绿色转型的实践要求。

四是未能正确处理"绿色""资源"与"经济"的关系。一些文献从文字表面意义来机械地理解绿色转型，或者是过于绝对地理解绿色转型，认为为了保护环境和资源，进行绿色生产就必须完全放弃资源、放弃资源型产业，向高新技术产业转型。这在现实生活中是难以实现的。绿色转型不是只要"绿色"就抛弃资源，但也不是为了"经济"而继续依赖资源，而是要实现更健康、更有效的发展模式，做到合理高效利用资源，最终实现绿色经济。

　　五是欠缺对微观层面、中观层面及宏观层面的系统分析。资源型城市绿色转型是一系统工程。具体如何进行？对这一问题的回答离不开对微观、中观、宏观三个层面的系统研究。首先，企业是资源型城市绿色转型的微观层面研究对象。能否建立绿色企业、能否实现企业绿色运营，直接关系到资源型城市绿色转型的推进。其次，产业是资源型城市绿色转型的中观层面研究对象。虽然目前学术界对资源型城市产业转型进行研究的相关文献已不少见，但大多就产业论产业，而进一步深入探讨各产业间的配合以及在转型过程中创新产业体系的文献尚为不多。最后，政府是资源型城市绿色转型的宏观层面研究对象。国外资源型城市转型的成功实践几乎都是政府主导的，基于中国国情，中国资源型城市转型也必然是政府主导型。但国内目前对政府在资源型城市转型过程中的职能、作用等缺乏理论和应用研究，现有研究也较多注重了政府对重大事项的统一部署、决策督导，较多注重了监管"别人"的职责，而忽略了资源型城市政府自身绿色转型，忽略了政府以"局内人"身份进行自我绿色约束与完善。

　　六是"案例型研究"有待充实。当前，对资源型城市转型问题的研究，多数文献侧重的是对其总体性、普遍性问题的探讨，没有考虑到具体城市的具体特点，对策研究较多，案例研究较少。山西省太原市是我国著名煤炭资源型城市，从目前来看，煤炭资源尚充足，可作为我国资源型城市尤其是资源未枯竭型城市的代表。太原市政府在"十一五"发展规划中纳入创新型城市的发展战略，将全面推进绿色转型作为重点工作，并组织召开了相关会议，根据自身发展条件，制定了国内第一个地方性"绿色转型"标准体系，成为全国资源型城市绿色转型的先锋，并获批以资源型城市转型升级为主题创建国家可持续发展议程创新示范区，绿色转型取得良好的效果。因此，太原市绿色转型经验对本命题的研究既具有一般性的指导作用，又涵盖其自身的特殊性要求，以其作为资源型城市绿色转型的实际案例开展研究是有价值的。

第三节　本章小结

本章介绍了资源型城市绿色转型的重要理论支撑，并对国内外相关领域研究进行文献综述，为本书研究开展奠定了基础。本章从可持续发展理论、循环经济理论及产业经济理论三大理论基本思想入手，阐述了三大理论与资源型城市绿色转型的关系。其中，可持续发展是资源型城市绿色转型的目标；循环经济是资源型城市绿色转型的导向；产业结构演进及优化是资源型城市绿色转型的突破口。

对于资源型城市的发展，国外学者的研究经历了由浅入深的四个不同阶段，即理论形成阶段（20世纪30年代初—70年代中期）、理论发展阶段（20世纪70年代中期—80年代中期）、理论应用阶段（20世纪80年代中期—20世纪末）、理论延伸阶段（21世纪以来），主要集中在产业转型问题、社会问题、人口问题、发展周期问题、相关地区部门关系等方面开展研究。对我国资源型城市的研究始于新中国成立之后，前后也经历了四个不同的阶段，即平衡布局与区域分工研究阶段（1949—1978年）、产业结构调整研究阶段（1978年—20世纪90年代中期）、经济市场化发展研究阶段（20世纪90年代中期—21世纪初）、转型及可持续发展研究阶段（21世纪初至今），主要集中在资源型城市概念、资源型城市定量标准、资源型城市面临的主要问题、资源型区域的城市化与城市空间发展、资源型城市转型等方面开展研究。

在国际绿色运动的兴起及推动下，可持续发展思想已达成全球共识，我国根据国情需要提出"五位一体"总体布局，使可持续发展思想得到中国式的结晶与升华，而绿色转型的推进进一步成为我国在"五位一体"总体布局指导下解决可持续发展问题的绿色实践探索。然而，综观国内外相关领域研究现状，已有文献对资源型城市绿色转型的研究内容尚欠丰富与深入，主要表现在：对资源型城市转型缺乏划分阶段划分对象的研究，缺乏明确的转型方向，绿色转型理论体系尚未构建，未能正确处理"绿色""资源"与"经济"的关系，欠缺对微观层面、中观层面及宏观层面的系统分析，"案例型研究"有待充实等诸多方面。

第三章　资源型城市绿色转型内涵

第一节　资源

一　资源的含义

资源是一个涵盖多方面内容的复杂概念，无论是在自然科学领域，还是在社会科学领域，这一词汇都具有较高的使用频率。通常而言，资源指的是在历史发展的某个阶段，人类社会可以利用并开发的各种要素，或者是指人类社会所创造的资产和财富。在概念界定方面，资源包括广义概念和狭义概念两部分，其中自然资源在人类社会发展过程中被首先开发利用，例如土地、矿产、森林等，因此在狭义层面，资源指的便是自然资源。但是，随着人类科学技术的不断发展，自然资源不是人类社会利用的唯一资源，资源的概念得到极大扩展，除了传统的空气、阳光、水等资源，人力资源、旅游资源、文化资源等人文社科资源也被逐渐开发和利用，为人类社会的发展创造了良好条件。

二　资源型城市中的资源

要充分了解资源型城市中的资源，需要从两个视角进行研究，包括资源的性质以及资源在资源型城市发展中的定位。在资源性质方面，资源型城市中的资源主要指的是自然资源，在不同研究视角下，资源类型也存在较大差异，具体而言，自然资源在科学层面上包括气候、生物、水、矿产以及土地资源等。综观绝大多数的资源型城市，资源利用量和利用率最高的依然是自然资源。自然资源在正常情况下包括两部分，分别是耗竭性资源和非耗竭性资源。耗竭性资源主要包括矿产资源等，而非耗竭性资源则主要包括风能、太阳等能源。资源型城市发展所消耗的资源是典型的耗竭性资源。根据是否可以再生，将耗竭性资源划分成可再生资源和非可再生资源，其中，可再生的耗竭性资源指的是被消耗之后，人类通过技术手段或者自然途径可以重新获得的资源，例如生物资源等，可以通过繁殖生长实现再生。非可再生的耗竭性资源指的是经过地质年代不断演变形成的资源，其主要特征是消耗之后无法通过人类的努力而再生的资源，例如土地、海洋、石油、煤炭等资源，矿产资源就属于非可再生的耗竭性资源。需要强调的是，可再生资源和非可再生资源并不是绝对概念，例如，如果人类将生物资源自我更新所需的生态环境破坏之后，生物资源也将无法再生，由此而转变成不可再生资源。此外，根据资源是否可以维持，还可将资源划分成可维持资源和不可维持资源，这一划分方式首先由西方学者欧文提出。可维持资源包括以下几种类型：水资源、森林资源、水生物、牧场等。不可维持资源通常指的是矿产资源，由于矿产资源的储量十分有限，如果被消耗殆尽或者被彻底破坏，则无法进行补充和维持。然而，以上对于资源的分类并没有严格的要求，资源分类通常取决于研究和实践的目的，不同分类标准之间存在一定的重合。例如，部分自然资源同时是不可再生和不可维持的资源，例如矿产资源；部分资源同时是可再生和可维持的资源，例如生物资源。就资源型城市而言，其消耗的资源一般是耗竭性资源，具有不可再生和不可维持的特征。就资源在城市发展中的地位来看，人类社会对自然资源的开发利用在不同发展阶段具有不同的方向和侧重点。在农业社会时期，资源型城市主要开发利用的资源是土地资源，在工业社会时期，资源型城市开发利用的主要是矿产资源、森林资源、水资源等。

　　工业化催生出资源型城市是现阶段社会大众的普遍共识，所以，资源型城市的资源一般指的是区域或者城市在工业化发展阶段主要开发利用的资源，例如矿产资源、森林资源以及水资源等。其中，矿产资源通常包括金属资源和非金属资源，金属矿产资源包括铜、铁、镍等；非金属矿产资源包括石油、天然气、油页岩等。森林资源一般认为是可再生资源，也是可维持的资源；需要强调的是，森林资源具有一定的特殊性，通过分析森林资源的形成过程可以发现，森林资源的再生周期远长于其他类型的可再生资源，如果被破坏，则原有水平难以再恢复。不仅如此，森林资源具有强大的生态功能，对人类社会的生存发展具有重要意义。如果充分考虑到森林资源漫长的再生周期，也可以将其纳入不可再生资源范围领域，作为资源型城市中的资源进行研究，并加大对工业采伐的限制力度，在森林资源保护方面贯彻可持续发展的理念。在水资源方面，在工业化发展阶段，推动区域发展和产业聚集必然需要水资源的集中开发，我国在发展过程中也出现了以水力资源为基础产业的城市，但是该类资源型城市与其他资源型城市的发展特征还不完全相同。整体而言，水资源是一种基础资源，在城市发展过程中具有基础限制效应。通常情况下，水电资源的利用开发属于单点开发，具有一定独立性，是资本密集型的一种活动，对劳动力人口数量要求较低。随着高压输变电技术的发展，水力资源对产业布局的指向作用也越来越小。而且，以水力发电而形成城市聚落的例证也非常少。不仅如此，目前很难通过例证说明水力发电是形成城市聚落的基础。所以，本书并没有将其纳入资源型城市的范畴。

综上，我们可以将资源型城市中的资源概念概括为：在工业化阶段，对城市形成与发展具有主导作用的资源，主要是矿产资源和森林资源等耗竭性或者近似耗竭性的自然资源[1]。上述资源的类型多、分布广，历史贡献巨大。自新中国成立以来，资源型城市累计生产原煤529亿吨、原油55亿吨、铁矿石58亿吨、木材20亿立方米，"一五"时期156个国家重点建设项目中有53个布局在资源型城市，占总投资额的近50%，为建立我国独立完整的工业体系、促进国民经济发展作出了历史性的贡献[2]。

第二节 资源型城市

一 我国资源型城市的数量

如第二章所述，在资源型城市内涵方面，学术界在现阶段尚没有形成统一的观点，在资源型城市分类标准方面存在较大差异。由于对资源型城市的含义、标准掌握不同，不同学者所界定的资源型城市的数量也有所不同。比较有代表性的是，2002年，胡魁运用相对数指标和绝对数指标，同时考虑到历史沿革、城市发展及统计上的误差因素，对经济社

---

[1] 张秀生、陈先勇：《论中国资源型城市产业发展的现状、困境与对策》，《经济评论》2001年第6期。

[2] 国务院：《全国资源型城市可持续发展规划（2013—2020年）》，中央政府门户网站（http://www.gov.cn/zwgk/2013-12/03/content_2540070.htm）。

会指标进行了专门调查统计筛选，在国内较早地且较为全面地提出界定矿业城市的指标体系①，并确定了全国 462 个资源型城市（镇）（见附录A）。2003 年，王青云通过国家发改委课题"资源型城市经济结构转型"确定了全国 118 个资源型城市②。2013 年，国务院出台的《全国资源型城市可持续发展规划（2013—2020 年）》确定了全国 262 个资源型城市。

需要说明的是，学术界对资源型城市的含义及界定标准不同，对于本书绿色转型的案例研究对象山西省太原市是否为资源型城市也有不同的结论。在国家发改委课题"资源型城市经济结构转型"（2003）确定的全国 118 个资源型城市以及国务院最新出台的《全国资源型城市可持续发展规划（2013—2020 年）》（2013）确定的 262 个资源型城市中，并未包含太原市。但依照胡魁的统计结果，太原市属于处于中年的煤炭资源型城市。根据张复明、景普秋的研究结论，太原市属于资源型城市中第二类的资源型区域中心城市③。因此，本书认为，在研究过程中不必过于拘泥于资源型城市的定义而落入概念陷阱。实际上，只要一个城市由于资源型产业的衰退或即将衰退而逐渐陷入困境，研究其绿色转型就具有理论和现实意义。

二 我国资源型城市的分布

根据胡魁的统计结果，我国资源型城市（镇）按行政级别分布如表 3.1 所示。其中，地级市 78 个，占全国地级市 236 个的 33.05%；地级区盟 8 个；县级市 98 个，占全国县级市 427 个的 22.95%；另外市属县级区 26 个；县城关镇 180 个，占全国县级行政区划单位 1682 个的 10.70%；建制镇 36 个。

---

① 根据胡魁对全国矿业城市界定的研究成果：(1) 矿业产值地级大于 1 亿元，县级镇级大于 4500 万元。(2) 矿业产值占国内生产总值的比重大于 5%。(3) 矿业从业人数大于 6000 人。符合上述指标之一即可入选。(4) 此外，著名的老矿业城市、发展势头迅猛的新型矿业城市、统计数据明显漏列大数的矿业城市，虽然低于前三项指标，也予以特别保留。对资源型城市按照以上方法进行界定，在很大程度上避免了传统方法的主观性，考虑的因素也比较全面，是对我国资源型城市界定较为科学的研究成果之一。按照胡魁研究员上述标准的统计结果，全国有资源型城市（镇）426 个。

② 王青云："资源型城市经济结构转型"，国家发改委课题，2003 年。

③ 张复明、景普秋：《资源型区域中心城市的产业演进与城市化发展——以太原市为例》，《中国人口·资源与环境》2007 年第 2 期。

表 3.1　　我国资源型城市（镇）按行政级别分布

行政级别	数量	分布
地级市	78	河北 5、山西 6、内蒙古 2、辽宁 6、吉林 3、黑龙江 5、江苏 1、安徽 6、福建 2、江西 4、山东 6、河南 7、湖北 3、湖南 3、广东 3、广西 3、四川 3、贵州 2、陕西 3、甘肃 3、宁夏 1、新疆 2
地级	8	北京 2、天津 1、内蒙古 2、重庆 2、四川 1
县级市	98	河北 5、山西 7、内蒙古 1、辽宁 6、吉林 6、黑龙江 1、江苏 3、福建 7、江西 7、山东 9、河南 9、湖北 3、湖南 6、广东 1、广西 5、海南 1、重庆 2、四川 1、贵州 5、云南 2、陕西 2、甘肃 2、宁夏 2、青海 1、新疆 4
县级	26	河北 2、山西 1、内蒙古 3、辽宁 1、江苏 2、河南 4、湖北 1、湖南 1、四川 1、贵州 5、云南 1、甘肃 1、新疆 3
县城	180	北京 1、河北 21、山西 11、内蒙古 2、辽宁 2、吉林 1、黑龙江 2、江苏 1、浙江 2、安徽 6、福建 10、江西 8、山东 1、河南 10、湖北 3、湖南 9、广东 3、广西 12、海南 1、重庆 6、四川 13、贵州 14、云南 3、西藏 2、陕西 15、甘肃 4、宁夏 3、青海 1、新疆 13
建制镇	36	内蒙古 2、吉林 4、浙江 5、江西 1、湖北 7、四川 1、云南 7、西藏 1、陕西 2、青海 6

我国资源型城市（镇）按省份分布，如表 3.2 所示。其中，拥有资源型城市最多的是河北省，共有 33 座城市，河南省次之，共有 30 座城市，其余省份的资源型城市分别为贵州 26 座、山西 25 座、新疆 22 座、陕西 22 座、四川 20 座、江西 20 座、广西 20 座、福建 19 座、湖南 18 座、湖北 17 座、山东 16 座、辽宁 15 座、吉林 14 座、云南 13 座、安徽 12 座、内蒙古 12 座、重庆 10 座、甘肃 10 座。

表 3.2　　我国资源型城市（镇）按省份分布

省份	北京	天津	河北	山西	内蒙古	辽宁	吉林	黑龙江	江苏	浙江
数量	3	1	33	25	12	15	14	8	7	7
省份	安徽	福建	江西	山东	河南	湖北	湖南	广东	广西	海南
数量	12	19	20	16	30	17	18	7	20	2
省份	重庆	四川	贵州	云南	西藏	陕西	甘肃	宁夏	青海	新疆
数量	10	20	26	13	3	22	10	6	8	22

我国资源型城市（镇）按资源类型分布，如表 3.3 所示。依次为煤炭 149 座、有色 81 座、非金属 54 座、冶金 38 座、黄金 37 座、化工 28 座、油气 25 座、综合 14 座。

表 3.3　　　　　我国资源型城市（镇）按资源类型分布

资源类型	数量	分布
煤炭	149	北京1、河北8、山西17、内蒙古9、辽宁5、吉林2、黑龙江4、江苏1、安徽5、福建3、江西3、山东9、河南19、湖北2、湖南7、广西3、重庆5、四川2、贵州15、云南3、陕西9、甘肃2、宁夏2、青海2、新疆11
油气	25	天津1、河北1、内蒙古1、辽宁1、吉林1、黑龙江1、江苏1、山东1、河南2、广东1、海南1、四川1、西藏1、陕西5、甘肃2、宁夏1、青海1、新疆2
有色	81	河北1、山西5、辽宁1、吉林3、黑龙江1、江苏1、浙江3、安徽3、福建2、江西11、河南3、湖北4、湖南8、广东1、广西5、重庆1、四川7、贵州4、云南8、陕西3、甘肃4、青海1、新疆1
黄金	37	河北9、山西1、辽宁2、吉林1、黑龙江1、福建1、山东2、河南2、湖北2、广东1、广西4、贵州1、西藏1、陕西4、甘肃1、新疆4
冶金	38	北京1、河北8、山西1、内蒙古2、辽宁2、江苏1、安徽2、福建2、江西1、山东1、河南1、湖北3、湖南1、广东2、广西2、海南1、重庆1、四川2、贵州1、西藏1、甘肃1、宁夏1
非金属	54	北京1、河北4、山西1、辽宁3、吉林5、黑龙江1、江苏2、浙江3、安徽1、福建10、江西3、山东2、河南1、湖北1、湖南1、广西4、重庆1、四川4、宁夏2、青海2、新疆2
化工	28	河北1、辽宁2、江苏1、浙江1、安徽1、江西1、山东1、河南1、湖北5、湖南1、广东1、广西1、重庆1、四川2、贵州3、云南2、青海1
综合	14	河北1、吉林2、江西1、河南1、广东1、广西1、四川1、贵州2、陕西1、青海1、新疆2

我国资源型城市（镇）按发展阶段分布，如表 3.4 所示。根据资源型城市（镇）的发展阶段，处于幼年期、中年期、老年期的资源型城市（镇）分别有 82 个、290 个和 54 个，各占 19.25%、68.08%和 12.68%。

表 3.4　　　　　我国资源型城市（镇）按发展阶段分布

发展阶段	数量	分布
幼年	82	河北2、山西6、内蒙古5、辽宁1、吉林3、黑龙江1、江苏2、浙江1、安徽1、福建10、江西2、山东3、河南5、湖南2、广东1、广西9、海南1、重庆2、四川2、贵州2、云南1、西藏1、陕西10、甘肃1、宁夏1、青海2、新疆5

续表

发展阶段	数量	分布
中年	290	北京2、天津1、河北23、山西17、内蒙古6、辽宁9、吉林11、黑龙江4、江苏5、浙江6、安徽11、福建8、江西13、山东12、河南22、湖北15、湖南14、广东5、广西9、海南1、重庆5、四川15、贵州23、云南8、西藏2、陕西11、甘肃7、宁夏5、青海4、新疆16
老年	54	北京1、河北8、山西2、内蒙古1、辽宁5、黑龙江3、福建1、江西5、山东1、河南3、湖北2、湖南2、广东1、广西2、重庆3、四川3、贵州1、云南4、陕西1、甘肃2、青海2、新疆1

第三节　资源型城市转型

一　资源型城市转型的含义

（一）从经济学角度理解转型

转型是一个复杂有机整体，通常指事物运动形式的转变过渡过程，它涉及方方面面的因素，涵盖了经济、政治、社会、文化等各个方面[1]。转型，在经济学层面上也具有十分丰富的内涵，主要包括以下几个方面：其一是体制转型。即在经济体制方面，由传统的计划经济体制转变成市场经济体制，并由市场经济体制占据主导地位，改变传统由行政命令来配置资源的方式，逐步确立市场经济调控资源的经济发展模式。基于这个层面上含义，国际上将中国称为"转型国家"，并将中国经济称为"转型经济"。其二是经济形态的转型。是指低水平生产力向高水平生产力的转型过程。在20世纪早期，我国积极申请"入世"，国际上将中国定位为转型国家，既非发达国家，也非发展中国家，而是处于由发展中国家向发达国家过渡的阶段。其三是社会主义发展阶段的转型。从社会主义生产力发展的实际出发，认为传统社会主义阶段实际上"超前"于现实社会生产力发展水平，超越了商品经济和市场经济这一特定的历史时期，因此应当从传统的社会主义阶段回复到现实的社会主义阶段，即回复到生产力水平不发达的"社会主义初级阶段"，实现从传统社会主义阶段向

---

[1] Cook, P., Uranga, M. C., Etxebarria, C., "Regional Innovation Systems: Institutional and Organizational Dimensions", *Research Policy*, No. 26, 1997.

社会主义初级阶段的转变。其四是经济体制与社会形态的双重转型。这种结合包括两方面的含义，一方面是指计划经济向市场经济转型；另一方面是指社会形态的根本性变化，无论是经济基础，还是上层建筑都发生质变。在转型的整个过程中，我国经济体制发生根本性调整，社会制度也相应发生变化，形成具有中国特色的社会主义经济体制。其五是经济体制与经济增长方式的双重转型。我国现阶段处于并将长期处于社会主义的初级阶段，面临两大转变，一是从计划经济向市场经济的体制转变，二是从粗放型向集约型的经济增长方式的转变。在上述两大转变中，体制转变更具有基础性与导向性意义，只有顺利完成体制转变，才能从根本上推进经济增长方式的转变。其六是发展与体制的双重转型。整体而言，我国经济发展中最基本的任务——工业化和产业结构转换尚未完成，正由发展滞后的农业国向发达的工业国转型，这种转型也被称为发展转型。与此同时，在改革开放之前，我国长时间实施计划经济，经济发展在我国受到一定程度的限制，传统计划经济体制存在一定的局限性，通过行政命令进行资源调配的效率相对较低，在这种情况下，尽快完成从封闭的计划经济体制向开放的市场经济体制转型势在必行，以快速融入全球经济一体化与市场化进程中①。

上述关于转型含义的理解，是从一个国家的角度出发的，而且认识也不一致，但本书认为上述几种理解都是正确的，都能为我们研究资源型城市转型的含义提供基本的认识路线和分析框架。根据不同的研究对象，对转型的内涵做出相应的界定，既适应了实际需要，也符合科学方法要求。本书就是本着这个原则去运用"转型"这一概念的，并在已有研究成果的基础上进一步界定了绿色转型的内涵。

（二）资源型城市的一般经济转型

在狭义层面上，经济转型指的是社会主义国家计划经济过渡到市场经济的过程；在广义层面上，经济转型指的是经济体制在特定阶段全方位的转变和过渡，具体体现在经济制度的深度调整。我国学者立足基本国情，认为经济转型包括两个层面上的转型，一个是经济体制上的转型，另一个是经济结构上的转型。经济体制上的转型指的是由行政手段为主

---

① 徐珍、权衡：《中国转型经济及其政治经济学意义——中国转型的经验与理论分析》，《学术月刊》2003年第3期。

的计划经济体制转变成以市场导向为主的市场经济体制；而经济结构的转型则表示我国由传统社会向现代社会转型，具体指的是由传统的农业经济向开放的工业经济转变。两个层面上的转型在时间维度上存在较大差异，前者指的是特定时期的制度创新，需要在一定的时间段内完成，而后者则需要在更漫长的时间内逐步提升，是一个国家在经济地位方面的转变。整体而言，我国现阶段的转型具有多重转型的特征。

在《资源型城市转型学》一书中，齐建珍等学者对资源型城市经济转型进行了如下界定：转型从字面含义上指的是事物形态的转换，而经济转型则强调的是经济形态的转换。可以从以下几个方面理解经济转型：其一，资源配置中经济主体在资源取向上的本质性调整，即基于不可再生资源开发利用的产业不具有长期发展的特征，其产业的衰亡具有不可逆转的趋势，换言之，资源主导型城市的经济转型具有一定的必然性和紧迫性。其二，经济形态的调整，经济形态的调整通常也需要从两方面开展：一方面，经济发展模式由低级向高级的转变，其核心在于生产力的转变，具体体现在由传统的粗放型经济向集约型经济转变；另一方面，产业类型的转变，例如部分煤矿闭矿之后，转变成蔬菜和花卉种植基地，也是一种常见的经济转型。其三，狭义层面上将计划经济体制转变成市场经济体制[①]。整体而言，资源型城市的经济转型具有一定的必然性，主要是由于资源具有不可再生的特征，如果要实现持续发展，就必须对资源主导型产业进行调整，通过优化产业结构，重点发展具有发展潜力和发展空间的产业，并对其他领域形成带动，包括经济体制、经济形态、生产力水平、经济模式、战略定位等。

当前，对"资源型城市经济转型"的研究已具备一定的基础，但是针对资源型城市绿色转型的研究相对较少。对资源型城市而言，绿色转型和经济转型具有一定相似之处，但与资源型城市经济转型不同，资源型城市绿色转型又有其独特性。在此，为便于研究，"资源型城市经济转型"在本书中被称为"资源型城市一般经济转型"，从而有利于在内涵阐述上对经济转型与绿色转型进行有效区分。

资源型城市一般经济转型指的是资源型城市将以不可再生资源开发利用为核心的产业进行调整，通过发展具有可持续的产业，降低城市对

---

① 齐建珍：《资源型城市转型学》，人民出版社2004年版，第62—63页。

传统不可持续产业的依赖程度,从而避免城市陷入停滞,甚至陷入衰退[1]。根据上述对资源型城市一般经济转型的概括,可以比较客观地了解资源型城市经济转型的主要内涵,可以从"资源—城市—经济转型"三个层次分别进行阐述:第一层次为脱资源化,即延伸产业链,将资源的初级开发利用延伸到其他产业或者深加工产业,从而降低城市对不可再生资源的依赖程度;第二层次为整合城市综合经济实力,通过优化产业结构,实现城市发展的可持续性;第三层次为经济转型,经济转型具有非常丰富的内涵,可以进行广泛的延伸,其变革通常涉及政治、经济、社会、文化等多方面。资源型城市转型的内涵主要包括以下几个方面:转变资源导向的发展思维;优化资源结构,提升产业发展水平;推动支柱产业、先导产业、主导产业以及优势产业的再配置、再选择,逐步实现产业升级;合理引导市场取向,以市场推动产业转型;加大生态环境的修复力度,提升环境保护水平;加强劳动力的培训,提升劳动力素质,实现专业人员的安置与再就业;转变产业发展思维,为经济模式调整提供智力支持。要实现上述目标,就必须对政府政策和发展战略进行适当调整。综上所述,资源型城市一般经济转型的本质可以归结为:在以不可再生自然资源初级开发利用为核心产业的稳定经济结构中,为应对产业发展的不可持续性而向另一种更开放、更稳定、更先进的经济结构改变,利用主导产业的带动作用,实现经济结构的调整。对资源型城市而言,更先进的经济结构必须是立足城市要素禀赋而建立起来的一种由可持续发展产业为主导的特色经济模式,通过资源合理配置以及调整,推动一种稳定经济结构向另一种更加先进的经济结构过渡,并最终实现资源型城市的经济转型目标[2]。

二 资源型城市转型障碍

第一,经济视角下的资金障碍。资源型城市只有在大量资金的支持下才能实现产业转型,而很多资源型城市便是由于资金不足而陷入转型困境,转型进程缓慢。一方面,资源型城市的主导产业多是以不可再生资源的初级开发为基础的,而这种产业为典型的上游基础产业,其特征

---

[1] 齐建珍:《资源型城市转型学》,人民出版社 2004 年版,第 64 页。
[2] 于言良:《资源型城市经济转型研究——以阜新经济转型试点市为例演绎"一转三重"转型理论》,博士学位论文,辽宁工程技术大学,2006 年。

是产品的附加值较低，经济效益不佳。通常情况下，资源型产业是资源型城市获得财政收入的主要渠道，而资源型产业的萎缩则导致政府财政的大幅减少。另一方面，我国生产要素的价格长期处于低位，也是导致资源型城市经济效益不佳、财政收入不断减少的又一重要因素。不仅如此，受计划经济的长期影响，资源型城市民间资本的活跃度较低，市场主体普遍缺乏市场竞争力。整体而言，资源型城市在资源初级开发和利用方面具有较大的局限性，在很大程度上加剧了资源型城市的财政紧张。

第二，社会视角下的人才障碍。人才的匮乏是制约资源型城市转型和可持续发展的瓶颈。首先，人才综合素质相对偏低，人才结构不完善。通过分析资源型城市人口的受教育情况可以发现，资源型城市人口的文化水平整体较低，文化结构不合理，明显缺乏高层次的专业人才，尤其是缺乏高层次的技术人才和管理人才，从业人员的综合素质和业务能力相对较低，知识老化问题比较严重，对资源型城市的经济发展造成较大的负面影响。其次，资源型城市在教育方面的投入力度不足，教育基础比较薄弱。近年来，资源型城市通常由于产业效益问题导致财政收入不足，在教育和培训方面的投入捉襟见肘，为资源型城市的经济转型所提供的智力支持有限。最后，人才培育机制不完善，高素质人才的流失率较高。现阶段，资源型城市主要分布在欠发达和偏远地区，基础设施和配套设施的建设相对滞后，加之生活环境不佳，工作条件比较艰苦，对人才的吸引力较低。不仅如此，资源型城市无法提供具有竞争力的薪酬待遇，进一步提升了人才引进的难度。由此可见，资源型城市的经济转型缺乏必要的人才储备。

第三，资源视角下储量障碍。如前所述，资源型城市中长期普遍存在不可再生资源的枯竭问题，因此，其现阶段的资源主导产业不具有可持续性，矿竭城衰的问题比较严峻。例如，辽宁北票煤矿的开采历史已经达到120年，累计出煤量达到1.5亿吨，煤层已经基本开采完毕，当地的矿务局也已经进入破产清算阶段。相关数据显示，黑龙江煤炭资源储量正出现逐年下滑的态势，而新疆、云南、甘肃等省份也相继出现资源枯竭的现象。例如，云南省东川市，曾因铜矿资源而迅速发展，但是随着矿产资源的枯竭，整个城市迅速衰落，最终成为昆明的远郊区，不但经济上一蹶不振，行政级别上也撤市改区了。

第四，环境视角下的区位障碍。资源型城市的布局分布主要取决于资源禀赋的分布情况。相关数据显示，我国资源型城市有八成集中分布在中西部地区，例如大同、大庆、玉门等，这些地区资源丰富，深处内陆或边远荒漠，基础设施和配套设施建设不到位，东部沿海发达城市和地区的经济带动作用不明显，无法形成产业层面上优势互补。不仅如此，在"先生产，后生活"的思维指引下，资源型城市在基础设施和配套建设方面的投入相对较少，投资环境差。与此同时，资源型城市生态环境日益恶化。矿产资源开发中生态破坏严重、环境污染加剧是资源型城市共同面对的问题。资源型城市生态环境破坏不仅表现在大气、工业以及水体的"三废"排放领域，还表现在土地资源的破坏领域，环境质量较非资源型城市的平均水平相差许多。受上述诸多不利环境影响，资源型城市新兴产业的发展受到极大的限制。

第五，企业视角下的管理障碍。一方面，资源型城市普遍存在二元化管理问题，很多公共服务职能需要由资源型企业承担，从而加大了企业发展压力，降低了企业资金的流动性，无法形成与地方政府的有效协调机制。另一方面，我国在能源领域多采用国有资本经营，很多资源型企业的管理需要由中央直属部门负责，并形成一套相对独立的体系，地方政府的管辖不到位，两者存在沟通方面的较大局限性。不仅如此，资源型城市对资源型企业的依赖程度较高，进而导致中小企业的发展受到限制，无法接纳大量的转移就业人口，城市的经济转型面临各种各样的风险和挑战，对社会稳定也造成了较大的冲击。

第六，产业视角下的协调障碍。资源型城市以不可再生资源为依托，以资源初级开发和利用为核心的资源型产业是城市发展的主要驱动力。很多资源型城市将增加资源初级产品规模作为发展道路，进而导致资源型城市存在产业单一、效益不佳的问题，长此以往，严重限制了资源型城市的转型升级，究其原因主要集中在以下几个方面：一是缺乏先进的产业技术。在资源型城市的产业发展过程中缺乏高层次的人才，导致产业技术水平相对较低，尤其是产业设备存在严重的老化问题。同时，对新技术的引入力度不足，技术革新和技术发展的进程较慢，进而导致资源开发效率较低，资源浪费问题比较突出，产业发展不具有可持续性。二是产品的市场竞争力较低。资源型城市主要产业均为劳动密集型，即资源开发的初级产品以及基础原材料产品的占比较高，该类型的产品不但附加值较低，而且技术含量不足，在市场上缺乏核心竞争力，难以形成议价优势，因此，经济效益普遍不佳。三是产业分布具有较高的分散性。资源型城市具有一定的特殊性，其产业布局通常取决于资源禀赋的分布情况，就现阶段而言，很多资源型企业分布在城市郊区，市场空间布局的分散度较高。四是产业组织基础薄弱。现阶段，资源型企业的组织形式以全民所有制居多，相对而言，私营企业、集体企业的占比较少，具体表现为大中型企业的占比较高，而私营企业的占比较少。在组织结构方面，综合型企业比重较大，而专业化企业的占比则相对较小。五是产业效益整体不足。资源型城市多采用粗放式的发展模式，相对于资本密集型企业和知识密集型企业，附加值相对较低，加之产业的同质化问题比较突出，导致资源型产业的经济效益相对较低。

第七，政府视角下的制度障碍。在资源型产业的发展过程中，制度失灵是常见问题，根据具体情况可以划分成市场失灵和政策失灵。市场失灵的原因是多方面的，城市环境问题外部性以及环境公共物品的存在无法满足社会利益最大化配置是现阶段市场失灵的主因。一般而言，政府通过宏观调控可以推动市场机制的正常化，但是如果宏观调控政策不当则会导致市场进一步恶化，进而加剧环境污染和资源浪费。从现阶段来看，我国产业政策在目标和措施方面的契合度较低，也对产业结构的调整造成一定负面影响，很多产业政策在贯彻过程中出现偏差，其实际效用并没有依照设想得到充分发挥。

第四节　资源型城市绿色转型

一　资源型城市绿色转型的三维结构内涵

目前，学术界对资源型城市绿色转型的理论研究尚不多见，迄今为止尚未形成绿色转型的统一概念。太原市作为制定全国首个地方性"绿色转型"标准体系的城市，在2008年12月1日发布的《太原市绿色转型促进条例》中对绿色转型进行了定义："绿色转型，是指以加强生态建设，发展循环经济，培育绿色理念为基础，经济、社会、生态向协调可持续发展模式转变，实现人、自然、社会和谐发展。"绿色转型的核心内容就是从传统发展模式到科学发展模式的转变，就是由人与自然相背离以及经济、社会、生态相分割的发展形态，向人与自然的和谐共生以及经济、社会、生态协调发展形态的转变。其本质就是传统经济向绿色经济转型，不可持续发展向可持续发展转型，工业文明向生态文明转型。

推进绿色转型的总体目标和基本途径就是发展绿色经济。绿色经济是经济形态不断发展的产物，和农业经济、工业经济、知识经济类似，具有独立性和先进性，是响应生态化发展浪潮而产生的新的经济形态，也是继农业化浪潮、工业化浪潮、知识化浪潮之后的第四次浪潮——生态化浪潮，将对人类社会的发展产生深远影响。绿色经济在广义层面上指的是以生态资本为核心的经济形态，并以知识资本为主导，以物质资本为杠杆，以社会资本为动力，在一种持续的协调的过程中，对人类生产生活方式进行调整，从而改善人类社会整体运行状态，实现经济可持续发展的经济形态。在狭义层面上，绿色经济指的是立足生态资本，在产业链的各个环节进行科学合理的开发、利用和保护，从而实现经济循环发展和持续发展的一种经济形态。整体而言，绿色经济具备社会和谐、资源节约、环境友好、生态安全等特征，即实现经济效益、社会效益以及生态效益的协同发展，实现综合目标绿色效益的最大化。

（一）资源型城市绿色转型的三维结构模型

在学习借鉴已有文献资料的基础上，本书尝试从以下角度阐述资源型城市绿色转型的内涵。鉴于绿色转型的内涵涉及面广泛，为对其做进一步科学系统的阐释，可将其内涵立体化直观化，建立由原因维、方法维、效果维三个坐标系组成的绿色转型三维结构模型，如图3.1所示。

通过该模型将绿色转型进一步定义为：以绿色发展理念为指导，立足于当前经济社会发展情况和资源环境承受能力（原因维），通过改变企业运营方法、产业构成方式、政府管理手段（方法维），实现企业绿色运营、产业绿色重构和政府绿色管理，使传统黑色经济转化为绿色经济，形成经济发展、社会和谐、资源节约、环境友好的科学发展模式（效果维）。该模型的提出基于以下思路：为什么要进行绿色转型——怎样进行绿色转型——绿色转型的目标是什么。首先，"为什么要进行绿色转型"，即"绿色转型三维结构模型"的原因维，它由经济、社会、资源、环境四要素共同构成，剖析了绿色转型的必要性和内在动力；其次，"怎样进行绿色转型"，即"绿色转型三维结构模型"的方法维，它由企业、产业、政府三要素共同构成，阐述了实现绿色转型的具体可操作手段；最后，"绿色转型的目标是什么"，即"绿色转型三维结构模型"的效果维，

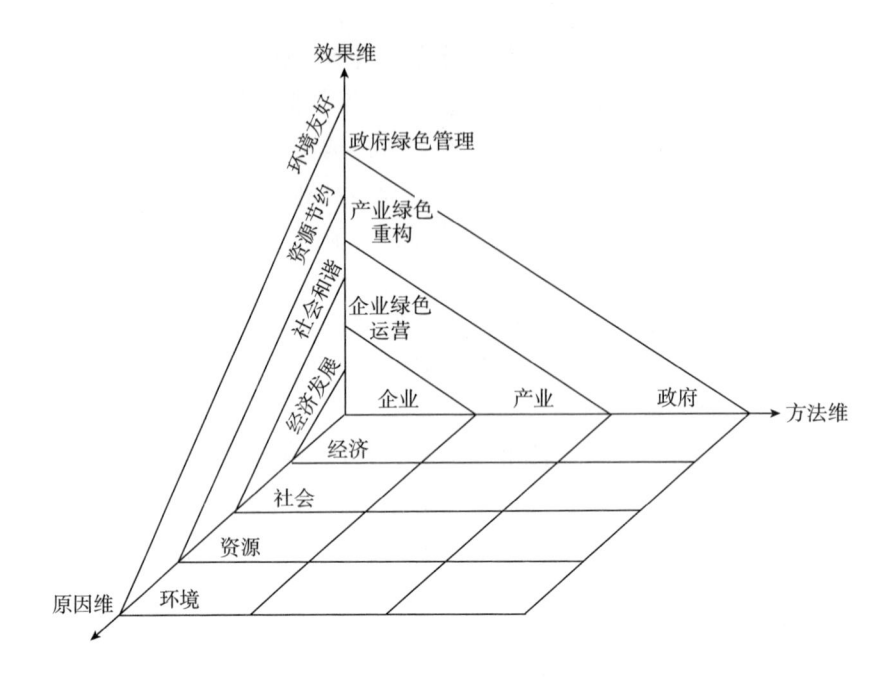

图 3.1　资源型城市绿色转型三维结构模型

它由两个层面七个要素共同构成，原因维层面包括经济发展、社会和谐、资源节约、环境友好四要素，方法维层面包括企业绿色运营、产业体系绿色重构、政府绿色管理三要素，它们对绿色转型应达到的目标效果做出了较为科学的评价。

1. 原因维

为什么要进行绿色转型？是原因维上四大因素——经济、社会、资源、环境系统作用的结果。

人类在发展进程中，为了满足不断增长的物质需求、保证经济社会的持续快速发展，不断地向资源进行索取，向环境进行排放，一直采取"高投入、高消耗、高污染"的传统发展模式。尤其是众多资源型城市，经过长年大规模、高强度、大面积的资源开采，各类高耗能工业的迅速发展，使资源损耗严重，城市环境急剧恶化。然而，人们推动经济发展和社会进步的愿望并没有减退，对物质的追求也在与日俱增，因此人们的无限需求与资源环境的有限供给之间产生了矛盾，而解决这一矛盾的重要方法之一就是进行资源型城市的绿色转型。

经济因素是资源型城市绿色转型的直接动力。经济因素与社会、资源、环境三大因素在发展过程中，是相互关联、相互制约的，经济因素直接影响着其他因素，进而影响着城市发展。经济因素良好，向其他因素提供更多的支持，就会获得良好的社会发展状况、自然资源状况与生态环境状况，这一良性发展的态势会促进城市经济更快更好的发展；反之，如果忽略其他，一味追求经济快速增长，将导致社会矛盾突出、资源大肆开采、生态环境破坏，这种粗放型发展方式最终会阻碍城市经济发展，使之停滞不前，甚至出现倒退。

社会因素是资源型城市绿色转型的调节中枢。从系统论的角度，可将社会定义为由各种元素相互联系、相互作用、相互制约共同构成的一个复杂的开放系统，通过动态反馈和协同机制，协调其他子系统的活动，推动资源型城市开展绿色转型，并在绿色转型过程中使整个系统达到最优。

资源因素是资源型城市绿色转型的物质基础。自然资源是自然界自然形成的、天然的未经人类打磨的，并且被人类发现、利用后能够产生价值的物质和能量。它对人类社会的发展提供必需的物质基础，也是人类生存环境的基本要素。本书研究的绿色转型就是在资源型城市物质基础尚存但日趋不稳固的条件下，资源型城市所开展的由内而外的转型发展变化。

环境因素是资源型城市绿色转型的空间支持。《中华人民共和国环境保护法》中涉及环境的定义，几乎包含了所有的自然环境和人工环境。但本书所阐述的环境因素只是指由动植物、土地、水、空气等自然因素构成的，人类产生、生存和发展所必需的一切外在自然条件的总和。资源型城市绿色转型即在这一外在自然条件所构成的空间环境中进行。

2. 方法维

怎样进行绿色转型？可以从方法维企业、产业、政府三大主体的绿色转型入手。

首先，绿色转型的微观主体——企业。企业是向社会提供商品或劳务而获取盈利，从事生产、流通和其他服务性经济活动的经济组织，是市场经济运行与发展的基础。作为城市经济发展的最微观、最具体的行为主体，企业是多种要素的实际运用者，是创造经济财富的源头和实现经济增长或者产业转型的攻坚力量。因此，若想实现资源型城市的绿色转型，首先要推动企业进行绿色转型，塑造绿色市场经济的微观基础，创建绿色企业，实现企业的绿色运营。绿色企业指的是采用现代循环经济理念和可持续发展模式的企业。若要实现企业的绿色转型，则需要从根本上对企业进行绿色改造，树立企业绿色发展文化，在产业链的全过程中实现绿色管理，并在此基础上构建以生态效益为核心的经济系统，以此提升资源的利用效率，最大限度地降低产品或者服务在生产消费过程中对人类社会、生态环境的负面影响，从而实现经济发展和生态环境保护的协调。

其次，绿色转型的中观主体——产业。产业是经济的支柱，产业体系绿色重构是发展绿色经济的核心。当资源型城市面临愈加突出的资源和环境约束时，产业转型应身先士卒，处于绿色转型发展第一梯队。在资源型城市绿色转型过程中，随着产业转型与新产业培育，一方面通过对劳动力的结构与城市发展的布局进行调整，直接或间接地推动社会、资源、环境的转型发展，另一方面通过产业绿色重构所带来的经济效益，间接地为其他领域的转型提供保障。因此，产业结构调整引领着资源型城市绿色转型的其他方面，是资源型城市转型的关键所在。对资源型城市而言，若要推动绿色转型，就必须立足资源型城市的实际条件，以绿色产业体系为战略核心，以发展绿色经济为切入点，大力培育发展绿色产业，进行物质产业群、技术产业群、生态产业群的绿色化构建与重组。

最后，绿色转型的宏观主体——政府。政府是我国资源型城市绿色转型的监控主体，扮演着"掌舵人""服务者""监督者"等多个角色，其治理水平的提升是资源型城市绿色转型有序进行的保障，其绿色管理方式能为资源型城市绿色转型提供强有力的支撑。政府绿色管理包含对市场运行的管理和对自身运行的管理两方面。一方面，在现阶段，许多企业在传统市场经济运行的惯性下，仍然以追求自身利润最大化为首要目标，并没有重视经济增长方式的转变和社会的和谐进步，并没有从根本上兼顾资源循环利用及环境有效保护，因此绿色转型的自发实现动机尚不成熟，政府对市场主体绿色转型的管理力度必须强化；另一方面，政府在对市场运行进行绿色管理的同时，也必须加强对自身办公方式、运行效率的管理，杜绝浪费，建设节约型和环境友好型政府机关，积极开展绿色办公、绿色采购、大力提高行政效能和服务质量，合理配置公共资源。作为有为的政府，在市场机制尚未健全的情况下，要通过对外、对内双向绿色管理，为绿色转型发展创造良好的外部条件，配合多种要素发挥作用，并积极做好各要素的引导和监督工作，从而实现绿色转型发展的合力最大化。

3. 效果维

绿色转型的目标是什么？也即绿色转型将要达到的预期效果如何，由效果维七个目标要素给出：经济发展、社会和谐、资源节约、环境友好、企业绿色运营、产业体系绿色重构、政府绿色管理，此七个目标要素可以评价资源型城市绿色转型的效果。资源型城市绿色转型的原因是经济、社会、资源、环境四因素集合系统运作的结果，四因素的内部矛盾构成资源型城市绿色转型的直接推动力，因此从该四因素角度出发对绿色转型进行的评价，有助于观察经济社会发展中的无限需求与资源环境运行中的有限供给之间的内部矛盾，分析矛盾的激化缓和程度；资源型城市绿色转型的具体方法和实现途径是企业、产业、政府三大市场主体的绿色转型，因此企业的绿色运营度、产业的绿色重构度、政府的绿色管理度便直接关系着资源型城市在微观层面、中观层面、宏观层面进行绿色转型的可操作性，直接决定着资源型城市的总体绿色转型效果。总之，资源型城市的绿色转型是四大因素——经济、社会、资源、环境，三大主体——企业、产业、政府综合作用的结果，绿色转型若想顺利进行，必须关注各因素各主体的发展，协调因素间主体间的关系。因此，研究绿色转型效果如何可对上述七个目标加以分析。

（二）资源型城市一般经济转型与绿色转型的比较

虽然当前对资源型城市绿色转型的理论研究并不多见，但对资源型城市转型的研究已经具备一定的基础和规模，对这些研究成果进行分析，不难发现，资源型城市一般经济转型的研究角度与绿色转型既存在一定联系，又有很大区别。

如第三章第三节中所述，资源型城市一般经济转型，是指将城市主导产业进行合理的调整和优化，降低不可再生资源初级开发产业的占比，降低城市对资源的依赖程度，从而防止由于资源减少而导致城市经济衰退，同时，还要重点发展具有可持续发展特征的产业，实现城市发展的可持续性。需要强调的是，资源型城市的经济转型是一个系统化的过程，需要经济、社会、政治、法律、文化等多方面的系统化调整。由此可见，资源型城市一般经济转型的核心目标是转变以不可再生资源初级开发为主导产业的现状，通过优化资源型城市的产业结构和经济结构，降低城市发展对不可再生资源的依赖程度，达成城市系统与自然生态系统和其他系统之间的和谐共生，实现可持续发展。转型的核心内容包括以下几个方面：资源结构的调整、资源取向的转化、市场导向的改变、生态环境的保护、劳动力素质的提升、人文价值和发展理念的转变，等等。总之，资源型城市经济转型的本质就是要用新型的接替主导产业逐步取代落后产能产业，稳步实现经济发展的可持续。

1. 资源型城市一般经济转型与绿色转型的共同点

资源型城市一般经济转型与绿色转型研究的都是资源型城市经济形态的转换。二者在转型前、转型中、转型后存在以下共同之处：

（1）转型前

资源型城市无论在进行一般经济转型还是进行绿色转型前，都曾依赖得天独厚的自然资源，长期对其进行粗放式开采。而自然资源的开采是一把"双刃剑"，在为我国工业化进程和地区经济的发展提供能源动力的同时，也为生态环境带来了一系列问题，给生产和人民生活带来很大危害。因此，一般经济转型或绿色转型前资源型城市常会遇到产业结构单一、经济发展缓慢、生态环境破坏严重等问题。

（2）转型中

一般经济转型与绿色转型都是在以某种不可再生自然资源为依托的主导产业形成比较稳定的经济结构情况下，资源型城市采取积极措施向另一种更稳定的、更高级的经济结构进行转变的过程。首先，对于资源型城市而言，无论进行一般经济转型还是进行绿色转型，都会把产业调整作为其转型的核心内容和突破口，推动以某种不可再生资源初级开发利用为主导产业的现有经济结构的转变，通过向更先进的经济结构转变而降低对不可再生资源的依赖程度，规避由于资源耗竭引发的一系列经济问题与社会问题，从而推动资源型城市的可持续发展。其次，资源型城市的一般经济转型或绿色转型均须以科学技术进步为支撑，实现由粗放模式向集约模式转变。最后，转型一般有两种形态，一种是量变的渐进形态，表现为漫长的自发过程；另一种是质变的飞跃形态，是一定时期的自觉过程。资源型城市的一般经济转型和绿色转型都特指后一种情况。因此，在两种转型过程中，政府的宏观调控都发挥着重要作用。

（3）转型后

一方面，一般经济转型和绿色转型均能整合资源型城市的综合经济实力，实现城市竞争力的提升，有助于资源型城市的可持续发展。另一方面，作为复合的概念，两种转型都具有复杂的系统，因此它们内涵和外延都十分丰富，涵盖多个领域，会引发经济、社会、文化、生产模式等诸多方面调整和变化，以实现系统性变革。

2. 资源型城市一般经济转型与绿色转型的不同点

一般经济转型与绿色转型不是简单的包含与被包含关系，绿色转型是比一般经济转型更加切合实际的健康先进的转型模式，它突出了转型的目标及方向，比一般经济转型具有更高层面的追求。绿色转型改变了资源型城市一般经济转型中彻底脱资源化的发展理论，强调要用发展的思路解决发展中的问题，针对资源濒临枯竭的城市和资源尚充足的城市，要分情况处理资源的使用及主导产业的选择，同时特别强调转型过程中的可持续发展，注重循环经济技术的使用及生态环境的保护。如果说一般经济转型探讨的是资源型城市如何有效"脱资源"发展的问题，那么绿色转型则是在探讨资源型城市如何有效"利用资源"可持续发展的问题。

以三维结构模型为基础，针对资源型城市一般经济转型与绿色转型的不同点从经济、社会、资源、环境四大因素和企业、产业、政府三大主体角度进行比较，可以得到如下结论，如表3.5所示。

表3.5　资源型城市一般经济转型与绿色转型的不同点比较

比较角度		一般经济转型	绿色转型
四大因素	经济	规避经济停滞； 保证经济增长	探索健康经济发展模式； 实现绿色经济
	社会	产业间劳动力数量的转移安置； 传授劳动力非资源型产业知识技能； 保证人民基本生活实现社会稳定发展	产业内劳动力质量的挖掘提升； 提高劳动力专业素质及生态道德素质； 提高人民生活质量实现社会和谐共融
	资源	强调脱资源化	强调资源减量循环高效利用
	环境	强调生态环境的修复治理； 先污染后治理治标不治本	强调绿色保护机制的构建； 减少并防止污染标本兼治
三大主体	企业	建立现代企业制度； 进行企业技术创新	建立绿色企业运营制度； 培育绿色技术创新体系
	产业	强调资源型产业退出； 新兴产业培育替代资源型产业； 工业为转型先导和突破口； 注重转型后的经济效益	强调资源型产业绿色改造； 新兴产业绿色升级配合资源型产业； 三大产业同步绿色化构建； 进一步要求转型后的生态环境效益
	政府	转型中的"局外人"； 注重对外管理忽略自身完善	转型中的"局内人"； 建立内外兼顾的绿色管理体制

(1) 经济因素角度

资源型城市的一般经济转型对经济发展方面提出的要求低于绿色转型，由于开采能力的下降和开采成本的提高，资源型主导产业的竞争优势逐渐减弱，原有产业结构受到破坏，从而致使资源型城市经济衰退，城市竞争力下降。在此基础上进行的资源型城市一般经济转型，较多地强调规避因资源枯竭而导致的城市经济大规模衰退和停滞，转型的根本目的是保持经济的持续快速增长。

资源型城市绿色转型的首要任务则不只是避免矿竭城衰的问题，而是追求一种健康的经济增长模式，即在保持经济持续快速增长的同时，还要实现黑色经济向绿色经济的转变。

(2) 社会因素角度

资源型城市，特别是部分老牌的资源型城市，在资源日益减少和机械化程度不断提升的大背景下，从业人员的减少是必然趋势，为资源型城市社会稳定带来巨大压力。不仅如此，资源开采技术条件要求不高且产业结构单一，使城市对于技术水平的需求也较低，因此城市工人总体文化素质偏低，产业主要以劳动密集型产业为主，这在一定程度上制约了资源型城市劳动力的转移。因此，提高资源型产业从业者素质，及时妥善地对下岗工人进行产业间转移安置显得十分重要，一旦解决不好就会带来一系列的社会问题。提高劳动力的科学文化素质、实现劳动力再就业已经成为资源型城市一般经济转型中需要面对的重要课题。

资源型城市绿色转型强调的并非产业间劳动力数量的转移安置，而是产业内劳动力质量的挖掘提升。这表现在：绿色转型是以绿色理念为指导的，因此在实施转型过程中，随着新型绿色产业体系的全面构建，对劳动者的专业技能也提出了更高的要求。相较而言，一般经济转型对劳动力素质的提高，侧重的是将从业人员原有的资源型知识结构与劳动技能更新为能够满足非资源型产业就业要求的知识结构与劳动技能，以实现劳动力的产业间转移；而绿色转型对劳动力素质的提高则侧重劳动力专业素质的深度培养和人力资本潜力的深度开发，以适应先进的绿色生产模式，实现了人力资本提升成本向生产系统的内化，为推动绿色产业结构的进一步升级做好人才准备。不仅如此，绿色转型不但注重劳动力专业素质的提高，还加强了环境保护、绿色消费、绿色生活方式等生态文明科普知识的宣传力度，培育公民的环境保护参与意识，进而提高全社会公民的生态道德素质。如果说资源型城市一般经济转型对劳动力素质的提高及产业间的转移安置是为了保证人民基本生活、实现社会的稳定发展，那么资源型城市绿色转型则是在绿化经济、节能减排过程中，为人类营造出一个适于生存发展的生态环境，提高了人民的生活质量，实现了社会的和谐共融。

(3) 资源因素角度

资源型城市一般经济转型强调脱资源化，强调以资源主导产业为核心的产业经济结构必须摆脱对资源的依赖，培育发展非资源型接替主导产业，形成新的具有发展实力和发展潜力的产业经济结构。

资源型城市绿色转型则强调资源的减量循环、高效利用。这一点可以分两种情况进行说明：情况一，对于资源濒临枯竭的资源型城市，为避免矿竭城衰，其绿色转型也必然是脱资源的。但在脱资源转型同时，又必须重视绿色化生产，即培育发展起来的主导产业不仅要摆脱对资源的依赖，还要在生产的同时建立起循环经济技术支撑体系，保护生态环境；情况二，对于资源尚充足的资源型城市，绿色转型则无须刻意强调脱资源化，认为可充分有效利用现有不可再生资源，深度挖掘资源潜力，继续发挥其对经济发展的拉动作用。但是这种资源潜力的挖掘和拉动作用的发挥，绝非对资源的量的依赖，而是必须建立在资源减量循环、高效利用的基础上，利用绿色生产技术建立资源开发补偿机制，将传统粗放型开发使用模式转化为绿色集约型开发使用模式，将原有资源开采和初级加工的产业链条进行绿色延伸，提高资源的使用效率，把生产环节纳入无废的或变废为宝的循环流程，引导资源耗费型生产模式向资源循环利用型生产模式转变。

(4) 环境因素角度

资源型城市一般经济转型的研究多是以环境修复治理为主要手段，强调对已经破坏的生态环境进行修复和治理，但是对转型后替代产业发展运行中的绿色生产及节能减排仍重视不足，虽然在转型过程中也注重并加强了环境保护，但总体来看，多数措施治标不治本，都是依靠增加专门性治污成本投入的方式进行环境的改善，没有从根本上建立起生态环境的绿色保护机制。

资源型城市绿色转型则转变了"先污染后治理"的观念，真正做到了标本兼治，既对以往破坏的生态环境进行修复治理，又在转型的同时对生态环境可支撑人口、经济规模和容纳污染物承载力进行定性定量分析，全方位构建起生态环境的绿色保护机制，对转型后经济运行中可能造成的环境污染防患于未然，使生产系统本身具备了环境保护能力，实现了生态环境保护成本向生产系统的内化，形成了一种经济发展与环境保护同步开展的新型生产模式。

(5) 企业主体角度

资源型城市一般经济转型过程中强调现代企业制度的建立和企业的技术创新。一方面，长期以来，作为资源型城市经济主体的资源型企业，一直是政府的附属物，企业承担的社会职能负担过重，为生产经营带来了巨大的压力，加之企业急功近利和短视行为无法避免，使企业发展目标与城市长远目标难以统一，严重影响了资源型城市转型的速度及长远发展。因此，资源型城市一般经济转型特别强调加快建立现代企业制度，通过制度规范企业行为。另一方面，资源型城市多以传统制造业为主体，企业的技术创新体系不健全，技术创新能力不强，没有发挥创新主体应有的作用。因此，加强企业的技术创新能力是资源型城市一般经济转型中对企业提出的另一要求。

资源型城市绿色转型要求建立绿色企业运营制度，培育绿色技术创新体系，以企业间绿色供应链的延伸为依托，以生态工业园区的建设为载体，以循环科技的研发使用为支撑。这种新型绿色工业化模式对企业做出的发展规划更加具体，为资源型城市一般经济转型中提出的建立现代企业制度、提升企业技术创新能力进一步指明了方向。

(6) 产业主体角度

资源型城市一般经济转型的本质和核心问题是主导产业的转型，选择培育新的主导产业，用充满生机活力的新主导产业替代原有资源产业，带动城市经济的全面复兴。离开主导产业的转换，转型便无从谈起，所以主导产业转换是资源型城市一般经济转型必须解决的首要问题。同时，资源型城市依赖资源发展起来的主导产业往往都在工业领域，因此一般经济转型中的产业体系重构往往是以工业为突破口带动其他产业转型，在此过程中工业发挥着巨大的推动作用。

资源型城市绿色转型则不同：首先，如前所述，绿色转型并没有脱资源化限制，因此其转型主题也并非仅仅围绕主导产业转换展开。对于资源濒临枯竭的资源型城市而言，一定要进行新兴主导产业的培育和发展；对于资源储备比较充足的资源型城市而言，绿色转型一定要建立在科学规划的基础上，坚持循序渐进的原则。对企业而言，如果在产业绿色转型初期便将优势主导产业放弃，而在创新型产业和新兴主导产业尚未建立的情况下，必然导致资源型城市的经济陷入困境，反而不利于城市的发展与绿色转型，即所谓欲速则不达。因此，不应过早抛弃资源型产业及其对城市带来的巨大经济利益，无须刻意强调它的退出。然而不强调资源型产业的退出并不代表对传统生产模式的依赖，而是要改造传统模式，对资源型产业植入绿色活力，通过循环经济技术的应用和资源综合利用率的提高，延长资源型产业生产链，最大限度延长资源型产业生命周期。其次，资源型城市绿色转型也强调新兴非资源型产业的培育壮大，然而与一般经济转型不同，这种新兴产业培育壮大的最终目的并非接替资源型产业，而是通过自身的绿色升级实现与资源型产业的配合，共同支撑经济发展，最终完成绿色产业体系的构建。再次，绿色转型最终要实现产业的绿色重构，即建立绿色产业体系。这一产业体系，并非像一般经济转型那样必须以工业转型为先导和突破口，而是物质、技术、生态三大产业群全方位同步绿色化构建。最后，资源型城市一般经济转型对新兴接替主导产业的主要选择标准是这一产业必须要"充满生机活力"，这种充满生机活力的产业必然是能够防止资源型城市矿竭城衰的，然而该主导产业的培育过程并没有强调绿色化，即这种新兴主导产业在推动资源型城市持续发展的同时，可能依然潜伏着生态隐患，未彻底摆脱黑色经济的增长模式。而资源型城市绿色转型对产业的要求则不只需要"充满生机活力"，还进一步要求"绿色化"，在此基础上构建起来的绿色产业体系没有生态环境的后顾之忧。

（7）政府主体角度

资源型城市的一般经济转型理论注重政府对重大事项的统一部署、科学决策，指出政府应协调各方面利益，从以下环节进行统一督导：对有利于社会进步、城市发展的重要科研项目进行组织开发，对企业转型及产业重构进行扶持、监管、奖惩，出台各种配套政策如产业政策、财政税收政策、投融资政策等保证资源型城市转型的顺利进行。尽管这些政府职能的行使对推动资源型城市转型发挥了强有力的保障作用，但政府在一般经济转型过程中仍只是扮演着"局外人"的角色，从某种程度上讲，较多注重了监管"别人"的职责，而忽略了本身的自我完善。

在资源型城市的绿色转型中，政府弥补了这一缺陷，转换了角色，从小事做起，从自我做起，成为绿色转型中的"局内人"，不仅对各因素与主体进行有效的协调监管，制定绿色标准和奖惩办法，保证绿色转型的顺利实施，而且加强了对自身的绿色约束，改善了服务质量，提高了办事效率，降低了行政成本，最大限度杜绝办公浪费，营造出廉洁高效的绿色政务环境和内外兼顾的绿色管理氛围。

二 资源型城市绿色转型的成本分析

（一）资源型城市绿色转型成本内涵

资源型城市转型是一个系统工程，影响经济、社会、资源、环境各方面，涉及企业、产业、政府等多层次。研究转型成本必须综合考虑、多面覆盖，为探寻低成本的最佳转型时机做好准备。

学术界对资源型城市转型成本的内涵界定存在一定差异，比较典型的观点包括可持续成本论、转型全过程论、目标成本论三种。持可持续成本论的研究学者认为："资源型城市转型成本是指资源型城市由单纯依托资源发展，向脱离资源化的非资源型城市转型，实现可持续发展目标而必须付出的代价，包括各种直接付出，间接的付出；既有有形的代价，也有无形的代价。"[①] 持转型全过程论的学者则将资源型城市转型成本定义为在实现城市经济转型目标过程中，政府、企业、社会和个人所需要支付的代价。他认为，成本是个投入概念，是为实现既定目标获得预期收益所必须付出的代价。成本投入的指向性是指每一项成本投入都必定要有期望的产出目标，风险性则指成本投入发生后预期目标的实现具有不确定性。持目标成本论的学者从整个城市视角对转型成本的概念进行了界定，指出转型成本是由开始启动产业转型到新的主导产业确立且GDP及就业率基本达到或超过转型前水平的整个过程中的成本支出[②]。

1. 资源型城市一般经济转型的主要成本

资源型城市一般经济转型主要解决的是资源型产业脱资源化的问题，因此，转型过程中主要涉及传统资源型主导产业退出、新兴主导产业进入、合理转移资源型产业劳动力、修复已破坏的生态环境四项主要任务，资源型城市一般经济转型的成本投入也围绕这四项主要任务展开，包括

---

① 齐建珍：《资源型城市转型学》，人民出版社2004年版，第226页。
② 孙雅静：《资源型城市转型与发展出路》，中国经济出版社2006年版，第123页。

产业转换成本、环境修复成本、劳动力转移成本。

产业转换成本：产业转换成本是资源型城市转型成本支出中最核心、最重要的组成部分。一般经济转型理论认为，自然资源是耗竭性原材料，不可能进行无限的供给与开发，这就需要资源型城市进行产业转换，在一定程度上摆脱城市对不可再生资源的依赖，使传统资源型产业的占比逐渐降低，并在适当时候重点发展新兴产业，逐渐推动新兴产业取代原主导产业，有效避免由于资源型产业衰退而导致的城市整体经济下滑。这一过程需要较大的成本投入，这部分投入就是产业转换成本。产业转换成本又包括传统产业退出成本和替代产业进入成本。

环境修护成本：为了追求经济的快速增长，资源型城市的发展多以牺牲生态环境为代价，因此资源型城市一般经济转型需要对已经破坏的生态环境进行修复和治理，并开展环境保护工作，这无疑需要支付巨大的成本投入，即环境修护成本。

劳动力转移成本：劳动力转移成本是指资源型城市在转型过程中将劳动力由资源型产业转移到非资源型产业就业所进行的必要投入，使资源型城市就业主体由依托资源型产业转向依托非资源型产业，同时对劳动力进行目标产业所需要的基础知识和基本技能的培训，提升劳动力素质，推动劳动力转移顺利进行。

2. 资源型城市绿色转型的主要成本

资源型城市绿色转型主要成本是指在资源型城市绿色转型过程中，通过软化、绿化产业结构，提升产业结构的技术性和生态性，从而构建绿色产业体系时的投入，主要包括：绿色产业体系构建成本、内化的生态环境保护成本、内化的人力资本提升成本。

绿色产业体系构建成本：绿色产业体系是应用绿色技术生产绿色产品、提供绿色服务的新型产业体系（本书将在第五章第二节中对该内涵进行详细阐述）。它不仅可以为人类提供更加健康的产品及服务，而且整个产业生产过程还注重自然资源的保护和生态环境的改善，有利于人类社会经济的可持续发展。在这一体系构建过程中，运用循环经济技术改造传统农业、工业、服务业，以高效率的资源使用和节能减排的生产模式，实现产业绿色转型所需要的成本投入就是绿色产业体系构建成本。

内化的生态环境保护成本：绿色产业体系是一种在生产过程中追求经济效益与生态效益双赢的健康的产业体系。与传统产业体系不同，绿色产业体系在构建过程中,特别强调采用绿色科技对传统产业进行技术改造,特别强调生产产品及提供服务过程中对生态环境的保护。因此,在绿色转型过程中,有一部分成本投入并非与提高生产水平直接相关,而是为生产运营进行生态环境把关。由于这一旨在保护生态环境的投入是对产业体系本身实施的,是绿色技术成本的一种表现方式,因此可看作内化于绿色产业体系构建成本之内的成本形式。

内化的人力资本提升成本:绿色产业体系是一种在生产过程中追求经济效益与人才效益双赢的先进的产业体系。在该产业体系中,三大产业的生产链条得到充分的延伸,循环经济技术在产业领域内的应用也得到进一步拓展,这些都需要与之匹配的高素质人才的推动。因此,资源型城市在绿色转型过程中一定要兼顾科学文化素质的广化与专业技能素质的深化,不但要注重劳动者科学文化素质的全面提升,更要加强劳动者专业技能素质的深度培养。人力资本提升过程不仅可以满足绿色产业体系对劳动力素质的较高要求,高素质的劳动力也可以通过新型知识技能的获取,进一步拓展绿色生产领域,推动绿色产业链条的进一步延伸。可以认为,对人力资本提升进行的投入已融入产业绿色重构过程,二者是相辅相成、相互促进的。由于这一旨在提升人力资本素质的投入是对产业体系本身实施的,是绿色人才成本的一种表现方式,因此可看作内化于绿色产业体系构建成本之内的成本形式。

(二) 资源型城市绿色转型中的成本内化

资源型城市绿色转型中的成本内化"一举"实现了公平与效率的"两得":公平方面,与传统产业生产相比,绿色转型实现了外部成本向企业内化,有效解决了私人成本的社会化问题,减轻社会负担;效率方面,与一般经济转型相比,绿色转型实现了外部成本向生产系统内化,有利于营造更加和谐的生产氛围,使绿色转型从长远上比一般经济转型具有更先进的产业结构体系、更优良的生态环境系统和更高素质的人力资本储备。

1. 绿色转型实现了外部成本向企业内化

在传统产业生产过程中,个体企业把自身盈利建立在对整个生态环境破坏的基础上,造成了私人成本的外部化,不仅直接损害了他人的生态利益,对社会经济的长远发展也造成了负面影响。当资源濒临枯竭、资源型主导产业面临转换时,企业又将生产过程中形成的劳动力"负担"

外部化，直接抛给社会，需要社会向劳动力普及非资源型产业所需的基础知识和专业技能以实现劳动力的再就业和产业间转移。绿色转型中的成本内化可以有效解决传统产业生产带来的外部不经济性，使外部化作用于社会的环境污染问题、劳动力转移问题转化为企业自身的内部问题，把生产者转嫁给社会的私人成本还原为企业的内部成本，这样不仅能够减轻社会负担，还可以通过内化私人成本的增加，提升企业在经济活动中的主体意识与责任感，督促企业进行绿色技术创新和绿色人才培养，最终完成产业体系绿色重构。

2. 绿色转型实现了外部成本向生产系统内化

资源型城市一般经济转型的主要成本有三类——主导产业转换成本、环境修护成本、劳动力转移成本，指出在转型中"对于新的环境生态问题，应根据'谁破坏，谁治理'的原则由企业来负担"，"将分离冗员同组织下岗职工的再就业结合起来"①。可见，一般经济转型在一定程度上也注重了私人成本向企业的内化，但是这种内化模式仍然将生态成本和人力成本排斥在产业生产系统之外。而资源型城市绿色转型主要成本只有一类——产业体系绿色重构成本，生态成本与人力成本被内化于绿色体系构建成本之中。绿色转型中的成本内化，不仅是外部成本向企业内化，更要实现外部成本向产业生产系统内化。一般经济转型与绿色转型的成本内化比较，如图3.2所示。

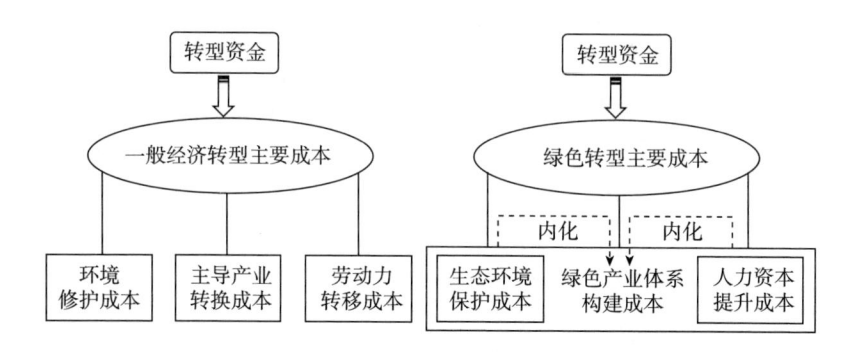

图3.2 一般经济转型与绿色转型的成本内化比较

---

① 于光、周进生、董铁柱：《矿业城市经济转型成本分析与始点选择》，《中国矿业》2007年第10期。

(1) 生态环境保护成本向生产系统内化

首先，从成本投入领域看，资源型城市一般经济转型虽然由企业承担治污成本，但是并未将这部分成本投入生产过程，对环境的修护过程仍是独立于生产系统之外采取的事后行动，与产业生产是在"分道扬镳"的两条轨道上运行。而绿色转型将生态环境保护成本直接投入生产系统，使企业在循环经济技术的创新应用中实现绿色生产，不仅构建出更加先进的产业生产体系，而且从源头上抑制了对生态环境有害的污染物的排放。其次，从成本资金流向看，一般经济转型过程中有限的资金投入一部分流向产业生产系统之外，形成了独立的环境修护成本。资源型城市绿色转型中内化的生态环境保护成本则避免了资金的分流，被集中付诸绿色产业生产体系的构建过程，用于提升产业生产本身的绿色化、健康化、高科技化。最后，从成本路径构成看，资源型城市一般经济转型成本路径为"主导产业转换→生产+污染→治理"，而资源型城市绿色转型成本路径为"产业绿色重构→生产+保护"。可见，绿色转型真正摆脱了"先污染后治理"的发展模式，在生产过程中降低了对生态环境的破坏度。从长远看，在同样数额的转型资金投入下，绿色转型将比一般经济转型具有更先进的产业结构体系和更优良的生态环境系统（见表3.6）。

表3.6　基于生态环境保护成本内化下的两种转型比较

比较角度	一般经济转型	绿色转型
成本投入领域	对环境的修护过程是独立于生产系统之外采取的事后行动	将生态环境保护成本直接投入生产系统，构建更加先进的产业生产体系，从源头上抑制污染物排放
成本资金流向	形成独立的环境修护成本	集中付诸绿色产业生产体系的构建过程
成本路径构成	主导产业转换→生产+污染→治理	产业绿色重构→生产+保护
长远	产业结构体系和生态环境系统相对落后	更先进的产业结构体系和更优良的生态环境系统

(2) 人力资本提升成本向生产系统内化

首先，从成本投入领域看，资源型城市一般经济转型需要进行主导产业转换，需要把大量劳动力从资源型产业转移到非资源型产业，这时投入的劳动力转移成本是在资源型产业即将失去生产能力时发生的，是独立于生产系统之外的事后成本。而绿色转型则不强调脱资源化，不存在劳动力向非资源产业转移的压力。但绿色产业链条需要进行充分延伸，绿色生产技术也需要不断拓展创新，这一过程必须有专业化高素质劳动力的主动参与和积极推动，因此企业出于自身绿色生产的需要，会更为主动地对劳动力进行专业技能的深层培训。在此，人力资本提升成本已成为对产业生产系统进行的一种间接投入。其次，从成本资金流向看，一般经济转型过程中有限的资金投入一部分流向产业生产过程之外，形成了独立的劳动力转移成本。资源型城市绿色转型中内化的人力资本提升成本则避免了资金的分流，用于劳动力专业素质的深度培养和人力资本潜力的深度开发。最后，从成本路径构成看，资源型城市一般经济转型成本路径为"主导产业转换→非资源型产业专业技能的基础培训→劳动力产业间转移"，而资源型城市绿色转型成本路径为"产业绿色重构→资源型产业专业技能的深度培训→推动产业链条绿色延伸"。可见，绿色转型摆脱了劳动因被动转移而被动培训的状况，实现了劳动力生产系统内部的消化吸收和绿色升级。从长远看，在同样数额的转型资金投入下，资源型城市绿色转型将比一般经济转型具有更先进的产业结构体系和更高素质的人力资本储备（见表3.7）。

表 3.7　　　　基于人力资本提升成本内化下的两种转型比较

比较角度	一般经济转型	绿色转型
成本投入领域	投入的劳动力转移成本是在资源型产业即将失去生产能力时发生的，是独立于生产系统之外的事后成本	对产业生产系统进行的一种间接投入
成本资金流向	形成独立的劳动力转移成本	避免了资金的分流，用于劳动力专业素质的深度培养和人力资本潜力的深度开发
成本路径构成	主导产业转换→非资源型产业专业技能的基础培训→劳动力产业间转移	产业绿色重构→资源型产业专业技能的深度培训→推动产业链条绿色延伸
长远	产业结构体系和人力资本储备相对落后	更先进的产业结构体系和更高素质的人力资本储备

三　资源型城市绿色转型的时机选择

在资源型城市的绿色转型过程中，合理把握转型时机尤为重要，正确的时机选择是资源型城市实现可持续发展的关键所在。只有把握机会并顺势而为，才能以最小成本、最佳时机、最优模式把资源型城市绿色转型引入正确轨道。

(一) 资源型产业生命周期

探讨我国资源型城市绿色转型的时机把握问题，首先要审视资源型产业特殊的生命周期，以此为基点，根据资源型产业发展阶段对资源型城市绿色转型的特点进行分析，从而确定最佳的转型时机。纵观资源型产业发展历程，可以发现资源型产业具有显著的生命曲线形态特征，其整个发展过程包括形成期、成长期、成熟期、衰退期以及枯竭期五个阶段。

形成期是资源型产业发展的第一阶段。在此阶段，资源型产业刚刚形成，相关的资源型企业成立时间较短，产品刚刚进入市场，竞争力不足。同时，由于生产成本较高，企业处在稍微盈利或是亏损状态。资源型产业的整体规模较小，无论企业数量还是产品销量都处于较低水平，对城市经济的带动作用相对较小。

成长期是资源型产业发展的第二阶段。资源型产业在此阶段的投资量开始增加，企业的市场竞争力以及市场需求都有所提升。资源型企业的数量开始增加，生产规模不断扩展，无论是产品销售额，还是产品的利润额，都出现大幅上涨，产业发展速度开始加快，对城市经济的带动效应开始凸显。

成熟期是资源型产业发展的第三阶段。资源型企业在此阶段的销售额和利润额均保持在较高水平。在成熟期前半阶段，资源型产业的规模、销量、利润额、从业人数等都达到较高水平，并成为城市的主导产业。在各方面的综合指标达到最高值后，资源型城市开始步入成熟期的后半阶段，无论是产品的销量还是销售的利润率都开始下滑。

衰退期是资源型产业发展的第四阶段。资源型企业的产品利润在此阶段出现大幅下降，产业规模也呈现出显著的下滑态势，部分企业则由于资源供应不足而倒闭，资源型企业数量开始减少。对资源型城市而言，资源型产业的经济带动能力和支撑能力开始下滑，如果替代产业尚未发展，则城市经济将陷入倒退。在这一阶段，虽然资源型产业在各方面的贡献仍比较可观，城市经济受到的冲击相对较少，但是资源型产业的衰退趋势已经无法避免，资源型产值的比重开始降低，对城市的主导作用开始弱化,对城市经济的支撑能力越发不足,已经无法推动经济的发展。判断资源型产业是否已经进入衰退阶段可以采用以下方法:在宏观层面上,不可再生资源已探明量的70%已经开采,可采储量的服务期限在15年以内,无论是资源型产品的销量还是利润量,都开始出现连续下滑,资源型产业对城市经济的主导能力和支撑能力开始全方位下降。在微观层面上,资源的开发利用成本不断增加,企业产品缺乏核心竞争力,倒闭企业的数量不断增加,资源供给已经成为企业经营规模扩展的最大限制因素。

枯竭期是资源型产业发展的第五阶段。对资源型城市而言,如果企业进入枯竭期,则表示资源型产业的生命已濒临终结。进入枯竭期后,自然资源已经开采殆尽,资源型产业已呈现负利润状态,在短时间内将迅速衰竭,对城市经济发展的贡献大幅减少,已经无法作为城市经济的主导产业。如果尚未发展起替代产业,则城市经济将陷入全面衰退,城市发展将面临沉重的压力。判断资源型产业是否已经进入衰退阶段可以采用以下方法:在宏观层面上,超过90%的已探明资源被开采,而保有可采储量的服务年限在5年以内。与正常年份相比,无论是资源型产品的销售额,还是资源型产业的从业人数,都出现超过30%的降幅,尤其是利税贡献不足正常年份的50%,资源型产业对城市经济发展的主导能力和支撑能力将全面消失。在微观层面上,资源型企业的经营发展陷入停滞,企业的破产率将大幅提升,同时,相关从业人员面对严峻的再就业问题,居民收入整体上难以保障正常生活需求[①]。

(二)资源型城市绿色转型时机的微观经济分析

以生命周期为基础,对资源型产业进行收益、成本、利润的微观分析,如图3.3所示,有利于为资源型城市绿色转型最佳时机的界定提供理论依据。

图中线①表示资源型产业收益,见式(3.1)。它在产业形成期、成长期呈现持续增长的势头,在成熟期的 m 点达到最大值,之后开始呈现下降趋势,进入衰退期和枯竭期。

$$TR = PQ(t) \tag{3.1}$$

---

① 路卓铭、于蕾、沈桂龙:《我国资源型城市经济转型的理论时机选择与现实操作模式》,《财经理论与实践》2007年第5期。

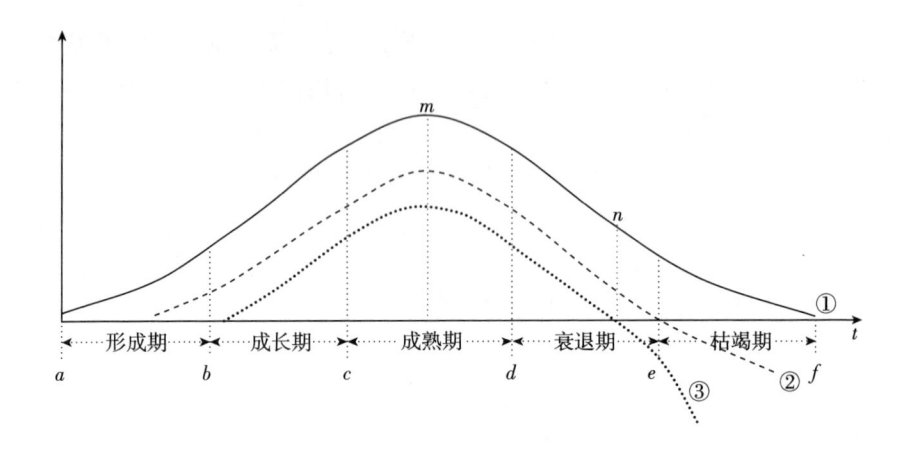

图 3.3　生命周期下资源型产业的收益、成本与利润

注：①资源型产业收益；②未进行绿色转型时的资源型产业利润；③进行绿色转型时的资源型产业利润。

其中，TR 为资源型产业收益；P 为单位产品的市场价格；$Q(t)$ 为产量随时间变化的函数。

线①与线②的间距表示资源型产业的成本，见式（3.2）。该成本是资源型产业日常经营时需要付出的总成本，由固定成本和变动成本两部分组成。

$$TC = FC+VC \tag{3.2}$$
$$= FC+AVC(t)Q(t)$$

其中，TC 为资源型产业成本；FC 为资源型产业固定成本；VC 为资源型产业变动成本；$AVC(t)$ 为资源型产业单位变动成本。

线②表示未进行绿色转型时的资源型产业利润，见式（3.3）。该利润由资源型产业收益减去资源型产业成本得到，在产业形成期和成长期也呈上升趋势，成熟期达到最大值后开始下降，进入衰退期后迅速下降，在 e 点利润降为零。这意味着随着时间的流逝，自然资源存储量不断下降，开采难度增加使资源型产业的收益下降成本上升，产业经营已经无利可图。e 点之后资源型产业进入枯竭期。

$$\pi = TR-TC \tag{3.3}$$
$$= PQ(t)-[FC+AVC(t)Q(t)]$$

其中，π 为未进行绿色转型时的资源型产业利润。

线②与线③的间距表示资源型产业绿色转型成本,见式(3.4)。这里的绿色转型成本并非总与产业体系绿色重构成本相等,它在时间轴 e 点前后会发生变化。$t<e$ 时,资源尚未枯竭,绿色转型并非脱资源化的主导产业转换,因此绿色转型成本 $C_{green\ transformation}$ 就是产业体系绿色重构成本 $C_{industry\ reform}$,时间定性虚拟变量 D 赋值为 0;$t>e$ 时,资源濒临枯竭,绿色转型则必须强调脱资源化,强调传统资源型主导产业的退出和新兴非资源型主导产业的接替,因此绿色转型成本 $C_{green\ transformation}$ 不仅包括产业体系绿色重构成本 $C_{industry\ reform}$,还包括产业转换成本 $C_{industry\ transfer}$,时间定性虚拟变量 D 赋值为 1。这表明,当自然资源濒临枯竭时,资源型城市若要进行绿色转型,首先需完成主导产业的转换,同时进行产业体系绿色重构,与资源未枯竭前相比,需要多付出产业转换成本 $C_{industry\ transfer}$。

$$C_{green\ transformation} = C_{industry\ reform} + C_{industry\ transfer} D, \quad D = \begin{cases} 0, & t<e \\ 1, & t>e \end{cases} \quad (3.4)$$

其中,$C_{green\ transformation}$ 为资源型城市绿色转型成本;$C_{industry\ reform}$ 为产业体系绿色重构成本;$C_{industry\ transfer}$ 为产业转换成本;D 为时间定性虚拟变量。

线③表示进行绿色转型时的资源型产业利润,见式(3.5)。该曲线在图形中位置低于未进行绿色转型时的资源型产业利润,这表明绿色转型时资源型产业除了付出日常经营成本外,还要为绿色转型进行一定的成本投入,因而减少了资源型产业的利润。资源型产业绿色转型时的利润也呈现先升后降的走势,在 n 点减少为零,此时绿色转型中的资源型产业已无利可图,n 点之后为负,进入亏损状态,而在 e 点之后,资源型产业将付出更多成本,从图 3.3 可以直观地看出,产业转换成本 $C_{industry\ transfer}$ 的加入使资源型城市绿色转型时的利润在 e 点之后迅速下降。

$$\pi' = TR - TC - C_{green\ transformation} \quad (3.5)$$
$$= PQ(t) - [FC + AVC(t)Q(t)] - [C_{industry\ reform} + C_{industry\ transfer} D]$$

其中,π' 为进行绿色转型时的资源型产业利润。

(三)资源型城市绿色转型最佳时机界定

首先,资源型城市若选择在自然资源濒临枯竭时进行绿色转型将要付出较多的成本,不仅要付出产业体系绿色重构成本,还要付出产业转换成本。因此,虽然理论上资源型城市可以选择在枯竭期进行绿色转型,但是这时的转型已经延误了最佳时机,在成本上是不经济的。可见,资源型城市绿色转型应选择在自然资源濒临枯竭前进行，即 $t<e$ 时。

其次，绿色转型本身也要付出一定成本，因此资源型产业利润将被拉下，使进行绿色转型时的零利润点 n 早于未进行绿色转型时的零利润点 e。在 n 点之前，资源型产业进行绿色转型时的收入大于成本，生产是盈利的；而在 n 点之后，收入小于成本处于亏损状态。为减少转型风险保证转型顺利进行，资源型城市的绿色转型应选择在实现利润而不至于亏损的区间进行，即 $t<n$ 时。

最后，资源型城市形成期的产业规模相对较小，无论是企业数量，还是企业销售量，都处于较低水平，产品的市场份额相对较小，加之生产成本处于较高水平，企业通常处于亏损状态或者只有少量的盈利。同时，在物质积累方面，资源型城市的产业基础相对薄弱，物质积累上尚不充足，绿色转型缺乏经济推动力。若在此时进行绿色转型，会加剧资源型产业的亏损状况。此外，处于形成期的资源型产业实力相对薄弱，尚未对城市经济形成支撑和较大的拉动作用，因此整个资源型城市及城市产业也处于起步阶段，缺乏承接绿色循环技术植入的基础和载体，不利于绿色转型作用机制及整体效果的发挥。所以，绿色转型应选择在资源型产业度过形成期后进行，即 $t>b$ 时。

综上所述，b、n 两点对于启动绿色转型意义重大，资源型城市绿色转型应选择在形成期过后且保证转型有利可图的区间进行，即 $b<t<n$ 时。

（四）资源型城市绿色转型最佳时机的区间比较

根据 b、n 两点位置，资源型城市绿色转型最佳时机包括三个子区间：成长期（$b<t<c$）、成熟期（$c<t<d$）及衰退前期（$d<t<n$）。在不同区间，资源型城市绿色转型成本、转型前利润、转型中优势及转型后潜力各有不同，加以比较结论如下，如表 3.8 所示。

表 3.8　　　　资源型城市绿色转型最佳时机的区间比较

区间	转型成本	转型前利润	转型中优势	转型后潜力
成长期	低	上升	制约度小空间广阔	大
成熟期	中	最大	生产稳定充满活力	中
衰退前期	高	下降	积累充分资金雄厚	小

1. 选择在资源型产业的成长期（$b<t<c$）进行绿色转型

此为绿色转型时机备选方案一。在成长期，资源型产业处于生命周期的上升阶段，尚未形成大规模生产，对自然资源的耗费及生态环境的破坏尚不严重，因此在此区间进行绿色转型，一定程度上可以减少内化的生态环境保护成本，降低绿色转型成本。但是，由于尚未进入成熟期，此区间进行的绿色转型将使资源型产业丧失最大利润的机会。然而，也正是因为资源依赖型产业结构尚未定型，此时进行绿色转型可以减少已有产业框架的约束，有利于绿色转型的远期规划，使资源型产业获得更加广阔的发展空间。绿色转型后利润增长潜力将大大超越绿色转型前，资源型产业可以在转型完成后追求更高水平的利润最大化，选择此区间进行绿色转型的资源型产业利润增长路径如图 3.4 所示。

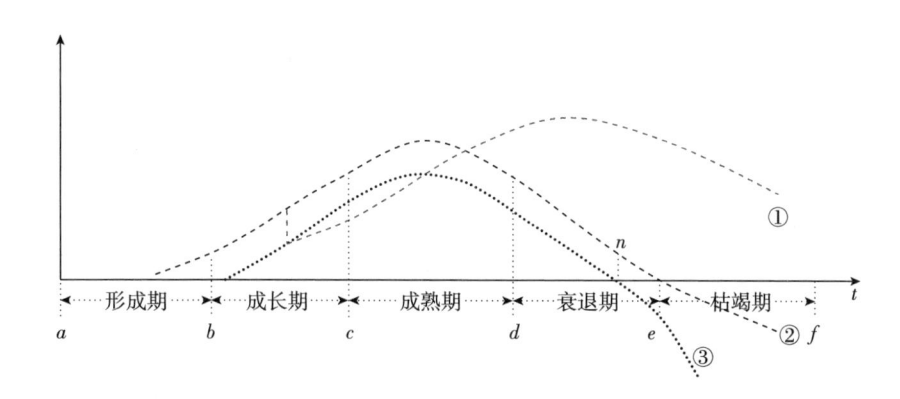

图 3.4　成长期进行绿色转型的资源型产业利润增长路径

注：①绿色转型后的资源型产业利润；②资源型产业利润；③资源型产业绿色转型时期利润。

2. 选择在资源型产业的成熟期（$c<t<d$）进行绿色转型

此为绿色转型时机备选方案二。在成熟期，资源型产业处于生命周期的巅峰，资源依赖型产业结构已经定型且达到了最大生产规模，但在产业发展的同时，自然资源的耗费量开始显著增加，对生态环境也造成了一定的破坏，内化的生态环境保护成本上升。此区间产业盈利能力强，正在收获生命周期中的高利润，而且产业兴旺发达，生产处于稳定状态，具有较强的竞争力和活力。此区间进行的绿色转型在利润增长潜力上虽弱于成长期，但是它能最大限度延长资源型城市发展的"黄金期"，使产业利润在较长时期保持在较高的水平上，选择此区间进行绿色转型的资源型产业利润增长路径如图3.5所示。

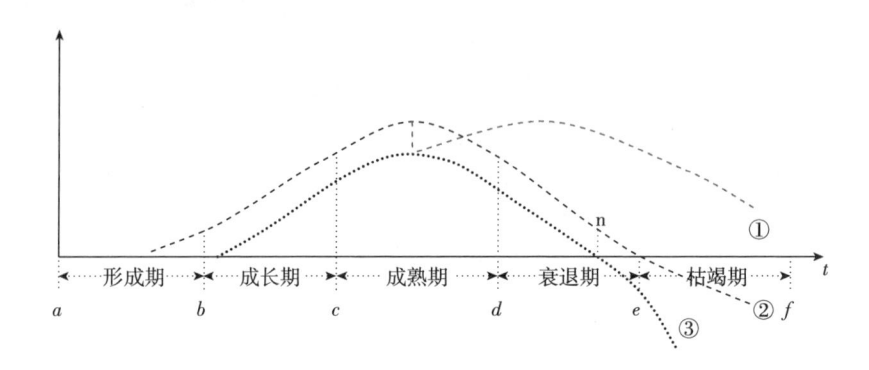

图3.5　成熟期进行绿色转型的资源型产业利润增长路径

注：①绿色转型后的资源型产业利润；②资源型产业利润；③资源型产业绿色转型时期利润。

3. 选择在资源型产业的衰退前期（$d<t<n$）进行绿色转型

此为绿色转型时机备选方案三。进入衰退期，资源型城市的社会矛盾开始激化，自然资源在使用过程中浪费严重，生态环境逐渐恶化，内化的生态环境保护成本显著上升。较高的成本投入为经济开始下滑的资源型城市绿色转型带来较大压力，增加了转型难度。但是此区间的资源型产业刚刚度过成熟期，已经完成了转型所需要的成本积累，有条件和实力提取绿色转型资金。虽然与成长期、成熟期相比，处于衰退前期的资源型产业将为绿色转型付出更多的代价，但是绿色转型却能够改变资源型产业及其城市迅速衰退的发展命运，在保持一定利润的基础上，延长资源型产业寿命，避免资源型城市迅速陷入矿竭城衰的境地，但由于可供开发利用的自然资源已经不多，资源型产业生产经营的提升空间也相对缩小，从利润增长潜力上要明显弱于成长期、成熟期进行的绿色转型，选择此区间进行绿色转型的资源型产业利润增长路径如图3.6所示。

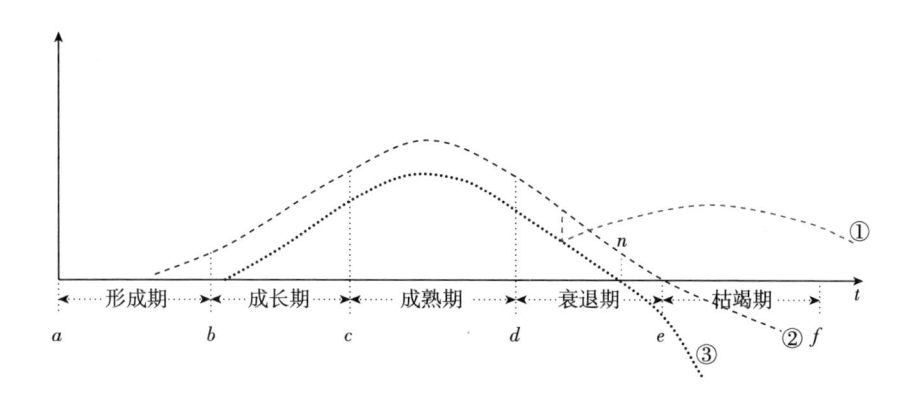

图 3.6　衰退前期进行绿色转型的资源型产业利润增长路径

注：①绿色转型后的资源型产业利润；②资源型产业利润；③资源型产业绿色转型时期利润。

（五）对研究对象的进一步界定

在以上资源型城市绿色转型时机分析研究的基础上，可以对本书的研究对象做进一步的界定。在经济增长突飞猛进、生态环境日益恶化的当今社会，所有城市都面临着可持续发展问题，不仅资源型城市需要进行绿色转型，非资源型城市也需要实现绿色经济，进行生产方式的绿色化革新。但是，由于研究水平及研究精力有限，本书只对众多城市当中的一个重要组成部分——资源型城市加以研究。

资源型城市包括两种类型，分别是资源枯竭型城市和资源未枯竭型城市。同为资源型城市，二者绿色转型存在许多共同之处，但是，由于所处发展阶段不同，资源枯竭型城市与资源未枯竭型城市绿色转型对待资源使用及产业发展的态度也存在一些差异。本书研究的资源型城市，并非涵盖所有资源型城市，而仅侧重对资源型城市中资源尚未枯竭的资源型城市的绿色转型问题进行研究。

单纯从字面意义来理解"未枯竭"，它应指资源型产业进入枯竭期以前的发展阶段，即如图3.6中 $a<t<e$ 所示的资源型产业形成期、成长期、成熟期、衰退期均属于"未枯竭"期，但是本书研究的"未枯竭"并非涵盖所有阶段。根据生命周期理论，无论资源型产业处于生命周期的哪一阶段，资源型城市推进绿色转型都是有利于城市可持续发展的，但若考虑到转型成本、利润及转型后的发展潜力等因素，资源型城市绿色转

型存在一个最佳转型时期，即资源型产业的成长期、成熟期及衰退前期。虽然在最佳转型时期的不同阶段，资源型城市绿色转型各具优势，也存在一定的自身劣势，但是综合分析来看还是要好于资源型城市形成期、衰退后期及枯竭期，避免了形成期基础不牢、衰退后期无利可图、枯竭期成本巨大等可能面临的转型障碍。因此，通过进一步界定，本书所研究的资源型城市，仅指处于绿色转型最佳时期的资源型城市，即图3.6中$b<t<n$所示处于成长期、成熟期及衰退前期的资源型城市。

四 资源型城市绿色转型的模式优化

在社会学和经济学的学术研究过程中，模式是一个应用率较高的概念。通常而言，模式指的是某种事物在发展过程中呈现出的整体状态，例如改革模式、发展模式、改造模式等。学者在经济研究过程中将模式划分成两种类型：一种是在综合视角下对各种经济形态进行的标识，包括拉美模式、东亚模式等；另一种是在理论分析基础上提出的范例，具有可借鉴、可推广以及可效仿的特征，例如苏南模式、温州模式等。本书选择第二种概念界定方式来研究相关问题。在资源型城市的绿色转型过程中，绿色转型在不同研究视角下具有不同的模式类型：就运行而言，绿色转型可包括政府主导型模式、市场主导型模式以及以上两种主导类型相结合的模式；就路径而言，绿色转型包括早期模式、中期模式以及晚期模式。本书在此探讨的是从产业发展视角出发的绿色转型最优模式。

（一）资源型城市绿色转型模式的优化选择

资源型城市绿色转型模式选择与绿色转型时机把握密切相关，在上文对绿色转型时机研究的基础上，本书将对资源型城市的绿色转型模式进行深度剖析。在通常情况下，资源型城市绿色转型包括两种基本模式，分别是产业转换模式和产业延伸模式。

产业转换模式发生在资源型产业的枯竭期（$e<t<f$）。在这一时期，资源濒临枯竭，资源优势完全丧失，现有主导产业大厦面临全面崩塌，产业链条被不断压缩，资源开采情况不容乐观，开采成本升高，产品市场上竞争力不足。在这种情况下，资源型城市若想避免矿竭城衰、实现可持续发展，就必须重新确立新的非资源型主导产业，同时进行产业体系的绿色重构。为此，陷入资源枯竭期的资源型城市将为产业转换模式的绿色转型付出更高的成本代价。可见，资源型城市绿色转型模式中允许存在产业转换模式，但是该模式并非最优的绿色转型模式，它是在资源

型城市陷入枯竭期后不得已而采用的绿色转型模式。

我们探讨的最优的绿色转型模式是由资源型城市绿色转型最佳时机所决定的。如本章节中所得出的结论，资源型城市绿色转型的最佳时机是资源型产业成长期、成熟期及衰退前期（$b<t<n$），在这一时期，资源型城市资源储量及开发成本尚具有一定优势，资源加工业有较稳定的原材料供给，仍可支撑主导产业及城市经济的发展，且由于绿色转型成本较低，在资源加工后，凝聚在产品中的附加值要大于总成本的投入。因此，这一时期为绿色转型的最佳时期，尚充足的资源是资源型城市实现可持续发展的巨大能源宝库，该时期的绿色转型最优模式将不是脱离资源的新兴主导产业的接替，而是在原有资源型主导产业基础上的产业链的绿化延伸，这种产业延伸的绿色转型模式是与绿色转型最佳时机相对应的，故我们可以把它看作资源型城市绿色转型的最优模式。

(二) 资源型城市绿色转型的最优模式：产业延伸模式

产业延伸绿色转型模式实质上是传统粗放型产业向集约型产业的过渡并提升附加值的绿色生产过程。产业延伸指的是依托于原有传统主导产业，对产业链进行有效扩展，从而实现对原有资源型产业产品的绿色改造与深加工，在生产过程中注重资源的节约使用、循环利用及对生态环境的保护，同时对非资源型产业也进行绿色转型与产业延伸，使农业、工业、服务业三大产业各领域都得到绿色技术的注入，与资源型产业配合形成绿色产业体系的过程。

作为一种中间投入型基础产业，资源型产业具有前向关联效应大、后向关联效应小的特征。根据这一特征，产业延伸绿色转型模式可以推动产业链的向前延伸，其优势在于，在资源型产业发展的早期阶段，有助于资源型城市立足资源优势，结合自身在上游产业和下游产业的相关性，在管理、生产以及技术领域实施有效的绿色转型，此时实施绿色转型难度较小。随着产业链的不断延伸，无论是下游相关企业，还是配套服务企业，无论是其数量，还是其规模，都呈现出不断提升或扩展的趋势。在生产和经营方面具有高度关联性的企业进行空间聚集，在降低交易成本和运输费用的同时，提升了配套服务的专业性和便捷性，为聚集经济的形成奠定了坚实基础。在产业竞争的层面上，产业链从根本上讲是价值链，在价值链的上游，资源型城市在资源数量和资源价格方面具有较大优势，加之聚集经济而产生的效益，大幅提升了价值链上的产业优势，为资源型城市的综合竞争力提供了保障。不仅如此，对资源型城市而言，产业延伸绿色转型模式并不是仅仅强调资源型产业在转型中的改变，它最大的优点在于重视三大产业整体的绿色延伸而非单一的资源型产业的绿色延伸，它强调首先要重视资源型产业素质的提升，为资源型城市的发展和非资源型产业素质的提升进行物质积累；其次，利用资源型产业在经济上的雄厚实力支持其他非资源型产业的绿色延伸，为三大产业整体素质的提升提供物质基础；最后，成长起来的各非资源型产业要与资源型产业互相配合，使各产业都能以绿色环保的崭新面貌进行宏观重构与整合，最终构成绿色产业体系。

（三）资源型城市一般经济转型与绿色转型产业延伸模式的比较

资源型城市一般经济转型中也包含"产业延伸"模式，但是这种"产业延伸"模式，仍然没有摆脱对资源的依赖，是一种不尽彻底的产业转型模式。它虽然可以保持资源型城市在资源枯竭前仍具带动城市经济发展的能力，但是单纯依赖资源的加工业毕竟是一种附加值不高的产业，一旦资源供给减少，城市自身发展的能力就会受到限制。因此，这种资源依赖型的"产业延伸"并非长久之计，最终还必须回到脱资源的产业转型上来。从某种程度而言，资源型城市一般经济转型中的"产业延伸"模式实质上是"产业转换"模式的过渡。

资源型城市绿色转型中的"产业延伸"则表现出明显的不同。一方面，资源型城市绿色转型使资源型城市在较长的时期内不会受到资源枯竭的威胁。因为绿色转型强调资源利用效率的提高，强调对生态环境的保护，它将自然资源进行量化分份处理，在自然资源总量中，对一定份数的自然资源进行循环开发利用，满足人类对经济社会的发展需要，对一定份数的自然资源则必须长久保持它的自然生态功能，以满足人类对生态环境的生存要求。这种转型模式有效地杜绝了资源的浪费，延缓了资源的衰退速度，保持资源储量，最大限度延长资源的生命周期，使进行绿色转型的资源型城市在长期内不会面临资源枯竭问题的困扰。另一方面，资源型城市绿色转型也强调产业链条的延伸，认为可以继续利用现存不可再生资源，发挥其对经济发展的拉动作用。但是，与一般经济转型不同，绿色转型进行的"产业延伸"，并非过度依赖资源、巩固资源产业的绝对主导地位，而仅是把"产业延伸"作为绿色转型的一部分内容而非全部。在此，这种"产业延伸"模式已将"对资源的过度依赖"

转变为"对资源的循环利用",资源型产业将与其他产业一起得到技术注入与绿色整合,在"延伸"的同时进行"重构",突出体现了农业、工业、服务业三大产业齐头并进共同实现绿化升级的合力作用。因此,资源枯竭并不会成为实施绿色转型的资源型城市的短板,即使当资源供给减少时,城市也不会面临矿竭城衰的尴尬境地,它在先进产业体系及优良生态环境的保障下,仍将保持强劲的城市发展动力。

整体而言,资源型产业的技术水平并不能决定资源型产业的生命周期,也不能决定资源型产业的发展规律。二者在一定程度上均取决于资源型城市的资源储量。针对不可再生资源的开发和利用,如果不进行有效控制,则会导致资源储量在短时间内快速消耗,甚至进入枯竭状态,由此可见,资源储量的高低内在地决定了资源型产业的生命周期的长短。资源型城市的绿色转型,虽然采用了先进的循环经济技术,但是并不能从根本上挽救整个资源型产业,并不能消除资源型产业固有的生命周期,也不能扭转不可再生资源逐渐枯竭的趋势。但是资源型城市的绿色转型和产业体系的绿色重构,可以通过延长资源使用寿命、延长资源型产业生命周期,为人类赢得充足的时间培育健康先进的产业结构,使人类在优美舒适的生态环境下完成物质积累,使资源型城市发展具有更高的可持续性,而不会随着资源的衰竭而陷入发展停滞。

第五节 本章小结

本章分层次逐一对资源、资源型城市、资源型城市转型进行了一系列的内涵阐述,并对我国资源型城市转型相关内容进行了整体概述,重点对资源型城市绿色转型内涵、成本、时机、模式等一系列问题进行了深入的探讨。

为对绿色转型内涵进行科学系统直观的阐释,本书基于"为什么要进行绿色转型—怎样进行绿色转型—绿色转型的目标是什么"的思路建立了由原因维、方法维、效果维三个坐标系组成的绿色转型三维结构模型,将绿色转型定义为:以绿色发展理念为指导,立足于当前经济社会发展情况和资源环境承受能力(原因维),通过改变企业运营方法、产业构成方式、政府管理手段(方法维),实现企业绿色运营、产业绿色重构和政府绿色管理，使传统黑色经济转化为绿色经济，形成经济发展、社会和谐、资源节约、环境友好的科学发展模式（效果维）。在与一般经济转型比较分析中进一步揭示了资源型城市绿色转型的内涵。分析表明，绿色转型在经济、社会、资源、环境、企业、产业、政府七方面与一般经济转型存在显著不同。相比较而言，资源型城市绿色转型强调绿色经济的实现而非仅为避免矿竭城衰；强调产业内劳动力质量的挖掘提升而非产业间劳动力数量的转移安置；强调资源的高效利用而非脱资源化发展；强调生产过程对环境的保护而非生产过后对污染的治理；绿色转型注重企业绿色运营制度和绿色创新体系的构建；注重资源型产业的绿色改造及产业体系整体的绿色重构；注重转型过程中政府角色的转换及其自身的绿色约束和管理。总之，绿色转型明确了资源型城市转型的目标及方向，是更加切合实际的先进转型模式，值得我国资源型城市参考并推广。

在资源型城市绿色转型成本分析中，本章指出生态环境保护成本与人力资本提升成本是绿色转型特有的内化成本，资源型城市绿色转型不仅能实现外部成本向企业内化，而且能进一步实现外部成本向生产系统内化。在转型成本分析的基础上，本书结合生命周期理论，对资源型产业进行收益、成本、利润的微观分析，指出绿色转型可以选择在资源型产业成长期、成熟期和衰退前期进行，资源型城市选择在不同时期进行绿色转型的难度及转型后的发展潜力是不同的。由此，将本书研究对象——资源型城市进一步界定为处于成长期、成熟期及衰退前期的资源型城市，指出本书重点研究的是这部分资源型城市的绿色转型问题。在绿色转型成本、时机研究的基础上，本章认为资源型城市的绿色转型的最优模式为产业延伸模式，并进一步比较资源型城市一般经济转型与绿色转型产业延伸模式的不同。

第四章 资源型城市绿色转型复合系统构建

第一节 系统科学及其分析方法

系统科学的基本思想是采用最优化技术，从综合管理的角度正确地处理好复杂系统的空间结构，以取得最大的综合效益。资源型城市绿色转型复合系统研究要求充分考虑动力系统、操作系统与检测系统及其之下的经济、社会、资源、环境、企业、产业、政府各子系统之间的组合，从整体大系统的协调出发，为取得整个系统综合效益最大化而组织资源优化配置。因此，研究资源型城市绿色转型复合系统要依据系统科学的理论与方法。

一 系统内涵及系统科学的发展

（一）系统的内涵

从 20 世纪 30 年代起，系统被作为一个整体进行研究，并认为系统大于其组成之和。确定的系统有其内在的随机性，而随机性的系统又有内在的确定性。因此，系统论、信息论、控制论等理论随之相继诞生。钱学森先生将系统的概念界定为极其复杂的研究对象，由具有依赖关系和互相作用关系的不同部分组合而成，从而形成具有特定功能的有机整体。同时，系统具有相对性的概念，系统的组成部分是另外一个层次的系统，换言之，系统本身是更高层次系统的组成部分。

系统广泛存在于各个领域，无论是在人类社会，还是在自然界，任何事物都是以系统的形式存在的。系统具有丰富的内涵，在不同层次上具有不同的系统规模和复杂程度。在对客观事物的认知和改造过程中，人们会在整体视角下，对客观事物的内在运行机制进行了解，并将其作为一个系统进行综合性分析，从而了解系统的运行机理。系统由不同部分和单元有机整合而成，不同组成单元之间具有较强的关联性和依赖性。如果以工程技术为研究切入点，则可以将系统划分成自然和人工两种类型①。在自然系统方面，大到整个宇宙、星系，到人类生存的大气系统、海洋系统、水循环系统等，再到自然生物的生态环境系统，都是自然系统的组成部分；人工系统是人类为实现某种目标而人为构建的有机整体，以便满足其在生活、生产等方面的具体要求。随着人类社会的发展，人工系统广泛存在于农业、水利、能源、交通、教育、医疗等领域，对人类社会的进步发挥了重要作用。

在系统特征方面，不管是自然系统，还是人工系统，都具有整体性、相关性以及层次性。其中，系统的整体性强调不同要素通过各种方式形成一个有机整体，在实现有机整体特定功能的同时，不同要素之间的功能以及互相之间的有机联系会进行整合，从而构建而成高度统一的有机整体。系统的相关性指的是系统组成部分之间具有高度的依赖性、互相的关联性，换言之，系统内部各种构成要素的有机关系，即为系统相关性。层次性指的是系统是一个相对概念，任何一个大系统都由不同的子系统构成，而子系统进一步划分，还可以得出二级子系统。按照功能或者层次的需求，可以将系统分解成不同的部分，而不同部分具有互相制约、关联以及作用的功能。若分解，也是作为一个新层次的系统，即为子系统，而子系统是一种更高层次系统的组成部分，而这种关系也体现出系统的层次性和相对性。

在系统研究过程中，除了研究系统本身，还需要研究系统边界和系统环境。在通常情况下，系统和系统环境在不断交互过程中形成了输入以及输出的基本含义，其中，系统对环境的作用为系统输出，而环境对系统的影响则为系统输入。根据系统的概念可知，系统结构取决于系统的构成要素和组成部分，以及不同系统单元的互相关系。如果系统为非受控系统，则系统功能取决于系统结构以及系统环境；如果系统为受控系统，则系统功能取决于系统结构、系统环境以及系统控制，并通过系统输入和系统输出表现出来。在系统的运作过程中，系统通过物质、信息、能量等实现和环境的连接。系统相关概念还包括系统状态、系统行为以及系统生命周期等。其中，系统状态指的是系统在不同时刻的整体

---

① 李德、钱颂迪编：《运筹学》，清华大学出版社 1982 年版，第 25—50 页。

状态；系统行为则是系统状态随着时间的变化过程；系统生命周期包括系统的形成、系统的发展以及系统的消亡；系统演化总是在一定的时间内和一定的空间中进行的。

根据特定标准，可以将系统划分成以下类型：一是开放系统和封闭系统。其中，开放系统可以和外部环境进行能量、物质以及信息等方面的置换，相对而言，封闭系统是和外部环境相隔绝的系统，需要强调的是，开放或者封闭是相对的概念，并不存在绝对封闭的系统。二是动态系统和静态系统。其中，动态系统的状态变量和时间具有较大的相关性，动态系统状态变量会随着时间的推移而变化；相较而言，静态系统则更加稳定，其状态变量不受时间因素的影响。在相关实践中，主要选择动态系统。三是简单系统和巨系统。简单系统具有丰富的构成要素，但是不同组成要素之间的关系比较简单，理解难度较低，例如激光系统；巨系统具有高度的复杂性，不但构成因素较多，而且不同构成要素之间具有复杂关系，层次结构比较丰富，常见的巨系统包括社会系统、人体系统以及生态环境系统等。对于复杂巨系统，如果它与外界有能量、信息与物质的交换，则称为开放的复杂巨系统。

资源型城市绿色转型复合系统研究对象就是一个具有层次性、相关性和整体性功能的复杂巨系统，由动力系统、操作系统与检测系统及其之下的经济、社会、资源、环境、企业、产业、政府各子系统等组成。由于经济系统不是封闭的，需要不断从外界补充物质和能量，又由于经济活动的主体是具有主动调节能力的人类，人类则希望通过限制负反馈机制采取正反馈手段来扩大资源开发、扩展生态承载、促进经济增长。资源型城市具有一般系统的特征，是典型的开放的复杂巨系统，与系统的基本原理高度契合。

（二）系统科学的发展

通常而言，科学技术是新学科形成和发展的前提条件，作为一种综合性较强的复杂科学，系统科学的成熟和科学技术的发展息息相关。在 20 世纪，随着生产力的高速发展，在工程技术不断提升的背景下，人类需要面对和解决的经济问题、社会问题也日益复杂。这些问题基本上都通过系统的方式出现，并需要从整体上入手进行解决。不仅如此，在第二次世界大战之后，社会需求的增加进一步推动了经济社会的发展。在这种情况下，系统的内涵进一步丰富，科学形态的系统思想涌现，横跨自然科学、社会科学和工程技术，从系统的结构和功能（包括协调、控制、演化）角度研究客观世界的系统科学应运而生。通过对系统的论述可以发现，系统结构包括两个方面，分别是功能结构和层次结构，而功能和层次都是相对概念，都具有动态变化的特征，需要与外界进行物质、信息以及能量等方面的交换。自20世纪30年代开始，系统科学快速发展，对传统思维造成较大冲击，各个领域的新科学理论不断涌现。

系统科学在20世纪形成并得到快速发展。在20世纪30年代到60年代，Bertalanffy Von首次提出了一般系统论，这标志着系统研究的开启，系统科学正式形成。早期的系统科学理论随之相继出现，包括一般系统论、控制论以及信息论等。在20世纪70年代到80年代期间，I. Prigogine等学者首次提出了耗散结构，H. Haken等学者提出了协同理论，M. Eigen等学者首次提出了自组织理论等。随着越来越多的学者对系统理论进行补充，系统科学日益完善，并提升到一个新的水平。自80年代开始，复杂性研究和非线性科学的兴起在很大程度上推动了系统科学的发展，丰富了复杂性系统的定量化研究工具。系统科学在我国起步较晚，但也得到了学界的高度重视。我国著名科学家钱学森先生针对系统科学提出了一个比较完整的研究框架，并提出系统工程是工程技术层面上的科学，控制论、运筹学以及信息论是技术科学层面上的科学，系统学是基础研究层面上的科学。针对这种分类，钱学森先生将科技部门划分成系统科学、人体科学以及思维科学，并在上述三个领域进行了广泛研究。1990年，钱学森先生提出了"开放的复杂巨系统"（Open Complex Giant System，OCGS），同时，在方法论方面，提出了量化的综合集成[①]。在此基础上，钱学森先生在1992年又进一步提出了"从定性到定量综合集成研讨厅体系"，这一理论在复杂系统领域具有较强的前瞻性与独特性，极大地推动了我国相关学科的发展。

整体而言，可以从以下三个阶段理解系统科学：首先，以工程系统为核心的阶段。具有代表性的学者包括N. Wiener、Von Neumann等，研究内容主要包括信息和反馈机制，这一阶段的主体思想是强调系统集中控制，没有将元素作为一种被动的、无目标的以及无自身利益的对象。

---

① 钱学森、于景元、戴汝为：《一个科学新领域——开放的复杂巨系统及其方法论》，《自然杂志》1990年第1期。

其次，以热力学系统为核心的阶段。具有代表性的学者是 I. Prigogine 及 H. Haken 等，系统理论、耗散结构理论都是这一时期的代表性理论，在此阶段，可以在不同维度下对自组织现象进行论述。在这一阶段，概率统计方法开始广泛应用，然而就本质而言，学者的认知依然存在一定偏差，将系统要素认为是死的、无意识的研究对象。再次，确定社会系统和生物核心地位的阶段。J. Holland 等是这一阶段具有代表性的人物，其主要研究对象是生物系统和经济系统。学者在此阶段通过计算机仿真了解复杂系统的运行特征，J. Holland 等学者认为，系统中的微观个体是具有活力的研究对象，不同的主体在不断的交互过程中形成了自身的行为规则，并在宏观层面上出现新的趋势和研究要点。

通过对系统科学的发展历程进行归纳，可以发现，人类对客观世界复杂性的认知水平也在不断提升。一是认识到系统整体大于它的部分之和，即当一些个体组成一个系统时，它就会出现一些它的个体所没有的性质。根据还原论的观点，系统是构成要素和组成部分的总和，但是复杂科学则进一步指出系统是各个组成部分的函数。二是认识到系统具有功能结构和层次结构，研究过程中必须充分考虑功能结构和层次结构的重叠问题，并厘清其内在关系。三是认识到系统是动态的，处在不断发展变化之中。四是认识到系统和外部环境的能量交换、信息交换以及物质交换是一种常态化现象。五是认识到即便是在远离平衡的状态下，系统和外部环境的交流也会趋于稳定。六是认识到确定性系统内部也存在随机性现象。七是认识到随机性系统内部也存在确定性现象，部分复杂系统看似高度随机，但是具有自组织功能，可以针对不同环境出现若干种特殊结构[1]。

二 复杂系统耦合及演化

（一）复杂系统耦合

通常而言，复杂系统对应着复杂行为，具体体现在不同子系统之间以及系统部件之间存在较强的耦合性，同时，系统呈现出非线性特征，具有实时性，不确定性相对较高，如果采用传统研究思路，难以建立有效的系统分析模型。

耦合原本是物理学概念，是指两个或两个以上的体系或两种运动形

---

[1] 成思危：《复杂科学与管理》，《南昌大学学报》2000 年第 3 期。

式之间通过各种相互作用而彼此影响的现象①。伴随着研究对象的综合性、复杂性，耦合这一概念也被广泛地应用在农业、生物、地理、环境等各项研究中。由于影响因素之间的这种耦合可以产生正、负效应，即这种彼此影响有可能导致它们之间互相促进，也有可能导致它们之间互相破坏，因此耦合也可以被理解为两个事物通过某种方式相互促进、相互制约、关联互动而成为一个系统。

系统耦合指的是不同具有耦合潜力的系统，在人为因素的影响下，通过物流、能量流以及信息流在系统中的输入和输出，形成新的、高一级的结构功能体，即耦合系统。系统是由单元的耦合、单元的运动和信息的反馈组成的。单元系统即单元的耦合是系统存在的现实基础，单元的运动形成系统的行为与功能，而依赖信息，系统的单元才能形成。随着研究的深入，探索多子系统共同作用于整个系统的机制以及区域性系统耦合的发生已成为重要的研究方向。通过深度剖析系统耦合，可以实现系统功能的整体强化，从而最大限度地实现系统效益。

资源型城市绿色转型复合系统研究不同层次下不同要素组成的复杂巨系统。利用系统研究的方法，强调系统结构与系统行为的关系，根据不同要素、不同层次之间的关联性和耦合性，将系统划分成具有独立性的不同子系统。从系统整体性和层次性方面建立评价体系，明确作用于子系统间或子系统内部的因果关系，研究系统中存在的各种反馈环。

(二) 复杂系统演化

与一般系统的演变过程一样，复杂系统的发展演化存在一定的规律，根据系统演化的机理，可以总结成四方面原理，分别是系统失稳原理、系统协同进化原理、系统趋稳原理以及系统支配原理。

系统失稳原理。复杂系统的发展与演化是一种不断在稳定与不稳定之间周而复始切换的过程。一个完整的演变周期指的是一个旧的稳定转化成新的稳定所需要的周期。在周期的前一阶段，系统首先会由稳定转化成不稳定，即周期的失稳阶段；而在周期的后一阶段，系统由不稳定再次达到稳定状态，从而体现出演变特征的趋稳阶段。对复杂系统而言，失稳表示演化，即由稳定状态演化成不稳定状态。根据系统失稳原理，由稳定状态向不稳定状态的演化具有一定的必然性。但是系统失稳原理

---

① 《简明物理学词典》，上海辞书出版社 1987 年版，第 763 页。

并没有说明演化过程发生在什么时间以及为什么会出现这种演化，对这种演化的动力也没有进行说明。系统失稳原理认为，失稳是演化的前提条件，只有完成失稳阶段，才能为演化提供动力。系统失稳通常存在三种形式：一是在环境稳定的情况下系统发生演化；二是在系统稳定的情况下环境发生演化；三是系统和环境同时发生演化。在某种意义上，上述三种演化形式涵盖了全部的演化路径。系统演化和系统失稳并没有必然性，通常只有非和谐的演化才能诱发系统失稳。整体而言，无论哪一种演化形式，都会出现两种不同的结果，即系统失稳或者系统稳定，其最终结果通常取决于系统和环境之间的关系。

系统协同进化原理。"协同进化"一词起源于生物进化理论，但是协同进化思想并不仅仅适用于生物学，而是一种普遍原理，即协同是一种具有普遍性的演化规律。复杂系统的协同进化主要指的是复杂系统各个子系统之间存在广泛且深刻的关联性和依赖性，各个子系统在交互的过程中不断调整结构，从而逐步实现功能耦合。对复杂系统而言，协同进化功能始终存在，从不间断。在协同进化过程中，不同子系统之间互相联系，共同演化。在复杂系统的生存和发展过程中，协同进化原理发挥了主导和支配作用。

系统趋稳原理。如果系统处于失稳的状态下，则系统会启动响应机制，通过系统演化、环境演化或者两者同时演化的方式，促使系统满足稳定条件，从而再次演化成稳定状态。根据系统趋稳原理，只有在失稳状态系统才会出现趋稳的主动调节，但是系统趋稳原理并没有保证主动调节一定能够实现趋稳的目标，也无法判断调节功能是否成功。能够明确的是，如果调节成功，则系统会进化；如果调节失败，则系统陷入衰退状态。

系统支配原理。复杂系统的演化取决于多方面因素，但是不同因素发挥的作用也存在较大差异。德国物理学家哈肯在创立的协同学中提出了支配原理，即慢变量对快变量具有支配作用，换言之，寿命周期较长的系统对寿命周期较短的系统具有支配效应。对资源型城市而言，长时段因子变量主要包括地质条件、气候条件、水源条件、资源禀赋等；中时段因子变量主要指的是文化、风俗、人口、行为方式等；短时段因子变量主要包括技术结构、经济结构以及资源利用方式等。其中，长时段因子变量具有较强的制约功能，只能适应而无法改变，需要对短时段和中时段的因子状态进行调整以满足复杂系统的转变[①]。

综上所述,资源型城市绿色转型复合系统的发展与演化就是系统由稳定变为不稳定再趋向稳定的过程。无论是系统失稳原理,还是系统趋稳原理都是这一过程的重要组成部分,保证了这种发展过程的持续性。而控制资源型城市绿色转型复合系统发展的则是协同进化原理和支配原理,两者分别从不同的视角阐述了复杂系统的演化规律。

第二节 资源型城市绿色转型复合系统耦合及演化

一 资源型城市绿色转型复合系统耦合

资源型城市绿色转型是包含结构转型和体制转轨的复杂性系统工程,涉及经济、社会、资源、环境、企业、产业、政府等诸多方面。根据绿色转型内涵,本书建立了由动力、操作、检测系统共同构成的资源型城市绿色转型复合系统模型,如图4.1所示,以此阐述资源型城市绿色转型内部组成要素之间的相互关系与有机联系的耦合机制。

（一）动力系统

与第三章第四节中资源型城市绿色转型三维结构模型的原因维相对应,动力系统回答的是资源型城市为什么要进行绿色转型的问题。动力系统由经济子系统、社会子系统、资源子系统、环境子系统构成,是对资源型城市绿色转型动力的理论分析。

在资源型城市绿色转型复合系统中,人与自然的相互作用即经济、社会、资源、环境四个子系统的互相作用,并出现在商品的生产和消费的各个环节,即复合系统的运行过程中。通过系统分析可以将其划分成四个环节,即从自然系统获取资源;加工资源或者半成品以推动经济增长;对社会产品加以消费;将废弃物排放到环境中。美国世界观察研究所所长莱斯特·布朗曾指出:"80年代的经济压力,其根源在于环境恶化和资源不足,这些压力反映在土壤侵蚀、森林缩减、渔业资源减少、草

[①] 王慧敏、仇蕾:《资源—环境—经济复合系统诊断预警方法与应用》,科学出版社2007年版,第23—25页。

第四章 资源型城市绿色转型复合系统构建

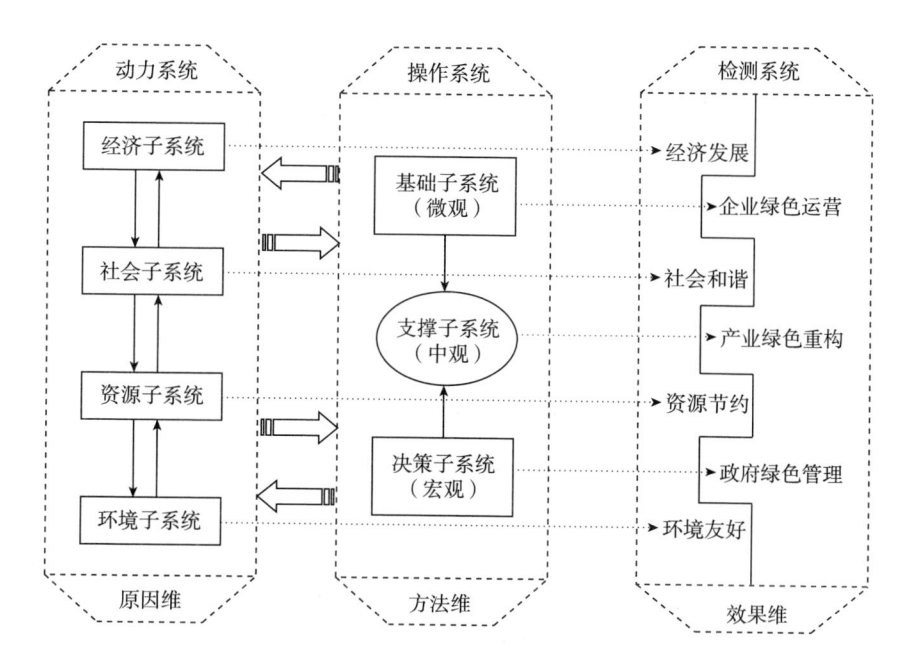

图 4.1 资源型城市绿色转型复合系统模型

原退化和石油储量下降等方面，证明了收益递减规律是不可抗拒的。这些不断增长着的经济压力是世界文明难以持续下去的标志，也是人类不能沿着现有道路继续走下去的证明。"[①] 传统主流经济学将经济活动的动因认定为对个人自身物质利益最大化的追求[②]，以消费的持续扩张为前提的利益最大化目标的实现，忽视了用以生产各类消费对象的资源的有限性和用以承载生产过程所产生的各类废弃物的环境容量的有限性，忽视了资源环境对产业发展的刚性约束。总之，随着经济社会的快速发展，人类资源逐渐枯竭，生存环境逐渐破坏，导致经济社会发展与资源环境的矛盾冲突。这对矛盾的激化阻碍了人类经济社会的可持续发展，同时也为人类向可持续发展转变提供了动力，促使资源型城市进行绿色转型。因此，就某种角度而言，触发资源型城市探索绿色转型的原始动力是对可持续发展的一种主动力量。

---

① [美] 赫尔曼·E. 戴利：《超越增长——可持续发展的经济学》，诸大建等译，上海译文出版社 2001 年版，第 73 页。

② Baumol, W. J. and W. E. Oates, *The Theory of Environmental Policy*, Cambridge: Cambridge University Press, 1988.

(二) 操作系统

与第三章第四节中资源型城市绿色转型三维结构模型的方法维相对应，操作系统回答的是资源型城市要如何进行绿色转型的问题。操作系统由基础子系统、支撑子系统、决策子系统构成，是对资源型城市绿色转型可操作途径的系统阐述。

操作系统与动力系统紧密联系，一方面，操作系统承接动力系统中经济子系统提供的资金、社会子系统提供的劳动力进行日常生产，同时又向经济子系统和社会子系统源源不断地注入资金和商品；另一方面，操作系统承接动力系统中资源子系统提供的自然资源进行生产，同时又向环境子系统进行生产废弃物的排放。因此，若想实现动力系统中经济、社会、资源、环境四个子系统的和谐发展，就要综合考虑两大系统运行，从操作系统中的基础子系统——企业、支撑子系统——产业、决策子系统——政府三大主体出发，协调四大因素与三大主体的关系，实现资源型城市绿色转型。资源型城市绿色转型的主体是多元化的，主要包括企业、产业和政府。其中，企业如何进行绿色转型是从微观层面进行的分析，它构成了资源型城市绿色转型的基础；产业如何进行绿色转型是从中观层面进行的分析，它是资源型城市绿色转型过程中的主体及核心，对资源型城市绿色转型起着框架支撑的作用；政府如何进行绿色转型是从宏观层面进行的分析，它是资源型城市绿色转型顺利有效进行的保障。三者之间的相互作用，也在很大程度上决定着资源型城市绿色转型的水平，处理好三者之间的关系，推动企业、产业、政府主体的良性互动，有助于实现资源型城市绿色转型协同效应的最大化。

(三) 检测系统

与第三章第四节中资源型城市绿色转型三维结构模型的效果维相对应，检测系统回答的是资源型城市进行绿色转型将达到什么目标的问题。检测系统由经济发展、社会和谐、资源节约、环境友好、企业绿色运营、产业体系绿色重构、政府绿色管理七个子目标构成，是对资源型城市绿色转型需要达到的效果的概括提炼。

检测系统是对资源型城市绿色转型过程中动力系统、操作系统运行状况的检测，其中经济发展、社会和谐、资源节约、环境友好是对动力系统中四个子系统的检测，企业绿色运营、产业体系绿色重构、政府绿色管理是对操作系统中三个子系统的检测。检测系统的构建，使资源型城市绿色转型更加完整，增强了转型的目标指向，使转型过程有的放矢。具体而言，资源型城市绿色转型需要各子系统提供如下条件。

一是经济条件。绿色资本即投向资源型城市绿色转型的资本，它是资源型城市绿色转型的物质基础，也是资源型城市绿色转型的最主要的前提。没有绿色资本作保证，其他条件很难形成对资源型城市绿色转型的推动力。绿色资本的形成能力主要取决于绿色投资，即绿色转型资金的投入。绿色资本的形成要保持适度规模，过大或过小都不利于资源型城市绿色转型的发展，绿色资本过小，会使资源型城市绿色转型力度不够，而绿色资本过大又会为资源型城市绿色转型带来较高的成本负担。

二是社会条件。随着时代的发展和社会的不断进步，人类的需求体系也在绿化升级，具体表现在人们对需要的满足已经开始由纯物质或精神价值的追求转向物质、精神、生态等多种需要和价值并重的追求，即绿色市场需求。对资源型城市而言，绿色需求是实施转型的前提条件，只有足够的市场需求才能为资源型城市的绿色转型提供充足的动力。如果一种绿色产品没有广泛的市场需求，且消费数量不足，则该绿色产品或者行业就难以发展起来，绿色产业体系也将受到较大程度的限制。因此，在现阶段，增强社会大众的绿色消费理念是提升绿色需求的重要途径，只有消费者对绿色产品产生消费意愿，才能达到刺激消费的目标。

三是资源条件。在生产力水平不断提升的大背景下，绿色资源的内涵也在不断发展变化，很多资源并非传统意义上的绿色资源，但是在生产力的推动下可以转化为绿色资源。资源的供给及使用状况决定了资源型城市绿色转型的程度，资源型城市绿色转型与发展，与绿色资源的规模、品种、利用方式等具有不可分割的联系。

四是环境条件。绿色环境是衡量资源型城市绿色转型的一把标尺，从当前环境状况可以直接观察到现有资源型城市的不足之处，以便及时进行绿色转型。同时，良好的绿色环境使人们享受到由资源型城市绿色转型带来的综合效益，即经济效益、社会效益以及生态效益的协调发展，增强资源型城市进行绿色转型的意愿，从而激励资源型城市绿色转型的深入开展，为人们在绿色环境当中进行产业生产提供了动力。

五是企业条件。企业绿色技术是推动绿色转型的有效工具和手段，只有在绿色技术的保障下，才能在满足人类自身发展需求的同时，不对生态环境造成损害。企业技术的绿化进步是资源型城市绿色转型的又一重要前提。在绿色高新技术的研发过程中，企业必须高度重视技术的适用性。因为，技术一旦脱离企业，脱离市场，推广与普及的难度便会大大增加，无法在短时间内转化成经济效益。因此，绿色技术的创新和研发必须立足企业需求与市场需求，以实现绿色生产与绿色消费的高度契合。

六是产业条件。生态型产业是绿色产业体系的基本单位，可涵盖国民经济各个产业部门：一是绿色农业，旨在生产绿色农产品，满足绿色标准，其化学药品的浓度必须在国际通行标准以下。二是绿色工业，商品在产业链各个环节少生产甚至不生产有害物质，并将废弃物进行循环再利用。三是绿色服务业，向消费者提供无污染的生态产品或者服务，例如绿色商业、生态旅游等。

七是政府条件。政府对资源型城市绿色转型进行的管理及在资源型城市绿色转型过程中对自身的管理，代表着一种新的发展观念、一种新的发展思维模式和一种新的科学政绩观，对资源型城市绿色转型与发展发挥着重要作用。绿色管理是推进资源型城市绿色转型开展的重要外生力量，政府以其实际行动对绿色转型进行积极有效的干预与配合是资源型城市绿色转型成功的保障。

本书从动力系统、操作系统、检测系统三个层面构建资源型城市绿色转型复合系统，其内在耦合机制主要包括如下三点：一是动力系统内的各因素之间存在普遍联系的相互作用关系，一种因素发生变化必将带动其他因素的改变，它们相互作用形成合力，共同推动资源型城市绿色转型。二是操作系统不同主体的地位及作用效果不同，其中企业主体基于微观层面，在资源型城市绿色转型过程中起到基础作用；产业主体基于中观层面，在资源型城市绿色转型过程中起到支撑作用；政府主体基于宏观层面，在资源型城市绿色转型过程中起到决策作用。应区别对待不同主体作用，将"底层参与""中层支撑"与"顶层设计"有机结合，共同发力探索资源型城市绿色转型的最优路径。三是检测系统不同指标效应存在动态变化，在资源型城市绿色转型时期，要努力实现动力系统因素、操作系统主体、检测系统指标的良性互动，三方融合互动共促资源型城市绿色转型。

二 资源型城市绿色转型复合系统演化

资源型城市绿色转型复合系统的稳定状态主要取决于动力系统的稳定，而动力系统稳定的条件是：资源型城市经济增长应限制在自然生态承载力之内；资源型城市社会活动对生态环境的影响应限制在其承载力之内；资源型城市自然资源的使用强度应限制在其最大持续收获量之内；资源型城市废物的排放强度应限制在自然系统的净化能力和人类的生理忍受界限之内。这四项是资源型城市绿色转型复合系统状态稳定的充分和必要条件。然而，资源型城市绿色转型复合系统不可能总处于稳定状态下，它将得到发展与演化，经历由稳定到不稳定再到新的稳定的过程。

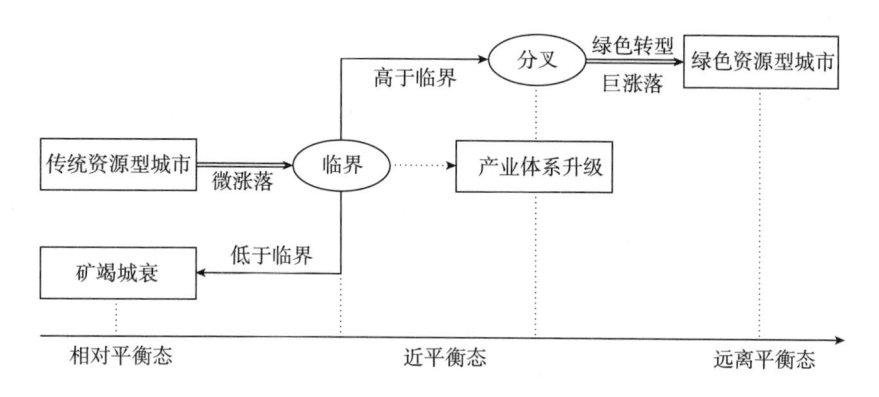

（一）资源型城市绿色转型复合系统演化过程

基于自组织与耗散结构的相关理论，资源型城市绿色转型复合系统的演化过程是指资源型城市在系统演化进程中，在一定外界条件下，由无序、低序的平衡态，经历"非平衡"的过渡态演变，成功走向绿色、合理、有序且远离平衡的自组织状态，达到演化的高级阶段过程。从一般演化趋势来看，任何一个资源型城市系统，必然表现为相对平衡态、近平衡态和远离平衡态三种基本阶段之一，并且随着系统由无序向有序、由低位态向高位态演进转换。资源型城市绿色转型复合系统演化过程如图4.2所示。

图4.2 资源型城市绿色转型复合系统演化过程

相对平衡态指的是城市和外部环境在物质、能量以及信息方面的交互程度较低，正熵不断提升，资源型城市陷入相对封闭的状态。在这种状态下，如果资源型城市不改变传统的资源开发利用模式，则必然带来资源存储量的枯竭，最终导致城市经济陷入停滞，甚至陷入衰退。资源型城市过于依赖资源，城市产业结构不合理，缺乏经济增长点，对社会资本和外部人才的吸引力相对较低，加之剩余劳动力的增加，给城市发展造成较大的经济压力和社会压力。近平衡态指的是由资源开采初期的微涨落而推动资源型城市经济跃迁达到的一个新的相态。相对于相对平衡态，近平衡态的熵值相对较小，且有序性大幅提升，资源型城市经济发展将进入相对稳定的繁荣时期。远离平衡态指的是资源型城市在远离平衡点的非线性区域出现持续演化的状态。在远离平衡态下，资源型城市和外界环境不断地进行能量、物质以及信息交换，在外界条件满足一定的阈值时，资源型城市有可能建立一种全新的耗散结构，并改变传统混沌无序的状态。与相对平衡态、近平衡态相比，远离平衡态是系统高层级阶段的表现形式，也是资源型城市绿色转型的最佳方向。

在资源型城市绿色转型的过程中，复合系统必然要经历不稳定的过渡态阶段，才能由不稳定态形成一种相对稳定且有序的状态。在复合系统的演变过程中，会出现路径交叉口，面临多条可能演化的轨迹路口的抉择。在交叉口附近，会把微小的外力进行放大，进而影响系统的演进方向以及系统要素之间的关联性和依赖性，形成的耗散结构更加有序和稳定，达到远离平衡态。资源型城市在绿色转型的过程中，提升城市和外部环境在物质、能量以及信息方面的交互程度，不断将负熵流引入复合系统，成为复合系统有序演化和提高自组织活力的外部条件。为保障系统处于熵变过程中，提升系统的有序性，推动系统向远离平衡态转变，需要外界负熵流不断流入，通过影响外部环境并对其变量值进行控制，形成全新的耗散结构，实现升级升序的目标。通过这种方式，不断向远离平衡态演化，由局部的微涨落转变成巨涨落，从而推动复合系统的跃迁，提升系统的有序性，实现绿色转型由渐变向突变的有序转化。如果无法推进上述演化，则绿色转型将在路径交叉处丧失机遇，转型进程停滞，产业发展退化，回归系统的平衡态将难以避免。

通过分析我国资源型城市的转型轨迹可以发现，在新中国成立的早期阶段，我国重点发展重工业，进入资源大规模的开发利用阶段。经历了数十年的开采之后，很多资源型城市的资源枯竭问题比较突出。根据矿业部门提供的相关数据，按照我国自然资源的丰富程度以及资源型产业的发育程度，可以对我国资源型城市进行划分，其中，有19.25%处于成长期，68.08%处于成熟期，而已经进入衰退期的城市占比达12.68%[1]。资源

---

[1] 根据胡魁《中国矿业城市基础数据库（2002）》数据计算整理。

型城市在进入衰退期后，资源的储量会迅速减少，资源型产业的规模也会快速萎缩，城市经济发展会陷入停滞，甚至出现倒退。这表明，目前我国大多数资源型城市正处于系统有序演化的相对平衡态和近平衡态的演化阶段路径上。随着资源型城市的不断发展，城市创新动力、市场需求、制度设计、外部环境等各方面条件都出现较大幅度的变化。在这种情况下，资源型城市的发展路径将处于多条发展轨迹的拐点和交叉口，离散型特征开始增加。因此，资源型城市应把握时机，创造条件，避免因演进机制缺乏活力或演化动力不足而衰退回归到平衡态，最终导致矿竭城衰，而应通过多次涨落，尽早实现绿色转型，推动产业体系进入更高阶段的远离平衡态。具体而言，整个过程需要利用复合系统的巨涨落，通过不断地触发旧结构以实现平衡态的转变。对资源型城市而言，如果这种随机微涨落的效应超出临界效应，则原有稳定的产业系统会进入失稳阶段，并进入巨涨落状态，资源型城市绿色转型成功；如果涨落效应没有达到临界效应，则微涨落会持续衰减，绿色转型失败，传统资源型城市将陷入停滞。

（二）资源型城市绿色转型复合系统演化分析

如果系统进入失稳状态，趋稳原理会发挥支配作用，系统的各部分构成要素会出现相应的演化，通过推动复合系统模式的调整，获得有序性更高的稳定状态。若这种转变成功，则系统会进入持续进化的状态，而在系统演化环节，不同组成部分的演化通常是失衡的，其演化速度存在较大差异，无法以一种相同的速度实现协同进化。在一般的转型过程中，复合系统的部分组成要素会先行发生演化，传统的稳定状态会打破，经济结构和经济发展模式将需要进行重新调整，以便到达一种有序性更高的稳定状态。通常情况下，那些可能导致系统失稳的、首先出现的演化均为突破性演化，随后发生的导致系统重新进入稳定状态的演化被称为适应性演化。然而，并不是每一个率先发生的演化都是突破性演化，只有导致系统失稳，且推动结构性变迁的演化才称之为突破性演化。

1. 动力系统中的突破性演化

通常而言，在失稳原理的支配作用下，只有具备三个条件才能推动突破性演化的发生。其一，这种演化应当是快变量演化。与慢变量相比，快变量具有较大的演化的潜在可能性；其二，这种演化应当是小阻力演化。与大阻力演化相比，小阻力演化发生的概率更高，转化成突破性演化的可能性也相对较高；其三，这种演化应当是被依赖变量的演化。如果没有满足这一条件，其演化便不会诱发系统失稳，适应性演化发生的可能性相对降低，复合系统结构的转变将难以实现。

在资源型城市绿色转型复合系统中，相对于经济、社会子系统而言，资源、环境子系统内在本征的演化速度是极为缓慢的，用协同学的术语来说，资源、环境子系统是慢变量，经济、社会子系统是快变量。因此，引发系统失稳的演化往往在经济、社会子系统内发生，尤以科学技术的演化最为显著（详见第五章第二节）。需要强调的是，这并不意味着资源子系统和环境子系统不会发生突破性演化，只是诱发突破性演化的可能性较低。在资源型城市绿色转型复合系统内，正反馈机制在不同时空维度下对复合系统的突破性演化具有控制作用。资源城市绿色转型复合系统的经济子系统、社会子系统受作用于自然系统中的环境变迁以及自然灾害等，且不同子系统通过正反馈机制在复合系统中不断加强相互作用。然而，仅仅发生突破性演化并不能诱发复合系统的根本性演化，还需要一系列适应性演化相配合，才能最终实现系统的结构性变革。

2. 操作系统中的适应性演化

当资源型城市绿色转型复合系统进入失稳状态后，在趋稳原理以及协同进化原理的支配下，适应性演化逐渐产生，通过反复调试和反馈，系统将再次进入稳定状态。然而，适应性演化的能力并非无限的，需要在系统的缓冲力和承载力以内，如果超出必要的限度，则负反馈机制便无法发挥作用，系统结构和系统功能会受到较大的冲击，系统也将进入崩溃的边缘。资源子系统和环境子系统都是经过长时间自然进化的结果，其自身的演化速度相对较低，同时，人类对它的运行方式的改造能力又很小，因而基本上可以看成是不变的因素，所以只能结合资源子系统和环境子系统的禀赋对自身进行改造以提升系统的稳定性，而很难通过自己既有的技能对资源子系统和环境子系统进行重塑。通过分析支配原理的内涵可以发现，演化缓慢的系统或变量支配演化迅速的系统或变量，演化迅速的系统或变量适应演化缓慢的系统或变量。

因此，在资源型城市绿色转型复合系统中，相对于资源、环境子系统而言，经济、社会子系统内在本征的演化速度是较快的。经济、社会子系统需要适应资源、环境子系统。由于经济、社会子系统与操作系统存在密切的耦合机制，即操作系统承接动力系统中经济子系统提供的资金、社会子系统提供的劳动力进行日常生产，同时又向经济子系统和社会子系统源源不断地注入资金和商品。因此，经济、社会子系统这种适应性演化往往通过操作系统表现出来。确切地说，适应性演化主要是操作系统中的微观子系统——企业、中观子系统——产业、宏观子系统——政府共同作用的结果，由资源型城市通过改变企业运营方式、改变产业体系构成、改变政府管理手段等主体要素承担。适应性演化的关键在于构建新的平衡，以推动人类社会和自然关系的协调发展，从发展视角出发，复合系统中的问题和演化总是不断出现，因此适应性演化也是一种常态性的演化。

第三节　资源型城市绿色转型复合系统的内在运转机制

一　动力系统因素对绿色转型的利益驱动

在西方经济学中，人具有自私的本性，都是以追求自身利益最大化为前提的。而当自身利益产生矛盾时，利益驱动则使转型成为必然。资源型城市绿色转型正是以这种利益驱动作为强大动力开展和实施的。这种利益矛盾表现为两方面：一是动力系统中经济因素与资源因素形成的物质利益矛盾；二是动力系统中社会因素与环境因素形成的生存利益矛盾。

（一）物质利益矛盾

人类对物质的需求是无限的，都希望经济以持续较快速度增长。然而，资源型城市长期以来支持经济快速增长的资源状况却不乐观。经济因素与资源因素构成了一对影响人类物质利益的内在矛盾。

经济因素方面，资源型城市经济增长过分依赖资源，城市在产业结构方面具有较高的关联度和依赖性。对资源型城市而言，资源型产业对其经济发展具有主导作用和支配作用，主导产业和配套产业之间会构建一条相对完整的产业链，城市与资源型产业构筑成"牵一发而动全身"的纽带关系，资源型城市对矿产资源过于依赖，经济系统的稳定性大幅下降。长时间以来，我国大多数资源型城市的产业结构不合理，第二产业结构比重较高，初加工或深加工产业发展缓慢。因此，若不及时进行增长方式的调整，培植创新型绿色产业体系，资源一旦耗竭，城市将失去生存和发展的能力。

资源因素方面，资源型城市矿产资源逐渐走向衰竭。矿产资源是典型的不可再生资源，若经济发展过度消耗矿产资源，则系统必然陷入瘫痪状态，对资源型城市的发展造成限制。因此，资源型城市应根据自身情况尽早确定绿色转型路径，尽可能延长资源生命周期，摆脱迅速衰退的困境。

（二）生存利益矛盾

人类期望社会不断进步，追求生活质量的不断提升，然而，直接影响资源型城市民众生活质量的生态环境的状况却逐渐恶化。社会因素与环境因素构成了一对影响人类生存利益的内在矛盾。

社会因素方面，人类期望社会的发展及生活质量的提高。资源型产业开发影响城市的社会结构和服务功能，社会系统矛盾复杂。资源型城市既具有骨干作用强、主导产业地位高的工矿基地属性与功能，又具有一般城市的行政、经济文化、科技、交通和信息交流属性与功能。但是，资源型城市多数依矿而建，地处偏远，区位偏离，这是影响资源型城市发展的客观制约因素。地理环境闭塞，阻隔了城市与重要交通干线、工商业发达地区以及国内和国外市场之间的联系。同时，资源型城市往往基础设施落后，交通干线密度低，邮电通信设备落后，导致交通不畅、信息不灵，投资环境差。不仅如此，受传统观念影响，在资源型城市生活的人民，不愿放弃资源带来的巨大经济利益，不合要求的私人滥采现象严重，这不仅加速了矿产资源的破坏及枯竭，而且在资源枯竭后资源型城市还将面临严峻的资源型产业劳动力转移问题，直接影响着人民的生活质量和社会的稳定发展。因此，提升城市社会服务水平，建立相对完善的社保体系，是优化资源型城市良好社会因素的关键。

环境因素方面，生态环境的不断破坏开始威胁人类生存。不同类型的资源型城市，对城市生态环境的影响也存在较大差异。但是由于生态系统的脆弱性，无论哪一类型的资源开发及使用都会对城市及所在区域的生态环境形成直接的影响。具体体现如"三废"排放问题对城市的生态环境造成严重损害，并威胁人类的生存。不仅如此，很多废弃矿产的产业垃圾较多，进一步破坏了城市生态环境，显而易见，生态环境的质量在很大程度上直接影响着社会的进步程度及人类的实际生活质量。因此，若想从本质上推动社会不断进步，提高人类生活质量，则必须注重生态环境状况，进行资源型城市绿色转型及生态环境优化设计。

二 操作系统主体对绿色转型的行为选择

如上所述，资源型城市在发展过程中存在动力系统因素间的物质利益矛盾和生存利益矛盾。资源型城市绿色转型不仅要靠动力系统的经济、社会、资源、环境四大因素的推动，操作系统各主体的作用也不可或缺。企业、产业、政府将在两对矛盾的权衡中为资源型城市的利益规划及发展道路做出行为选择。

其中，企业作为市场的主要组成部分，是绝大部分社会产品及服务的提供者，资源型城市绿色转型中市场机制的充分发挥显然离不开相关企业的参与。作为城市经济中的微观主体企业，在资源型城市绿色转型中发挥着核心作用，转型发展可以激发企业活力，加快企业兼并重组和资源整合，龙头企业通过发挥引领和示范作用，在绿色转型中可以带动企业集团的整体提升。产业是资源型城市绿色转型成败的重要标志，作为承上启下的中间者，产业绿色重构直接影响着资源型城市绿色转型的效率。政府作为绿色转型的倡导者、政策的制定者和社会的管理者，是资源型城市绿色转型的顶层设计者。在资源型城市绿色转型中扮演着关键角色，政府在其中发挥的职能和出台的政策，对资源型城市企业的生死存亡、城市的转型升级以及区域经济的发展有着深远影响。只有企业、产业、政府共同参与的资源型城市绿色转型战略才是科学的、全面的，才能全方位快速推进绿色转型进程，稳步实现绿色转型目标[①]。在转型过程中，必须将操作系统各主体的意愿统一起来，形成绿色转型的合力。在此，可将企业、产业、政府共同参与的资源型城市绿色转型操作系统视为一个合力主体进行分析。

如图4.3所示，横坐标轴及纵坐标轴分别代表物质利益与生存利益，在现有的技术水平下，资源型城市的企业、产业、政府必须在物质利益与生存利益之间做出选择。操作系统主体的技术约束线为 AB，与生存利益坐标轴及物质利益坐标轴分别交于 A、B 两点。这从理论上表明，在现有技术水平 AB 的约束下，如果放弃全部物质利益，资源型城市操作主体

---

① 徐君、高厚宾、王育红：《生态文明视域下资源型城市低碳转型战略框架及路径设计》，《管理世界》2014年第6期。

在理论上可以获得 OA 的生存利益；如果放弃全部生存利益，在理论上可以获得 OB 的物质利益。同时，技术约束线 AB 与资源型城市操作系统主体的无差异曲线 U_1 相切于 a 点，这是操作系统主体利益最大化的一个均衡点。在 a 均衡点上，相应的物质利益的获取量为 OX_a，相应的生存利益的获取量为 OY_a。

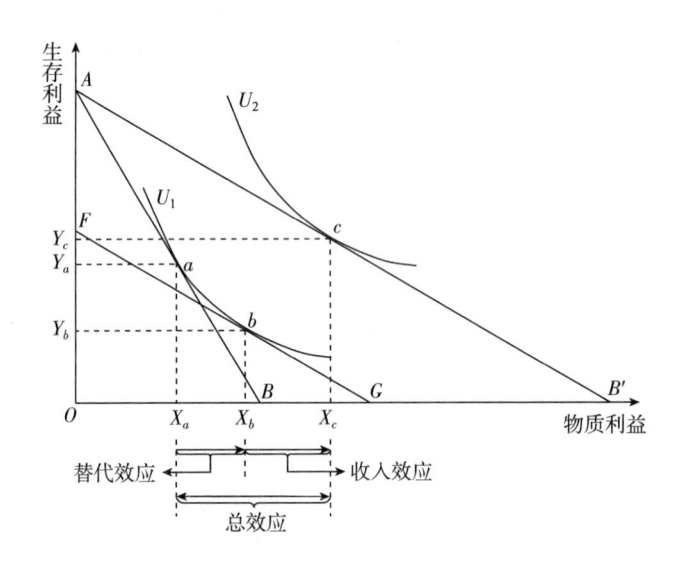

图 4.3 操作系统主体对绿色转型的行为选择

在以"保增长"为目标的一般经济转型模式下，资源型城市经过积累与发展，操作系统主体的技术水平得到了显著提高，主体物质利益的获取也得到了不断提升，然而这种技术水平的提高与物质利益的提升是以生存利益的下降为前提的。如图 4.3 所示，操作系统主体的技术约束线由 AB 移动到 FG，新的技术约束线 FG 与生存利益坐标轴交于 F 点，与物质利益坐标轴交于 G 点。这从理论上表明，在新的技术水平 FG 的约束下，如果放弃全部生存利益，资源型城市操作系统主体可以获得的 OG 的物质利益要大于技术约束线变动前可以获得的 OB 的物质利益。从这一角度可以认为资源型城市操作系统主体的技术水平得到了某种程度的提高。但是，在技术约束线变动之后，如果所有的物质利益均被放弃，则资源型城市在理论层面上可以取得的 OF 的生存利益要小于技术约束线变动前可以获得的 OA 的生存利益。这意味着，操作系统主体在提升物质利益的同时却降低了自身的生存利益。同时，新的技术约束线 FG 与资源型城市操作系统主体的无差异曲线 U_1 相切于 b 点，b 点是在新的技术约束线 FG 下操作系统主体利益最大化的又一个均衡点。在该点上，相应的物质利益获取量为 OX_b，相应的生存利益获取量为 OY_b。比较两个均衡点 a、b 可知：一方面，在资源型城市操作系统主体技术提高前后，均衡点始终在无差异曲线 U_1 上，利益水平并没有发生变化，物质利益 $X_a X_b$ 的增加是以生存利益 $Y_a Y_b$ 的减少为代价的；另一方面，技术约束线的变化使操作系统主体在物质利益上获得了 $X_a X_b$ 的替代效应。

在以"实现绿色经济"为目标的绿色转型模式下，资源型城市操作系统主体做出的行为选择将获得质的飞跃，技术水平将得到质的提高，主体物质利益的获取不再以牺牲生存利益为代价。如图 4.3 所示，操作系统主体的技术约束线由 FG 平行移动到 AB'，新的技术约束线 AB' 与生存利益坐标轴仍然交于 A 点，与物质利益坐标轴交于 B' 点。这从理论上表明，在绿色转型后的新技术水平 AB' 的约束下，如果放弃全部生存利益，资源型城市操作系统主体在理论上可以获得的 OB' 的物质利益要大于最初技术约束线下 OB 的物质利益，也大于技术约束线平行移动前可以获得的 OG 的物质利益。可见，资源型城市操作系统主体技术水平得到了显著提高。但是，在 AB' 的技术约束线下，如果放弃全部物质利益，资源型城市操作系统主体在理论上可以获得的生存利益 OA 要大于技术约束线平行移动前可以获得的 OF 的生存利益，与最初技术约束线 AB 下可以获得的生存利益相等。这意味着，资源型城市绿色转型是操作系统主体在保证生存利益的基本前提下，尽可能提高物质利益的一种行为选择，在绿色转型过程中，操作系统主体的技术水平得到了真正意义上的改进与提高。同时，绿色转型后的新的技术约束线 AB' 与资源型城市操作系统主体的无差异曲线 U_2 相切于 c 点，c 点是在新的技术约束下操作系统主体利益最大化的均衡点。在该点上，相应的物质利益获取量为 OX_c，相应的生存利益获取量为 OY_c。比较两个均衡点 b、c 可知：一方面，资源型城市操作系统主体通过绿色转型，在技术水平得到真正意义的提高后，均衡点开始由无差异曲线 U_1 转到 U_2 上，利益水平得到了提高，物质利益 $X_b X_c$ 的增加并没有以减少生存利益为代价，反而提高了生存利益；另一方面，绿色转型使技术约束线得到平行移动，进而操作系统主体在物质利益上获得了 $X_b X_c$ 的收入效应。绿色转型在保障生存利益的前提下，使物质利益得到了提升，其总效应即为替代效应与收效应之和。

由上述分析可知，作为理性的行为主体，企业、产业、政府所组成的操作系统主体在资源型城市发展过程中必将选择绿色转型，而非任其粗放式发展；必将实现技术约束线由 AB 向 AB' 的变动，而非由 AB 向 FG 的变动；必将追求技术水平真正意义上的提高，而非片面的改进；必将实现生存利益的维护，而非以物质利益代替生存利益；必将追求利益水平的不断提升，而非在同一利益水平上的变化；必将追求物质利益总效应实现，而非仅仅替代效应的获得。总之，绿色转型将成为资源型城市操作系统主体必将做出的行为选择[①]。

第四节 本章小结

本章介绍系统科学及其基本分析方法，阐述复杂系统内涵及其发展演化，在此基础上构建资源型城市绿色转型复合系统模型，并进一步阐述资源型城市绿色转型复合系统的发展演化。

根据绿色转型内涵，本章建立了由动力、操作、检测系统共同构成的资源型城市绿色转型复合系统模型。动力系统与资源型城市绿色转型三维结构模型的原因维相对应，该系统回答的是资源型城市为什么要进行绿色转型的问题。动力系统由经济子系统、社会子系统、资源子系统、环境子系统构成，是对资源型城市绿色转型动力所做出的理论分析。操作系统与资源型城市绿色转型三维结构模型的方法维相对应，该系统回答的是资源型城市要如何进行绿色转型的问题。操作系统由基础子系统、支撑子系统、决策子系统构成，是对资源型城市绿色转型可操作途径所做出的系统阐述。检测系统与资源型城市绿色转型三维结构模型的效果维相对应，该系统回答的是资源型城市进行绿色转型将达到什么目标的

---

① 需要说明的是，此处分析所得的结论，即绿色转型是资源型城市企业、产业、政府必然做出的行为选择，是以三大主体统一为一个合力操作主体的前提下进行分析得出的结论。它表明的是企业、产业、政府三大主体的一个总体行为选择方向，并非指每一个体都将主动进行绿色转型。企业出于自身短期经济利益考虑，可能并不会主动选择绿色转型，有时甚至会与政府在是否实施绿色转型的问题上进行博弈，这就需要政府在宏观层面加强绿色管理，如本书第五章第二节所分析的内容。但这并不影响三大主体在绿色转型上所做出的综合行为选择。

问题。检测系统由经济发展、社会和谐、资源节约、环境友好、企业绿色运营、产业体系绿色重构、政府绿色管理七个子目标构成，是对资源型城市绿色转型需要达到的效果所做出的概括提炼。

绿色转型复合系统的发展与演化是系统由稳定到不稳定，再到新的稳定的过程。由经济、社会、资源、环境组成的动力系统是资源型城市绿色转型复合系统稳定状态的充分和必要条件。动力系统如果进入失稳状态，则操作系统会在趋稳原理以及协同进化原理的支配下，发生相匹配的演化，以推动系统结构的调整以及系统模式的演化，促使资源型城市进行绿色转型。同时，在资源型城市绿色转型复合系统中，资源、环境子系统是慢变量，经济、社会子系统是快变量，因此引发系统失稳的突破性演化也往往在经济、社会子系统内发生。而适应性演化往往是发生于操作系统中，是其基础子系统——企业、支撑子系统——产业、决策子系统——政府共同作用的结果，由资源型城市通过改变企业运营方式、改变产业体系构成、改变政府管理手段等主体行为承担。

资源型城市绿色转型是在动力系统两种利益矛盾的驱动下开展和实施的。动力系统四大因素中经济因素与资源因素形成的物质利益矛盾，社会因素与环境因素形成的生存利益矛盾两大利益矛盾共同构成了资源型城市绿色转型的驱动力。而操作系统的理性行为主体，企业、产业、政府在资源型城市发展过程中必将选择绿色转型，追求技术水平真正意义上的提高，追求综合利益水平的不断提升。

第五章　资源型城市绿色转型复合系统分解

第一节　动力系统：绿色转型与经济、社会、资源、环境的关系

动力系统探讨的是资源型城市进行绿色转型的原因。在当今社会，人们对物质增长的需求日益强烈，然而资源数量的减少及环境质量的下降使人类经济、社会发展与资源、环境之间矛盾加剧。继续按照传统模式发展，人类将毁灭自己的生存环境；放弃发展，人类社会将停滞不前。挣扎于四大因素的矛盾中，人类不得不进行发展方式的转变，改变原有的传统发展模式，建立一种新型的绿色发展模式。而经济、社会、资源、环境四大因素共同构成的动力系统，正是人类进行这种绿色探索的推动力量。

一　绿色转型效率的含义

资源型城市绿色转型的目标是使资源环境消耗总量随经济产出增长而增长的传统发展模式转化成绿色发展模式，减少对资源的依赖程度，避免资源枯竭而导致的城市经济陷入衰退。和其他经济发展模式相比，绿色发展模式是一种兼顾经济社会效益提高、资源数量使用及环境质量改善的综合型发展模式，在发展过程中，各领域的追求是同步进行的。资源型城市也应该选择这种既有利于经济社会持续发展，又能保证资源环境质量的绿色发展模式。进行绿色转型，其中关键一步，就是实现生产、流通、消费以及回收等方面的纵向整合，力求使资源型城市摆脱资源消耗型经济发展模式，避免经济增长对资源的过度依赖。通过绿色转型，提升资源的使用效率，坚持环境保护程度日益增强前提下的绿色发展模式，最终实现资源型城市生产系统与生态系统的融合。

资源型城市进行绿色转型需要构建循环型生产技术范式，通过该范式为资源型城市的可持续性发展提供方向，即提升经济产出和生产效率，满足经济增长目标的前提下，降低资源的消耗程度，并尽可能规避市场资源的过度消耗。德国厄恩斯特·冯·魏茨察克教授曾提出四倍跃进目标，即在增加财富值的同时，最大限度降低能耗，使资源消耗程度减少一半，将资源效率在现有程度上进一步提升，达到现有水平的四倍[1]。德国另外一位学者 Friedrich Schmidt-Bleek 进一步提出了十倍跃进目标，并指出只有将资源的利用效率提升十倍，才能保障现有生活质量和福利水平不受影响，才能实现人类社会的可持续发展。同时，该学者认为，通过生产、消费、贸易、财政等各个环节的创新与改革，是可以实现这一目标的[2]。

根据上述资源效率目标，可以引申出绿色转型效率的概念。人类对资源环境的压力主要集中在以下两个方面：一方面，总产出量对资源环境的影响；另一方面，单位产出量对生态环境造成的影响。通常情况下，在绿色转型效率研究方面，其最终目标是以健康环保的生产方式为人类社会提供更多的经济价值，而不是把更多的资源变为废弃物。效率通常是指输入与输出之间的比值关系，那么绿色转型效率就可以理解为由资源型城市绿色转型所带来的经济系统输出与资源环境系统输入之间的比值关系，是生产过程中产品或服务的输出与相对应的资源投入量与环境破坏度的比值。相对于传统的转型模式，绿色转型强调的重点不仅仅是经济增长，更重要的是提升资源利用效率。该效率衡量的是在每一个特定时间段内，生产输出对资源环境带来的影响。绿色转型效率可以通过减少每单位的资源输入，采纳清洁的可替代的资源，采纳污染预防技术等措施来提高，其公式可表示为：

$$\text{绿色转型效率} = \frac{\text{产出水平}}{\text{资源投入量} + \text{环境影响度}} \quad (5.1)$$

即 $E_{gt} = \dfrac{Y}{R\&I}$

---

[1] [德] 厄恩斯特·冯·魏茨察克、[美] 艾默里·B. 洛文斯、[美] L. 亨特·洛文斯：《四倍跃进：一半的资源消耗创造双倍的财富》，中华工商联合出版社 2001 年版。

[2] [德] Friedrich Schmidt-Bleek：《人类需要多大的世界：MIPS——生态经济的有效尺度》，吴晓东、翁端译，清华大学出版社 2003 年版。

其中，E_{gt} 表示绿色转型效率；Y 表示产出水平；$R\&I$ 表示资源投入量与环境影响度。

式（5.1）可以用于计算资源型城市绿色转型效率。由公式可以看出，全面提升绿色转型效率，可从以下几条途径入手：一是在保持产出价值量稳定的情况下，降低资源开发利用对生态环境的负面影响；二是在资源消耗量保持稳定的情况下，提升产出价值量，或降低对环境的污染度；三是生产对环境的污染度不变，大幅度地提高产出价值量，或降低对资源的消耗量；四是产出价值量保持相对稳定的增速，而对环境污染的程度以及资源的消耗速度按照较低水平推进；五是生态环境的污染程度以及资源的消耗量都保持较低水平的提升或者增长，与之相应的产出价值量则按更快的速度提高。

综上所述，绿色转型效率涵盖以下三方面内容：首先，绿色转型效率涵盖了经济绩效和资源环境绩效两大方面，通过产业链各个环节的少量资源投入，在增加经济效益的同时，降低环境成本，向市场推出绿色、环保、低价的产品或者服务。资源型城市通过绿色转型，在经济领域与社会领域产生了较大的生产效益，而在资源领域和环境领域产生了较大的生态效益，从而获得生产效益与生态效益双赢的局面。其次，资源型城市通过绿色转型，将城市自身纳入绿色经济体系，为城市未来发展创造更好的条件。因此，绿色转型效率也是资源型城市可持续发展的主要评价手段与重要工具。最后，绿色转型效率不仅要求全面提升产品质量和服务水平，而且强调，在全部生命周期内，将对资源开发利用的效率维持在较高水平，将对生态环境的影响维持在较低水平，通过全产业链管理，使生产活动在资源环境的承载力范围之内开展。

二 绿色转型效率与经济社会发展的关系

经济增长模型是研究经济增长要素以及互相作用关系的重要途径，是人们结合自身的认知，整合不同类型的增长要素，并依据经济增长速度理论而形成的一种表述。它反映的是在一定的技术水平条件下，各种投入要素组合与最大产出之间的经济技术联系。通过分析经济增长模型和演化过程可以发现，不管是哈罗德—多马模型，还是新古典与剑桥经济增长模型，劳动力、技术以及资本等都是影响经济增长的主要因素，而资源环境这一影响经济增长的重要因素却在考虑之外。实践表明，在社会经济发展过程中，资源环境和经济增长息息相关。因此，在经济增长模型中有必要加入资源与环境因素，进而生产函数变为：

$$Y_t = A_t f(L_t, K_t, R\&I_t) \tag{5.2}$$

其中，Y_t 表示 t 时期的产出水平；A_t 表示 t 时期的技术状况；L_t 表示 t 时期的劳动力投入；K_t 表示 t 时期的资本投入；$R\&I_t$ 表示 t 时期的资源与环境投入，指生产过程所进行的资源投入量及环境破坏度，其中环境的破坏度可以用生产过程向环境系统排放的污染物的量进行考察。

式（5.2）对时间求导可得：

$$\frac{dY_t}{dt} = \frac{dA_t}{dt} f(L_t, K_t, R\&I_t) + A_t \frac{\partial f}{\partial L_t} \cdot \frac{dL_t}{dt} + A_t \frac{\partial f}{\partial K_t} \cdot \frac{dK_t}{dt} + A_t \frac{\partial f}{\partial R\&I_t} \cdot \frac{dR\&I_t}{dt} \tag{5.3}$$

式（5.3）等号两端同除以 Y_t 可得：

$$\frac{dY_t/dt}{Y_t} = \frac{dA_t/dt}{A_t} + \frac{\partial f}{\partial L_t} \cdot \frac{L_t}{f} \cdot \frac{dL_t}{dt} \cdot \frac{1}{L_t} + \frac{\partial f}{\partial K_t} \cdot \frac{K_t}{f} \cdot \frac{dK_t}{dt} \cdot \frac{1}{K_t} + \frac{\partial f}{\partial R\&I_t} \cdot \frac{R\&I_t}{f} \cdot \frac{dR\&I_t}{dt} \cdot \frac{1}{R\&I_t} \tag{5.4}$$

令 $\alpha = \frac{\partial f/f}{\partial L_t/L_t}$ 为劳动力产出弹性；$\beta = \frac{\partial f/f}{\partial K_t/K_t}$ 为资本产出弹性；$\gamma = \frac{\partial f/f}{\partial R\&I_t/R\&I_t}$ 为资源环境产出弹性。

代入式（5.4）可得：

$$\frac{dY_t/dt}{Y_t} = \frac{dA_t/dt}{A_t} + \alpha \frac{dL_t/dt}{L_t} + \beta \frac{dK_t/dt}{K_t} + \gamma \frac{dR\&I_t/dt}{R\&I_t} \tag{5.5}$$

令 $G_Y = \frac{dY_t/dt}{Y_t}$ 为产出增长率；$G_A = \frac{dA_t/dt}{A_t}$ 为技术进步增长率；$G_L = \frac{dL_t/dt}{L_t}$ 为劳动力投入增长率；$G_K = \frac{dK_t/dt}{K_t}$ 为资本投入增长率；$G_{R\&I} = \frac{dR\&I_t/dt}{R\&I_t}$ 为资源与环境投入增长率。

代入式（5.5）可得：

$$G_Y = G_A + \alpha G_L + \beta G_K + \gamma G_{R\&I} \tag{5.6}$$

当 $dt = 1$ 时，将绿色转型效率 $E_{gt} = \frac{Y}{R\&I}$ 代入式（5.6）可得：

$$\Delta Y = (G_A + \alpha G_L + \beta G_K) Y + \gamma \cdot \Delta R\&I \cdot E_{gt} \tag{5.7}$$

首先,从绿色转型效率与经济增长的关系角度分析。由式(5.7)可以看出,经济增长与绿色转型效率密切相关。在劳动力投入增长量和资本投入增长量保持不变即 $G_L = G_K = 0$ 的情况下,$\Delta Y = G_A Y + \gamma \cdot \Delta R\&I \cdot E_{gt}$。传统生产过程依靠增加资源与环境投入 $\Delta R\&I$、降低绿色转型效率 E_{gt} 来保持一定的经济增长,这样的粗放型生产模式不利于生产技术的进步,G_A 值较小;而绿色转型尽可能挖掘了资源环境因素对经济增长的作用,降低资源与环境的投入 $\Delta R\&I$,提高绿色转型效率 E_{gt},而且绿色转型效率的提高往往伴随着绿色经济技术的注入,带来生产技术的进步,使 G_A 显著提高,最终进一步促进经济社会发展。

其次,从绿色转型效率与社会发展的关系角度分析。由式(5.6)可以看出,在传统生产模式中,当 $G_K = 0$ 时,$G_Y = G_A + \alpha G_L + \gamma G_{R\&I}$。随着资源存储量的不断下降及生态环境的不断恶化,资源与环境投入量的提升空间受到了很大的限制,$G_{R\&I}$ 趋于减小,而且在依靠资源环境投入增长的粗放型生产模式下,生产技术的进步有限,G_A 值较小,在此情况下,若想保持一定的经济增长水平 G_Y,就必须增加劳动力的投入量,提高 G_L;而绿色转型力图在资源与环境投入 $G_{R\&I}$ 不变甚至减少的情况下,通过绿色技术的应用,提高生产技术水平 G_A,从而实现经济的持续增长。在绿色生产模式下,劳动力质量将随之得到进一步的提升,而不仅是传统生产模式下对劳动力数量的增加。

三 绿色转型效率与资源消耗的关系

在生产过程中,对资源系统的压力来自原材料和能源的消耗。不同经济产出量、不同的生产技术、不同的绿色转型效率对资源消耗的影响也各不相同,但下列等式总是成立的:

$$R = \sum rY \tag{5.8}$$

其中,R 为总产出的资源消耗量;r 为单位产出的资源消耗量,通常由技术状况所决定;Y 为产出量。

则报告期与基期产出消耗资源的变化量为:

$$\Delta R = R_1 - R_0 = \sum r_1 Y_1 - \sum r_0 Y_0 = \sum (r_1 Y_1 - r_0 Y_0)$$
$$= \sum [(r_1 Y_1 - r_0 Y_1) + (r_0 Y_1 - r_0 Y_0)] \tag{5.9}$$

其中,ΔR 为报告期与基期总产出的消耗资源的变化量;R_1 为报告期产出的资源消耗量；R_0 为基期产出的资源消耗量；r_1 为报告期单位产出的资源消耗量；Y_1 为报告期的产出量；r_0 为基期单位产出的资源消耗量；Y_0 为基期的产出量；$(r_1Y_1-r_0Y_1)$ 为技术进步引起的资源消耗量变化；$(r_0Y_1-r_0Y_0)$ 为产出量变动引起的资源消耗量变化。

可见，资源消耗变动量被式（5.9）分解为技术进步引起的资源消耗和经济总量变化引起的资源消耗两部分。

资源型城市绿色转型效率的提高可以使生产的废弃物"变废为宝"得到循环利用，从而有利于污染排放量的降低。故可将单位产出的资源消耗量进一步分解为单位产出的资源使用量与单位产出的资源浪费量之和，即：

$$r = r_u + r_w \tag{5.10}$$

其中，r_u 为单位产出的资源使用量，与技术进步有关；r_w 为单位产出的资源浪费量，与绿色转型效率有关。

将式（5.10）分别代入式（5.8）和式（5.9），可得：

$$R = \sum rY = \sum (r_u + r_w)Y$$

$$\begin{aligned}
\Delta R &= R_1 - R_0 \\
&= \sum r_1Y_1 - \sum r_0Y_0 \\
&= \sum [(r_{u1} + r_{w1})Y_1 - (r_{u0} + r_{w0})Y_0] \\
&= \sum (r_{u1}Y_1 + r_{w1}Y_1 - r_{u0}Y_0 - r_{w0}Y_0) \\
&= \sum [(r_{u1}Y_1 - r_{u0}Y_1) + (r_{u0}Y_1 - r_{u0}Y_0) + (r_{w1}Y_1 - r_{w0}Y_1) + \\
&\quad (r_{w0}Y_1 - r_{w0}Y_0)] \\
&= \sum (r_{u1}Y_1 - r_{u0}Y_1) + \sum [(r_{u0}Y_1 - r_{u0}Y_0) + (r_{w0}Y_1 - r_{w0}Y_0)] + \\
&\quad \sum (r_{w1}Y_1 - r_{w0}Y_1) \\
&= \sum (r_{u1}Y_1 - r_{u0}Y_1) + \sum [(r_{u0} + r_{w0})Y_1 - (r_{u0} + r_{w0})Y_0] + \\
&\quad \sum (r_{w1}Y_1 - r_{w0}Y_1) \\
&= \sum (r_{u1}Y_1 - r_{u0}Y_1) + \sum (r_0Y_1 - r_0Y_0) + \sum (r_{w1}Y_1 - r_{w0}Y_1)
\end{aligned}$$

$$\tag{5.11}$$

令 $\Delta R_u = \sum(r_{u1}Y_1 - r_{u0}Y_1)$，表示技术进步引起的资源使用量的变动；
令 $\Delta R_Y = \sum(r_0Y_1 - r_0Y_0)$，表示产出量变化引起的资源消耗量的变动；令

$\Delta R_w = \sum (r_{w1}Y_1 - r_{w0}Y_1)$，表示绿色转型引起的资源浪费量的变动。这样，有：

$$\Delta R = \Delta R_u + \Delta R_Y + \Delta R_w \tag{5.12}$$

式（5.12）表明，资源消耗的变化由三部分组成。其中，ΔR_u 代表技术进步引起的资源使用量的变动，是关于技术状况 A 的函数，即 $\Delta R_u = f(A)$；ΔR_Y 代表产出总量变化引起的资源消耗量的变动，是关于产出总量 Y 的函数，即 $\Delta R_Y = f(Y)$；ΔR_w 代表资源的多级利用引起的资源浪费量的变动，即绿色转型过程中应用绿色技术、循环经济带来的资源浪费量的变动。在只考虑生产过程对资源系统的影响而不考虑对环境系统的影响时，ΔR_w 可看作关于绿色转型效率 E_{gt} 的函数，即 $\Delta R_w = f(E_{gt})$。资源消耗的变化 ΔR 则是关于技术状况 A、产出总量 Y、绿色转型效率 E_{gt} 的函数，即 $\Delta R = f(A, Y, E_{gt})$。综合式（5.11）、式（5.12），绿色转型必然会推动生产技术的进步，使报告期单位产出的资源使用量小于基期单位产出的资源使用量，即 $r_{u1} < r_{u0}$，故有 $\Delta R_u < 0$；同时，绿色转型效率的提高使报告期单位产出的资源浪费量小于基期单位产出的资源浪费量，即 $r_{w1} < r_{w0}$，故有 $\Delta R_w < 0$；当资源消耗量保持不变，即 $\Delta R = 0$ 时，则由产出量变动引起的资源消耗量的变动必然为正，即 $\Delta R_Y > 0$，故 $Y_1 > Y_0$。可见，绿色转型效率 E_{gt} 的提高可以在资源消耗保持不变的情况下，改善技术状况 A，提高产出水平 Y。

四 绿色转型效率与环境负荷的关系

20 世纪 70 年代艾里奇和康芒纳等首次提出了可持续评价经典等式 IPAT 主方程式，建立了人文因素与环境影响之间的账户恒等式[①]。本书在绿色转型效率对环境负荷影响的分析中，引入 IPAT 主方程式：

$$I = P \times A \times T \tag{5.13}$$

其中，I 即 Impact，指环境负荷，特指各种污染物产生量；P 即 Population，指人口；A 即 Affluence，指财富，可以用人均 GDP 表示；T 即 Technology，指技术，以单位 GDP 的环境负荷表示。

将式（5.13）IPAT 主方程式进行一定的变换，令 $Y = P \times A$，表示总产出水平；$i = T$，表示单位产出造成的环境负荷，与技术状况有关，则式

---

① Ehrlich, P., Holdren, J., "The People Problem", *Saturday Review*, No. 4, 1970.
Commoner, B., Corr, M., Stamler, P. J., "The Causes of Pollution", *Environment*, Vol. 13, No. 3, 1971.

(5.13) IPAT 主方程式可变形为：

$$I = iY \tag{5.14}$$

在只考虑生产对环境系统的影响而不考虑对资源系统的影响时，单位产出造成的环境负荷的倒数 $1/i$ 即为绿色转型效率，即 $E_{gt} = 1/i$。代入式（5.14），得：

$$I = \frac{Y}{E_{gt}} \tag{5.15}$$

由上式可知，如果绿色转型效率 E_{gt} 与环境负荷 I 之间成反比关系：绿色转型效率 E_{gt} 提高，则意味着环境负荷 I 降低；反之，如果绿色转型效率 E_{gt} 降低，则意味着环境负荷 I 加重。

设总产出水平按年增长率 m 的速度呈指数增长，则经过 n 年，环境负荷与绿色转型效率之间将存在以下两种情况：

情况一：环境负荷保持不变。

根据式（5.15），基期环境负荷为：

$$I_0 = \frac{Y_0}{E_{gt0}} \tag{5.16}$$

其中，I_0 表示基期环境负荷；

Y_0 表示基期总产出水平；

E_{gt0} 表示基期绿色转型效率。

根据式（5.15），n 年后环境负荷为：

$$I_n = \frac{Y_n}{E_{gtn}} = \frac{Y_0(1+m)^n}{E_{gtn}} \tag{5.17}$$

其中，I_n 为 n 年后环境负荷；Y_n 为 n 年后总产出水平；E_{gtn} 为 n 年后绿色转型效率。

由于环境负荷保持不变，则 $I_0 = I_n$，由式（5.16）和式（5.17）可得：

$$\frac{Y_0}{E_{gt0}} = \frac{Y_0(1+m)^n}{E_{gtn}} \Rightarrow \frac{E_{gtn}}{E_{gt0}} = (1+m)^n \tag{5.18}$$

由式（5.18）可以看出，当环境负荷保持不变时，若总产出水平按年增长率 m 的速度呈指数增长，则绿色转型效率需要提高 $(1+m)^n$ 倍才能实现生态环境保护和经济增长的协调发展。在这种情况下，总产出水平的增长率是提升绿色转型效率的重要途径，并和其存在显著的正相关关系。

情况二：环境负荷以 s 的速度呈指数上升。

$$I_n = I_0(1+s)^n \tag{5.19}$$

将式（5.16）和式（5.17）代入式（5.19），可得：

$$\frac{Y_0(1+m)^n}{E_{gtn}} = \frac{Y_0}{E_{gt0}}(1+s)^n \Rightarrow \frac{E_{gtn}}{E_{gt0}} = \frac{(1+m)^n}{(1+s)^n} \tag{5.20}$$

式（5.20）表示，当总产出水平按年增长率 m 的速度呈指数增长、环境负荷以 s 的速度呈指数上升时，绿色转型效率需要提高 $(1+m)^n/(1+s)^n$ 倍才能实现生态环境保护和经济增长的协调发展。在这种情况下，总产出水平的增长率与环境负荷的增长率是提升绿色转型效率的重要方式，并与总产出水平的增长率成正比，与环境负荷的增长率成反比。当 $s>m$，即环境负荷上升率大于总产出增长率时，绿色转型效率 $E_{gtn}<E_{gt0}$，说明 n 年后单位环境投入所支持的产出水平小于 n 年前，资源型城市绿色转型水平呈倒退趋势；当 $s=m$，即环境负荷上升率与总产出增长率相等时，绿色转型效率 $E_{gtn}=E_{gt0}$，说明 n 年后单位环境投入所支持的产出水平与 n 年前相同，这属于传统的经济增长模式，资源型城市绿色转型水平没有发生变化，产出增长与环境投入增长同步进行；当 $s<m$，即环境负荷上升率小于总产出增长率时，绿色转型效率 $E_{gtn}>E_{gt0}$，说明 n 年后单位环境投入所支持的产出水平大于 n 年前，资源型城市绿色转型水平呈进步趋势，绿色转型效率出现较大程度的提升，环境负荷和经济增长逐渐脱节，生产系统和环境系统呈现出良好的发展态势，实现了资源型城市绿色转型的基本目标。

第二节　操作系统：绿色转型下的企业、产业、政府行为

操作系统探讨的是资源型城市进行绿色转型的具体方法。该操作系统中包含三个子系统，即基础子系统——企业、支撑子系统——产业、决策子系统——政府。企业、产业、政府三大主体与资源型城市绿色转型息息相关。其中，绿色企业是资源型城市绿色转型的微观操作基础，绿色产业是资源型城市绿色转型的中观操作支撑，绿色政府是资源型城

市绿色转型的宏观操作保障。如何实现资源型城市绿色转型，本节将分别从这三大主体的行为及发展模式进行探讨。

一　基础子系统——企业绿色运营（微观层面）

（一）绿色企业内涵

根据生态学的相关理论，企业是由不同单元组成的有机体，在解决生存问题的同时，还需要推动经济的发展。对资源型城市企业而言，其选择发展路径受到多方面因素的限制，既包括自身条件因素，也包括外部环境因素，这些都对企业现阶段的成长能力和未来的发展潜力具有深远影响。企业通常被认为是一个生产体，其生产活动主要是根据企业与经济发展水平的关系来确定，这一传统观点并没有认识到资源状况、生态环境等因素对企业发展的重要影响。对资源型城市企业而言，如果沿用传统的发展模式，没有将资源环境保护纳入自身运营发展因素进行系统考虑，必将导致企业对资源的过度索取与低效开发利用，长此以往，不利于企业的生存发展。

绿色企业旨在循环经济发展模式基础上构建"资源—产品—废物—再生资源"这一具有可持续性的经济系统。按照循环经济发展的要求，资源型城市必须加大绿色创新力度，提升绿色产业技术，降低对不可再生资源的依赖性，从根本上改变环境不断恶化的情况，以实现企业良性可持续发展。它综合运用生态工程手段和绿色技术，推动实现企业内部生产的循环减量与高效利用，构建具有循环机制的生态工艺。在企业发展过程中，以减少资源浪费、促进资源再生利用以及提升资源利用效率为基本原则，在最大限度降低资源消耗与环境污染的同时，不断提升产能，成为资源型城市现代化生态生产的基础目标。资源型城市绿色企业概念模型如图 5.1 所示。

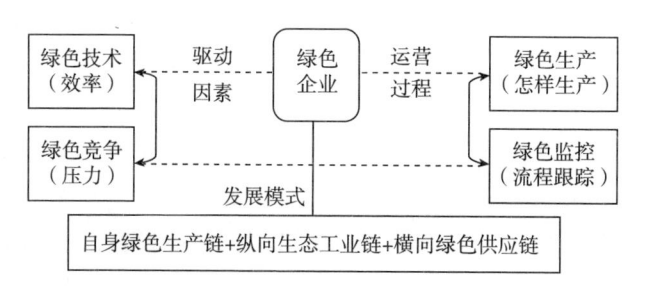

图 5.1　绿色企业概念模型

在该模型中，资源型城市企业被看成一个生命体，其生产经营活动需要考虑多方面因素，既包括经济社会的发展情况，也包括自然资源的利用情况、生态环境的保护情况等。在绿色转型过程中，资源型城市企业应在动力系统的约束下，实现经济、社会、资源、环境等多种因素的协调互动与可持续发展。作为一个整体的、系统的概念，绿色企业以技术、竞争为驱动，力图通过自身在生产、监控等环节的全方位"绿化"变革，实现企业间线环架构发展模式，完成自身绿色生产链的构建、纵向生态工业链的组合与横向绿色供应链的贯穿。

（二）绿色企业的驱动与运营

资源型城市企业的绿色运营可以有效地提高企业的能量流动及物质循环的效率，同时在企业与经济、社会、资源、环境之间搭起一座信息传递的桥梁，建立起企业经营活动与资源环境的协调关系。资源型城市企业的绿色生产及全方位的绿色流程监控，有利于拓宽企业生存与发展的生态空间，实现企业的绿色定位，满足其绿色技术要求及绿色贸易壁垒变化，为资源型城市绿色转型打牢微观基础。

1. 绿色企业建立的驱动因素

企业是资源型城市经济发展中的关键性微观行为主体，企业的本质决定了其在建立绿色生产模式过程中将着重考虑两类驱动因素：一是技术。在资源型城市绿色转型复合系统内，经济、社会子系统中的科学技术是突破性演化的主要载体之一。科学技术的演化相对来说不仅社会阻力小，而且可以直接改变社会产品的生产和消费过程，打破系统原有的稳定状态，并使原有的协调控制丧失保持系统稳定的功能。作为第一生产力，科学技术是促进企业实现绿色转型的根本所在，绿色生产技术的发展与创新是人类由工业文明向绿色文明迈进的基础，是企业发展绿色经济的动力。二是竞争。当前企业众多、竞争加剧，为了在激烈的企业竞争中立于不败之地，企业必须不断进行自身生产运营模式的优化，积极主动地进行绿色革新。

可以认为，技术因素是资源型城市建立绿色企业的效率驱动因素，它决定了企业进行绿色转型应该采取何种模式生产；竞争因素是资源型城市建立绿色企业的压力驱动因素，它决定了企业进行绿色转型应采取何种全方位的监控策略来进一步巩固优势、提高自身竞争力。总之，绿色技术及绿色竞争分别是推动资源型城市企业进行"绿色革命"的效率和压力驱动，企业应该理性地选择符合绿色经济发展要求的良性运营模式，从而真正成为绿色经济的实施主体，为实现资源型城市绿色转型打牢基础。

2. 绿色企业运营的具体过程

绿色运营是国际公认的企业发展方向。在绿色消费理念不断普及的背景下，绿色产品受到社会大众的普遍认可，市场需要不断增加，对企业的绿色发展提出了更高要求，如何实现绿色运营是企业需要面对的重要课题。在绿色运营的过程中，资源型城市企业必须同时兼顾经济效益、社会效益、资源效益与环境效益，积极探索企业盈利与社会发展的协调共进模式。在经济发展的新时代，企业必须承担相应的社会责任，必须将社会公共利益作为决策的重要考虑因素，确保自身的经营发展策略尽可能不对社会公共利益造成损害。为此，资源型城市企业必须高度重视资源节约和环境保护，在生产核算体系中纳入资源环境价值，并将其作为企业决策的重要考虑因素，以便更加合理地评价企业生产效益。

（1）绿色生产

绿色生产运作模式是满足绿色经济发展要求的一种运作模式，在产品的整个生命周期内，不仅拥有最高的资源利用效率和最小的环境负面影响，还可以实现经济效益和社会效益的深度融合，为人类社会的可持续发展提供了一种有效路径。

在利益层面上，绿色生产指的是企业基于自身、消费者以及生态环境三方利益协调的原则，为满足可持续发展要求而进行的统一生产。绿色生产要求企业在产品生产过程中，不但要满足消费者的利益需求，还需要满足自身的利益需求，同时还需要兼顾生态环境保护的长远利益，通过这种方式正确处理消费者、企业以及生态环境三方的利益冲突和矛盾，在三方利益协调的基础上，统筹决策实现三方共赢。基于企业发展的视角，绿色生产将可持续发展作为核心目标，以满足市场需求为导向，立足自身利益，通过科学的规划和规范化的运作，有计划、有针对性地调整生产策略。通过分析绿色生产的概念可以发现，企业的可持续发展是核心目标，而同时兼顾企业、消费者以及生态环境利益是实现可持续发展的重要路径，只有实现三方利益的统一，企业才能具备可持续发展的基础。与此同时，企业还需要在生产管理方面进行必要的调整，在满足市场需求的同时，最大限度减少对生态环境的破坏，在满足当代人发展需要的同时，不对子孙后代的发展造成影响。

(2) 绿色流程监控

绿色流程监控是企业提高竞争优势的重要途径，它是指企业在公众日益增长的绿色需求的导向下，利用绿色技术提高生产效率，为应对日益激烈的绿色竞争压力而主动将环境保护和可持续发展观念纳入企业生产运营的决策，实现从末端治理到源头控制，从产品的最初设计到进入市场消费的全过程监控。绿色流程监控通过对产品开发、生产、销售、消费等流程进行全面"绿化"，使企业的整个生产经营活动朝低消耗、低污染、高附加值的方向发展，通过生产和经营绿色产品满足消费者绿色需求，通过应用绿色技术提高自身生产效率，最终在市场上抵抗绿色压力，获得绿色竞争优势，实现经济效益、社会效益、资源效益及环境效益，促进企业自身可持续发展。

针对绿色流程监控，从不同视角出发，会得出不同的解释。例如，从经济视角出发，绿色流程监控指的是对企业生产经营的整个过程进行监督把控，以确保企业实现预期的经济效益，进而实现社会效益及生态效益的高度统一和协调发展；从社会视角出发，绿色流程监控的本质是和谐，绿色管理的"和谐"理念，不仅包括人自身的心态和谐、人与自然之间的生态和谐（环境保护与可持续发展），还包括人与人之间的人态和谐；从资源视角出发，绿色流程监控指的是企业在生产经营过程中，在充分利用自然资源的同时，使有限的资源得到合理的利用，从而最大限度提升资源使用效率，实现整个资源生命周期的减量循环与高效利用；从环境视角出发，绿色流程监控指的是企业生产经营的决策需要立足环境保护的基本原则，不对人类生存和社会发展造成负面影响，开展低水平污染甚至零污染目标的生产经营活动。

如图 5.2 所示，企业绿色流程监控涵盖了绿色开发、绿色生产、绿色销售到绿色消费的整个过程，其中也包含着对废弃物的资源化处理和循环再利用环节。

首先，对绿色开发的监控。即生产什么样的绿色产品。进一步具体化，绿色产品开发环节又可包含市场调研、可行性分析、产品设计、产品试验、修正设计、设计人员培训等一系列过程，因此绿色流程监控过程中也必然包含对上述环节的绿色监控。其次，对绿色生产的监控。即采用什么样的手段生产绿色产品。它强调运用绿色技术，提升资源的使

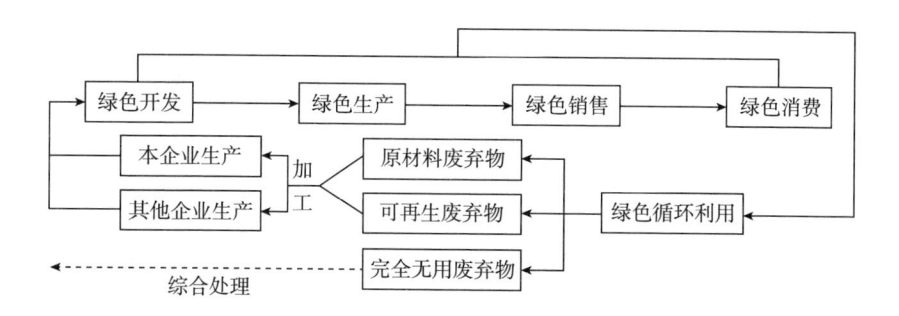

图 5.2 企业绿色流程监控

用效率，并在生产过程中最大限度降低对生态环境的破坏和负面影响，在减少自然资源消耗的同时，满足市场对绿色产品的需求。再次，对绿色销售的监控。绿色销售是一个复杂系统的过程，包括产品包装、运输、储存以及广告促销、售后服务等环节。绿色销售坚持以环境保护为基本导向，结合市场需求细分目标市场，同时，将生态环境保护的理念贯彻到定价、推广、渠道等各个方面和多个环节。在树立企业环境保护文化理念的同时，满足市场消费需求，并实现企业和环境效益的有机协调[①]。然后，在绿色消费监控方面，企业可以全面辅助绿色消费理念的宣传与推广，增强消费者的绿色消费意识，培养消费者生态型消费模式，摒弃传统铺张浪费的消费行为，树立绿色理念，将消费过程中产生的废弃物进行分类回收，配合企业完成对废弃物的资源转化及循环利用，从而引导大众进行绿色消费。最后，对废弃物的资源化处理和循环再利用的监控。这一绿色流程监控过程就是将在开发、生产、销售、消费过程中所形成的废弃物加以有效地再利用，通过提升资源的再利用水平，尽可能降低对环境的影响[②]。而后，进行废弃物的资源化处理和循环再利用，其中有一部分资源可直接被本企业的生产过程利用，还有一部分资源虽不能为本企业所用，但是对其他企业而言也许正是高价值的原材料，可以继续投入生产过程。而这一过程恰恰为绿色企业的梯度发展模式探索奠定了理论基础。因此，废弃物的资源化处理和循环再利用，不仅可以为

[①] Welford, R., *Corporate Environmental Management Systems and Strategies*, London: Earthscan Publications Ltd., 1996.

[②] Bhat, Vasanthakumar N., *The Green Corporation: The Next Competitive Advantage*, Westport, Conn.: Quorum, 1996.

企业降低成本，增加利润，而且还可为其他企业带来巨大的经济利益，一方面减少了生产活动对资源的耗费，提高了资源的使用效率，另一方面又大大降低了废弃物向生态环境的排放，形成多赢的生产局面。

（三）绿色企业的梯度发展模式探索

"五位一体"总体布局的基本要求是实现以人为本、全面协调可持续的科学发展。全面落实"五位一体"总体布局要求，就要提升资源的综合利用水平，建立健全再生资源回收利用体系，全面推行清洁生产，构建低投入、低消耗、低排放和高效率的"三低一高"的节约型增长模式。近年来，国家持续为节能减排、生态工程建设投入大量资金，为企业推动生产方式的绿色革新、摆脱传统经济的黑色束缚提供了良好契机。以"五位一体"总体布局为指导，资源型城市企业应积极推进绿色转型，塑造绿色市场经济的微观基础，以梯度化模式实现绿色运营，探索一条可持续发展的新路。

企业绿色运营模式是使产品在整个生命周期中对资源的利用率最高、对环境的负面影响最小，并使企业经济、社会、资源、环境效益协调优化的运作模式，是人类社会可持续发展战略在现代企业运营中的体现。提高企业生态效率的有效手段是梯级循环利用资源[1]，企业发展绿色运营模式，可构建以下三大基本梯度。

1. 第一梯度：基于废弃物企业内流动的绿色生产链

（1）绿色生产链的含义

绿色生产链是从微观层面对企业绿色运营模式进行的探索。它是指有利于生态环境的企业生产手段及生产流程，强调企业生产以保护环境为宗旨，从本质上改革产品生产过程及消费过程中的废弃物处理方式，完成企业内部对废弃物的资源化和再利用，以实现自身利益和生态环境利益统一的生产模式。它要求企业通过清洁生产，减少物料使用，减少废弃物和有毒物的排放，下游工序的废弃物返回上游工序，作为原料重新处理，最大限度地利用资源。同时，企业需要明确哪些废弃物及余能有可能在本企业范围内加以回收利用，哪些本企业无法利用，但可出售

---

[1] 王虹、张巍、朱远程：《资源约束条件下构建工业园区生态产业链的分析》，《科学管理研究》2006年第1期。

给其他企业作为原料重新利用并得到进一步的提升①。

（2）绿色生产链模型

传统生产链及绿色生产链就技术层面而言，分别如图 5.3、图 5.4 所示。通过比较可以看出，绿色生产链对资源的使用具有低量投入、高效利用的显著特征。在这一生产过程中，物质和能量通过不断循环可以得到合理、持久的利用。不仅如此，整个绿色生产链还大大减少了废弃物的排放，从而使生产活动对生态环境的负面影响降低到尽可能小的程度。绿色生产链不但有助于缓解资源型城市不可再生资源日益短缺的压力，恢复环境的自我调节机能，还摆脱了黑色经济增长模式，促进了质量型绿色经济的实现。下面分别构建传统生产链及绿色生产链模型，通过二者的关联比较，进一步证明绿色生产链在资源使用上的低量投入、高效利用特征。

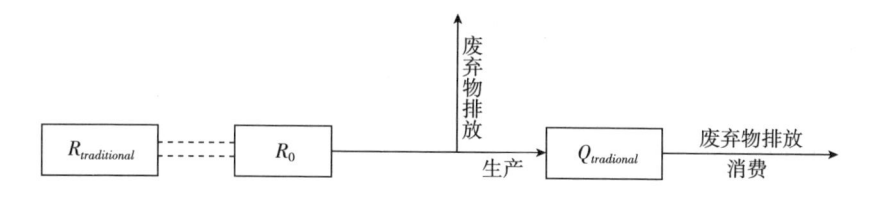

图 5.3　企业传统生产链

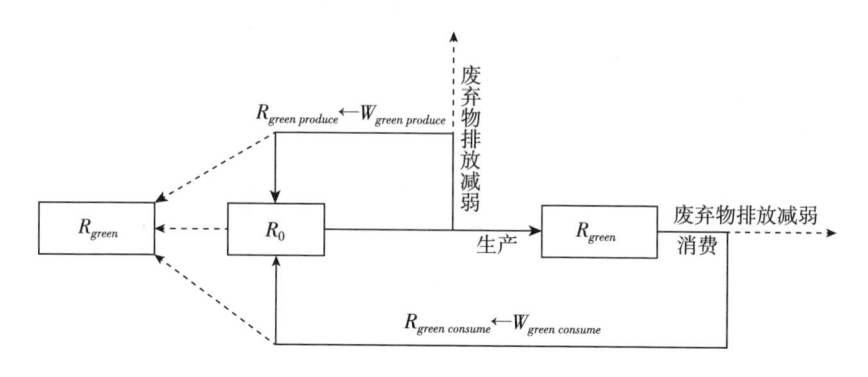

图 5.4　企业绿色生产链

---

① 辜秋琴、恩佳、朱方明：《论企业循环经济行为的层次性和策略性》，《生态经济》2006 年第 12 期。

模型构建：

企业生产函数为：$Q = AR^\alpha$ (5.21)

其中，Q 为生产链中的产量，R 为生产链中的资源投入量，A 为资源转化系数，即资源转化为产品的转化率（$0<A<1$）。

为研究方便，可令 $\alpha = 1$，则生产函数变为：

$Q = AR$

设传统生产链初始资源投入量为 R_0，即：

$R_{traditional} = R_0$ (5.22)

其中，$R_{traditional}$ 为传统生产链中的资源投入量，

则传统生产链中的产量为：

$Q_{traditional} = AR_{traditional} = AR_0$ (5.23)

其中，$Q_{traditional}$ 为传统生产链中的产量，

则生产链中产生的废弃物数量为：

$W_{traditional} = \beta R_{traditional} = \beta R_0$

其中，$W_{traditional}$ 为传统生产链中产生的废弃物数量，β 为废弃物排放系数，即资源转化为废弃物的转化率（$0<\beta<1$）。

根据质量守恒原理，传统生产链中的产量为：

$Q_{traditional} = AR_{traditional} = (1-\beta)R_{traditional} = (1-\beta)R_0$

在绿色生产链中，废弃物由两部分构成，即生产废弃物及消费者经过消费链产生的废弃物。在此，假设绿色生产链中的初始资源投入量与传统生产链相同，均为 R_0，生产链中产生的废弃物量与传统生产链也相同，均为 βR_0，即：

$W_{green\ produce} = W_{traditional} = \beta R_0$

其中，$W_{green\ produce}$ 为绿色生产链中的生产废弃物量。

在绿色生产链中，生产废弃物量将经过一个资源化的处理过程，其中一部分废弃物将实现由废弃物到资源的转换，重新进入生产领域得到再利用，即：

$R_{green\ produce} = \gamma_1 W_{green\ produce} = \gamma_1 \beta R_0$

其中，$R_{green\ produce}$ 为绿色生产链中生产废弃物转化为资源的数量；γ_1 为生产废弃物的转化系数，绿色生产链中的生产废弃物经过资源化处理转化为资源的转化率，即绿色生产链中每单位生产废弃物转化为资源的数量（$0<\gamma_1<1$）。

消费过程中产生的废弃物量与消费者的产品使用量相关，在此，假设绿色生产链中的产量全部转化为消费量，即产品消费量等于产品生产过程中的产量，即：

$$Q_{green\ consume} = Q_{green}$$

其中，$Q_{green\ consume}$ 为绿色生产链中的产品消费量，Q_{green} 为绿色生产链中的产品产量。

这样，有：$W_{green\ consume} = \lambda Q_{green\ consume} = \lambda Q_{green}$

其中，$W_{green\ consume}$ 为绿色生产链中的消费废弃物量；λ 为消费废弃物的排放系数，消费的产品转化为废弃物的转化率，即每单位产品经消费转化为废弃物的数量（$0<\lambda<1$）。

与生产废弃物的资源再利用过程相似，在绿色生产链中，消费废弃物量也将经过一个资源化的处理过程，其中一部分废弃物也会实现由废弃物到资源的转换，重新进入生产领域得到再利用，即：

$$R_{green\ consume} = \gamma_2 W_{green\ consume} = \gamma_2 \lambda Q_{green}$$

其中，$R_{green\ consume}$ 为绿色生产链中消费废弃物转化为资源的数量；γ_2 为消费废弃物的转化系数，绿色生产链中的消费废弃物经过资源化处理转化为资源的转化率，即绿色生产链中每单位消费废弃物转化为资源的数量（$\gamma_2<1$）。

因此，绿色生产链中对资源的实际利用量为初始资源投入量与生产废弃物及消费废弃物转化为资源的数量之和，即：

$$\begin{aligned} R_{green} &= R_0 + R_{green\ produce} + R_{green\ consume} \\ &= R_0 + \gamma_1 \beta R_0 + \gamma_2 \lambda Q_{green} \\ &= (1+\gamma_1\beta) R_0 + \gamma_2 \lambda Q_{green} \end{aligned}$$

根据式（5.22），将 $R_{traditional} = R_0$ 代入上式，可以得到：

$$R_{green} = (1+\gamma_1\beta) R_{traditional} + \gamma_2 \lambda Q_{green}$$

令 $\eta = 1+\gamma_1\beta$，$\mu = \gamma_2\lambda$，则 $R_{green} = \eta R_{traditional} + \mu Q_{green}$ （5.24）

因为 $0<\gamma_1<1$，$0<\beta<1$，所以 $\eta = 1+\gamma_1\beta>1$；又因为 $0<\gamma_2<1$，$0<\lambda<1$，所以 $0<\mu=\gamma_2\lambda<1$；且 $Q_{green}>0$，所以 $\mu Q_{green}>0$。故 $R_{green} = \eta R_{traditional} + \mu Q_{green} > R_{traditional}$。

将式（5.24）代入企业生产函数（5.21）进行进一步的分析，在 $\alpha=1$ 的情况下，绿色生产函数为：

$$Q_{green} = AR_{green} = A(\eta R_{traditional} + \mu Q_{green}) = \eta A R_{traditional} + A\mu Q_{green}$$

而根据式（5.23），$Q_{traditional} = AR_{traditional}$，代入上式，可以得到：

$Q_{green} = \eta Q_{traditional} + A\mu Q_{green}$

进一步整理，可得：

$Q_{green} = Q_{traditional}\eta/(1-A\mu)$

令 $\delta = \eta/(1-A\mu)$，则 $Q_{green} = \delta Q_{traditional}$ (5.25)

因为 $0<A<1$，$0<\mu<1$，所以 $0<1-A\mu<1$；又因为 $\eta>1$，所以 $\delta=\eta/(1-A\mu)>1$。故 $\delta>1$，$Q_{green}>Q_{traditional}$。

由式（5.24）可以看出，在原始资源投入相同的情况下，绿色生产链对资源的实际利用率要高于传统生产链（为传统生产链中利用资源的 η 倍还多 μQ_{green}，$\eta>1$，$\mu>0$）。此外，由式（5.25）可以进一步看出，通过绿色生产，企业在投入等量资源的前提下将获得更多的产品产量（为传统经济发展模式下产量的 δ 倍，$\delta>1$）。因此，企业绿色生产具有显著的正外部效应，即在绿色生产链中，企业不仅实现了生产成本向企业内化，还进一步实现了生产成本向生产系统内化。企业以自身绿色投入及绿色成本的增加，换取了自然资源节约、生态环境保护和经济社会可持续发展。

（3）向第二梯度跨越升级

在完成绿色运营模式第一梯度构建后，在企业内部实现了资源利用效率的提高，然而从中观层面来看，企业与企业之间仍然存在物质能量的漏损，资源并未得到充分有效的利用。若想进一步提高资源利用率，有必要对运营过程中产生的废弃物进行合理分类处理，包括可直接作为原材料的废弃物、加工后可以作为原材料即可再生的废弃物、完全无用的废弃物。其中一部分废弃物通过资源化处理可直接被本企业生产过程利用，如前所述的绿色生产链；还有一部分废弃物虽不能为本企业所用，但是对其他企业而言也许正是高价值的原材料，可以继续投入生产过程，实现废弃物在企业间的循环利用。第一梯度的绿色生产链仅仅完成了一部分废弃物在企业内部的循环流动，还未实现废弃物在企业间的循环利用，这成为第一梯度向第二梯度迈进的关键。向第二梯度跨越升级，不仅可使本企业降低成本增加利润，还为其他企业带来巨大的经济利益，一方面减少了生产活动对资源的耗费，提高了资源的使用效率，另一方面又大大降低了废弃物向生态环境的排放，形成了多赢的生产局面。

2. 第二梯度：基于副产品区域内流动的生态工业链

（1）生态工业链的含义

生态工业链是从中观层面对企业绿色运营模式进行的探索。它常常以生态工业园区的形式出现，作为一种工业组织形态，生态工业链兼具循环经济理念和工业生态学理念。作为一种产业聚合体，生态工业园区通常包括若干具有产业链关系的企业，或者一个集团内的不同子企业。生态工业园区可以通过不同项目、不同产业、不同工业流程之间的整合，建立基于产业链的协同关系，通过现代化的科学技术，建立经济效益、社会效益、生态效益相结合的工业链网结构，逐渐实现生产经营模式的可持续发展[1]。基于副产品区域内流动的生态工业链将某个特定领域内具有产业关联性的企业进行区域聚集，从而构建出上、中、下游完整且灵活度较高的有机体系。通过废弃物交换、清洁生产等手段将某个企业生产过程中出现的废弃物或者副产品作为其他产品的原材料，在实现物质闭环使用的同时，提升了资源使用效率，打造出依存度较高的工业生态系统，从而达到物质能量利用最大化和废弃物排放最小化的目的[2]。

（2）生态工业链模型

传统的单向线性生产工业链产生于现代技术发展的早期阶段，在那一阶段，无论是自然资源还是生态环境的成本都处于较低水平，因此，技术向生产力的转化没有考虑产业链的可逆性，资源利用呈现出显著的单向线性，对生态环境造成较大的破坏。一方面，这种单向线性生产工业链为资源型城市带来经济的繁荣和社会的发展；另一方面，随着资源的高度消耗，生态环境日益恶化，这种单向线性生产工业链又导致资源型城市发展陷入停滞。无论在经济层面上，还是社会层面上，都使资源型城市面临比较严峻的问题。具体反映在以下几个方面：社会经济系统和资源环境系统存在矛盾，即前者的增长型要求与后者的稳定型要求在逻辑上存在冲突；在技术高速发展的背景下，自然资源的枯竭以及生态环境的恶化并没有出现好转迹象，相反，在先进技术广泛应用的大背景下，人类对自然资源的开发索取力度进一步加大，对生态环境造成了更大的破坏与影响，其程度已经远远超过生态环境系统的自净能力，必然

---

[1] 吴一平、段宁、乔琦等：《全新型生态工业园区的工业共生链网结构研究》，《中国人口·资源与环境》2004年第2期。

[2] 吴志军：《我国生态工业园区发展研究》，《当代财经》2007年第11期。

对人类的生存发展造成较大负面影响。

资源型城市传统发展模式即呈现这种单向线性特征，如图5.5所示。这样的单向线性生产工业链为资源型城市可持续发展带来了严重的障碍，导致资源和环境两个子系统存在显著的双向损耗；一方面，大量的资源子系统被开发掘取，甚至被浪费破坏，资源枯竭的速度加快，资源损耗的严重程度不断提升；另一方面，大量的副产品以及废弃物被排放到生态环境当中，环境子系统的损耗也日趋严重。

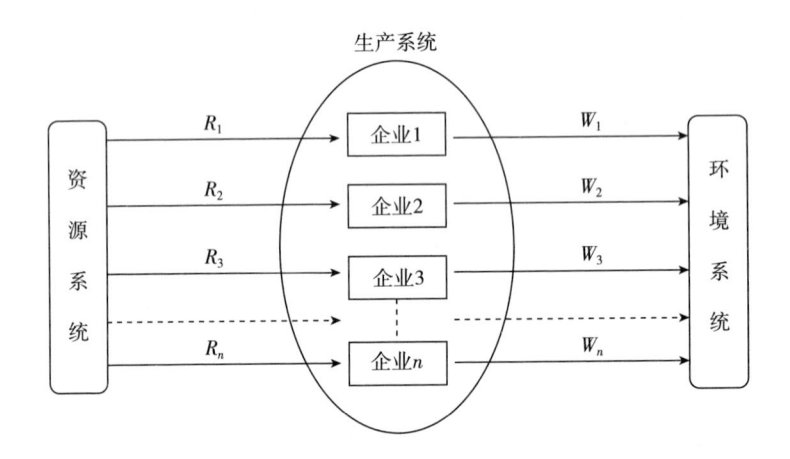

图5.5　传统的单向线性生产工业链

如图5.5所示，生产系统内部有企业1，企业2，企业3，…，企业n共n个企业，每个企业进行生产分别需要从资源系统中获取R_1，R_2，R_3，…，R_n的资源，按照传统的单向线性生产工业链进行生产，企业1，企业2，企业3，…，企业n分别需要向环境系统排放W_1，W_2，W_3，…，W_n的废弃物。整个生产过程对资源的消耗及环境的污染环节，如表5.1所示。

表5.1　传统单向线性生产过程

企业	资源系统索取	实际利用资源	企业内部循环利用废弃物	企业之间循环利用废弃物	环境系统排放
企业1	R_1	R_1	0	0	W_1
企业2	R_2	R_2	0	0	W_2

续表

企业	资源系统索取	实际利用资源	企业内部循环利用废弃物	企业之间循环利用废弃物	环境系统排放
企业 3	R_3	R_3	0	0	W_3
…	…	…	…	…	…
企业 n	R_n	R_n	0	0	W_n

生产前，生产系统向资源系统索取资源：

$$R_{tradition} = R_1 + R_2 + R_3 + \cdots + R_n = \sum_{i=1}^{n} R_i$$

生产中，生产系统实际利用资源：

$$R_{tradition\ use} = R_1 + R_2 + R_3 + \cdots + R_n = \sum_{i=1}^{n} R_i$$

生产后，生产系统向环境系统排放废弃物：

$$W_{tradition} = W_1 + W_2 + W_3 + \cdots + W_n = \sum_{i=1}^{n} W_i$$

生产过程作为资源的消耗者和商品与服务的提供者，在人类经济社会可持续性中发挥着根本性的作用。资源型城市若想从根本上解决经济社会发展与资源环境之间的矛盾，就必须改变传统的单向线性生产工业链，最大限度地减少对资源环境的双向损耗，通过绿色技术的注入，建立一种有补偿回路的循环网状生态工业链，实现生产系统与生态系统的和谐共生，通过绿色转型实现经济社会与资源环境的可持续发展。

绿色转型过程中的循环网状生态工业链，如图 5.6 所示，可以实现经济产出增加、资源消耗减量、污染排放减量三个目标，主要体现在：第一，循环网状生态工业链的建设，连接了特定领域内具有产业关联性的相关企业，从而构建出上游、中游、下游结构完整，外围支持体系成熟，内部运转灵活的有机系统。纳入循环网状生态工业链的上游企业生产的副产品可以作为下游企业的生产原材料，从而形成了资源节约、环境友好型的投入产出关联体。这样的投入产出关联体具有显著的集群效应和规模效应，在推动经济产出方面发挥了重要作用。随着产业集群的发展，一旦达到一定规模，必然会产生极大的吸引和辐射作用，吸引新的产业参与集群扩张。随着产业集群规模的进一步扩展，必然推动专业化分工，进而伴随分工深化创造出更多的就业岗位，激发整个区域的经济活力和社会活力。与此同时，产业集群内部企业之间的相互竞争，也是激发企业保持创新活力、保证产业群较高生产效率的关键因素，因此绿色转型过程构建的循环网状生态工业链必然会带来更大的经济产出。第二，循环网状生态工业链通过绿色循环技术的应用，使生产过程中实际有效利用的资源量增加，从而在相同数量的资源消耗下，可以提供更多的产品和服务。从这一点出发，循环网状生态工业链可以从源头控制物质的直接投入，缩小生产过程中的资源流动规模，从而可以实现资源的高效综合利用。第三，循环网状生态工业链可以促进企业自身及企业之间的废弃物资源化，高效利用生产中的副产品，降低了资源的流动速度，采用资源的梯度利用，延长了资源的使用寿命，同时降低了对环境系统的废弃物排放。

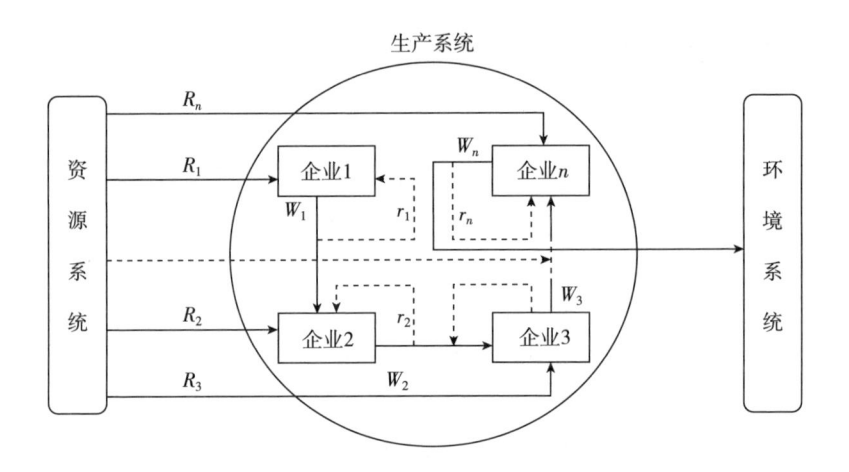

图 5.6　绿色转型中的循环网状生态工业链

如图5.6所示，生产系统内部有企业1，企业2，企业3，…，企业 n，共 n 个企业，每个企业进行产业生产分别需要从资源系统中获取 R_1，R_2，R_3，…，R_n 的资源。但是由于绿色技术的注入，生产系统建立起一种有补偿回路的循环网状生态工业链。按照该工业链进行生产，企业1向资源系统索取了 R_1 的资源并产生了 W_1 的废弃物，在先进的绿色技术应用下，W_1 中有 r_1 的废弃物可转化为资源并被企业1循环利用，向生产系统内部排出废弃物量为 (W_1-r_1)；企业2向资源系统索取了 R_2 的资源，并在循环经济技术的应用下将企业1向生产系统内部排出的 $(W_1-$

r_1）废弃物"变废为宝"转化成资源循环利用，产生了 W_2 的废弃物，而 W_2 中又有 r_2 的废弃物可转化为资源再次被企业 2 循环利用，企业 2 最终向生产系统内部排出废弃物量为（W_2-r_2）；企业 3 向资源系统索取了 R_3 的资源，并在循环经济技术的应用下将企业 2 向生产系统内部排出的（W_2-r_2）废弃物"变废为宝"转化成资源循环利用，产生了 W_3 的废弃物，而 W_3 中又有 r_3 的废弃物可转化为资源再次被企业 3 循环利用，企业 3 最终向生产系统内部排出废弃物量为（W_3-r_3）；依次进行下去直到企业 n。整个生产过程对资源的消耗及环境的污染环节，如表 5.2 所示。

表 5.2　　　　　　　　　绿色循环网状生产过程

企业	资源系统索取	实际利用资源	企业内部循环利用废弃物	企业之间循环利用废弃物	环境系统排放
企业 1	R_1	R_1	r_1	0	0
企业 2	R_2	$R_2+(W_1-r_1)$	r_2	W_1-r_1	0
企业 3	R_3	$R_3+(W_2-r_2)$	r_3	W_2-r_2	0
…	…	…	…	…	…
企业 n	R_n	$R_n+(W_{n-1}-r_{n-1})$	r_n	$W_{n-1}-r_{n-1}$	W_n-r_n

生产前，生产系统向资源系统索取资源：

$$R_{green} = R_1 + R_2 + R_3 + \cdots + R_n = \sum_{i=1}^{n} R_i$$

生产中，生产系统实际利用资源：

$$\begin{aligned} R_{green\ use} &= R_1+R_2+(W_1-r_1)+R_3+(W_2-r_2)+\cdots+R_n+(W_{n-1}-r_{n-1}) \\ &= R_1+R_2+R_3+\cdots+R_n+(W_1-r_1)+(W_2-r_2)+\cdots+(W_{n-1}-r_{n-1}) \\ &= \sum_{i=1}^{n} R_i + \sum_{i=1}^{n-1}(W_i-r_i) > \sum_{i=1}^{n} R_i = R_{tradition\ use} \end{aligned}$$

生产后，生产系统向环境系统排放废弃物：

$$W_{green} = W_n-r_n < W_n < W_1+W_2+W_3+\cdots+W_n = \sum_{i=1}^{n} W_i = W_{tradition}$$

由上述对比可见，在向资源系统索取资源量相同的情况下，绿色循环网状生态工业链的生产过程比传统单向线性生产工业链的生产过程对资源的实际利用率更高，向环境系统排放的废弃物更少。

循环网状生态工业链的生产实践给技术的发展和应用带来了巨大的

变化，动摇了传统单向线性生产工业链下的技术评价标准、技术价值观、技术的科学基础，在循环网状生态工业链替代单向线性生产工业链的过程中，技术推动经济社会发展方式的转型，带来对资源环境影响的改变。就技术评价标准而言，单向线性生产工业链片面强调技术的经济指标和经济效益；而循环网状生态工业链强调经济指标、社会指标、资源消耗指标与环境指标并重，既重视技术的经济价值又要兼顾技术的生态价值。就技术价值观而言，单向线性生产工业链呈现的是机械论的自然观，强调人类对自然的控制、征服和掠夺；而循环网状生态工业链强调以人与自然的协调发展为根本目标，坚持技术的可持续发展、经济社会的可持续发展和资源环境的可持续发展相衔接。就技术的科学基础而言，单向线性生产工业链以近代力学、电学及化学等经典理论为科学基础，在满足人类自身需求的同时，通常给自然生态环境带来危害；而循环网状生态工业链以现代生物学、生态学和信息科学等理论为科学基础，充分估计到技术的远期效果和对自然生态系统的整体影响。就技术推动经济社会发展方式而言，单向线性生产工业链与传统的工业生产方式相结合，通过不断消耗自然资源，实现经济社会数量型增长；而循环网状生态工业链与现代生态工业相结合，通过减少自然资源投入，提高利用效率，实现经济社会质量型增长。就技术对资源环境的影响而言，单向线性生产工业链具有高消耗、高排放、高污染、高危害、高投入、低循环的特点，呈现出明显的反资源、反生态性；而循环网状生态工业链具有低成本、低消耗、低（零）排放、低（零）污染、低（无）毒性、高循环的特点，强调实现与自然资源及生态系统的共生代谢[①]（见表5.3）。

表5.3　　　　单向线性生产工业链与循环网状生态工业链的比较

比较因素	单向线性生产工业链	循环网状生态工业链
技术评价标准	片面强调技术的经济指标和经济效益	经济指标、社会指标、资源消耗指标与环境指标并重，既重视技术的经济价值又要兼顾技术的生态价值
技术价值观	机械论的自然观，强调人类对自然的控制、征服和掠夺	以人与自然的协调发展作为根本目标，坚持技术的可持续发展、经济社会的可持续发展和资源环境的可持续发展相衔接

---

① 陈傲：《循环经济技术范式变革与企业技术创新的生态化转向》，《科学学与科学技术管理》2007年第5期。

续表

比较因素	单向线性生产工业链	循环网状生态工业链
技术的科学基础	以近代力学、电学及化学等经典理论为科学基础，在满足人类自身需求的同时，通常给自然生态环境带来危害	以现代生物学、生态学和信息科学等理论为科学基础，充分估计到技术的远期效果和对自然生态系统的整体影响
技术推动经济社会发展的方式	与传统的工业生产方式相结合，通过不断消耗自然资源，实现经济社会数量型增长	与现代生态工业相结合，通过减少自然资源投入，提高利用效率，实现经济社会质量型增长
技术对资源环境的影响	高消耗、高排放、高污染、高危害、高投入、低循环，呈现出明显的反资源、反生态性	低成本、低消耗、低（零）排放、低（零）污染、低（无）毒性、高循环，实现与自然资源及生态系统的共生代谢

（3）向第三梯度跨越升级

生态工业链的建立无论从企业运营规模上还是资源使用及废弃物排放上均实现了绿色生产链基础上的跨越升级。然而，生态工业链毕竟是基于副产品区域内流动的运营模式，若仅停留在第二梯度，则只能在一定区域范围内或某个运营环节最大限度实现资源利用率的提高和污染排放物的降低，在跨区域运营的整个主产品流动链条中仍可能存在物质能量的漏损，这就要求企业运营模式进一步向第三梯度跨越升级，完成绿色供应链的构建。

绿色供应链和生态工业链是在企业群落层次实现工业共生的两种不同方式，是实现经济活动与环境相容的有效工业组织形式。二者都具有环境亲和目标，在生态工业体系建设中具有统一性和关联性。然而，绿色供应链与生态工业链又不完全相同，突出地表现在以下两方面：一是"链流"内容不同。绿色供应链立足基本的资金流和信息流，链中成员从供应商到消费者间流动的是各个成员的"主"产品，单个企业和整个供应链都追求污染最小化。生态工业链中也有信息流和资金流的存在，但链上成员依赖于废料或者"副"产品[1]和能量的梯次利用，企业的"主"产品可能流向与本链成员毫无关系的其他企业。生态工业链追求整个生态园区的污染"零排放"，对单个企业而言，由于其"副"产品可以是下

---

[1] Beamon, B. M., "Designing the Green Supply Chain", *Logistics Information Management*, Vol. 12, No. 4, 1999.

级企业的原料和能源,所以并不完全追求最小化。二是空间概念不同。在理想状态下,绿色供应链的成员应该集聚在最终产品的市场周围,然而在现实中实现上述目标的难度较大。原因如下:其一,市场是全球化的,范围并不确定;其二,原料地和市场不一定重合;其三,供应链上的企业进行空间整合的可能性相对较小,供应链讲究强强联合,链上成员很难在空间上完全接近,在地理位置上经常存在较远距离;其四,不同企业可能同时存在于多条供应链中,彼此也难以取舍。综上原因,绿色供应链的成员往往处于不同地理位置。而生态工业链的成员是以"副"产品联系的,如果运输成本与购"废"成本高于重购原料的成本,则企业很难有加入工业链的积极性,因此,生态工业链的企业一般都处于生态工业园中,在地理位置上比较接近。绿色供应链与生态工业链的不同,客观上要求企业绿色运营模式进一步向第三梯度升级,实现由生产环节向其他环节的延伸及跨空间的扩展,最终建立绿色供应链的线环架构复合运营模式[①]。

3. 第三梯度:基于主产品跨区域流动的绿色供应链

(1) 绿色供应链的含义

绿色供应链是从宏观层面对企业绿色运营模式进行的探索。它由美国密歇根州立大学的制造研究协会在1996年进行的一项"环境负责制造"(ERM)研究中首次提出,又称环境意识供应链(Environmentally Conscious Supply Chain, ECSC)或环境供应链(Environmentally Supply Chain, ESC),是一种在整个供应链中综合考虑环境影响和资源效率的现代管理模式。绿色供应链的理论基础在于供应链管理技术和绿色制造理论,涵盖了供应商、生产厂、销售商和用户,其目的是使产品从物料获取、加工、包装、仓储、运输、使用到报废处理的整个过程中,实现资源效率的最大化,而对环境的破坏程度相对较低[②]。在主产品跨区域流动的绿色供应链中,企业运营包含多个环节,需要整合上游原料供应商,下游后续加工商、包装商、分销商、零售商,还要联合多家企业,实现一体化联合设计管理。同时,企业运营还应突破地理空间限制,力求实现供应链条上各个企业经济、社会、资源、环境效益的最大化。

---

① 沈萍、周勇:《绿色供应链与生态工业链异同之比较》,《沿海企业与科技》2005年第7期。

② 张涛、杨秀兰:《绿色供应链管理对企业成本的影响》,《经济管理》2008年第3期。

（2）绿色供应链模型

绿色供应链与生态工业链在许多方面具有互补性，绿色供应链的构建应寻求两种链条的有机结合，最终完成纵向生态工业链的组合与横向绿色供应链的贯穿，同时还应顾及绿色生产链的点式嵌入，从而在企业间建立线环架构，为企业宏观层面的绿色运营提供一种全新的复合型发展模式。

如图 5.7 所示，基于主产品跨区域流动的绿色供应链呈线环架构复合模式。绿色供应链呈断线状，表示链条的"主"产品流动方向及企业运营的空间断层性，链条中成员从供应商到消费者间流动的是各个成员的主产品，单个生产链和整个供应链都追求污染最小化，同时这种线状图形并非局限于同一地域，它隐含着空间的断层与跨越。生态工业链呈连环状，表示链条的"副"产品流动方向及企业运营的空间集聚性，链条中成员依赖于副产品的循环利用，每一个环状生态工业链都处于同一地域。绿色生产链呈点状，实点代表绿色供应链主线上处于绿色供应流程不同阶段的不同类型企业，它们共同完成了主产品从物料获取、加工、包装、仓储、运输、使用到报废处理的环节，力求在整个供应过程中实现资源的高效利用及污染最小化；虚点代表生态工业链中的企业，虽然并非共同生产同一主产品，企业在产品生产链条上也并不存在严格的上下游关联，但是通过副产品的流动及循环利用，实现了整个工业链资源的高效利用及污染最小化。线环架构复合运营模式通过生态工业链的副产品流把各自为营的企业绿色生产链聚拢到一起，又通过绿色供应链的主产品流把处于不同运营环节的生态工业链串联了起来，最终使每一个企业分别处于自身的绿色生产链、不同的生态工业链及绿色供应链之中，同时进行着废弃物企业内流动、副产品区域内流动及主产品跨区域流动的三大梯度绿色运营。

总之，企业绿色运营的实现过程离不开企业自身绿色生产链、区域内生态工业链及跨区域绿色供应链的构建。企业绿色运营的三大基本梯度，分别从微观、中观、宏观层面探讨了企业可持续发展的运营模式，个体企业绿色生产链层级嵌套于生态工业链，又嵌套于绿色供应链之中，高梯度模式不仅包含着低梯度内容，更实现了在低梯度基础上的跨越升级，最终形成三大梯度共筑的线环架构复合运营模式。该模式既降低了资源消耗，减少了对环境的污染，又提高了资源利用效率，进一步凸显

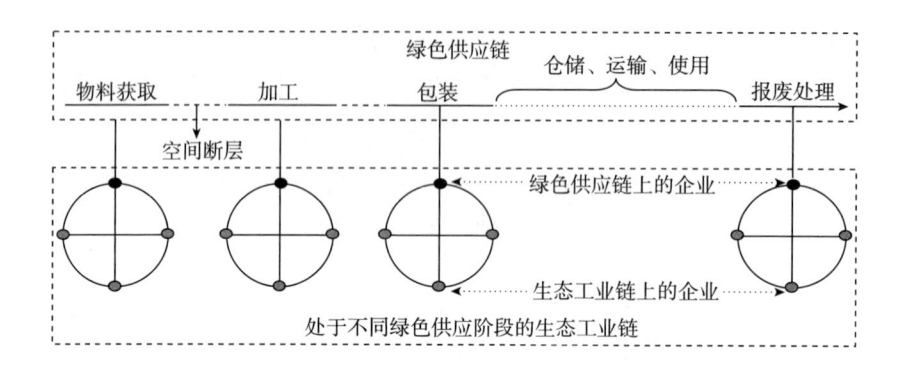

图 5.7　基于主产品跨区域流动的绿色供应链

了成本领先优势，使资源型城市企业在取得巨大经济、社会、资源、环境综合效益的同时，获得可持续的绿色运营能力。

二　支撑子系统——产业体系绿色重构（中观层面）

产业体系绿色重构与资源型城市绿色转型有密切的联系：一方面，绿色转型和产业体系绿色重构具有相同本质。绿色转型与产业体系绿色重构追求的都是人类经济活动必须限制在资源承载力和环境容量范围内，实现经济社会同资源环境的协调和可持续发展，着力解决传统经济和产业活动与资源、环境的矛盾和冲突。另一方面，产业体系绿色重构是绿色转型的具体化。产业体系绿色重构是绿色转型的突破口，对资源型城市绿色转型的实现具有全面的带动、促进作用。产业体系绿色重构涉及资源环境的新的享用方式，能改变传统的"高投入、低产出、高消耗、高污染"的生产模式，减少能源消耗和环境污染，有利于资源优化配置，因此会促使新兴产业的诞生，从而在经济结构上、产业内容上、就业人口上促进绿色转型。同时，由于产业体系绿色重构涉及新的循环经济技术，为企业生产技术的绿化升级提供强有力的技术支持，从而推动企业增加对绿色技术的研发投入，并通过高效、节能、无污染的技术，实现产业结构的转型升级。通过上述方式，实现经济增长模式从粗放型向集约型的转变，构建以质量效益为导向的国民经济体系。

总之，产业体系绿色重构是资源型城市进行绿色转型的现实基础和客观要求，在资源型城市产业体系绿色重构过程中对不协调因素进行必要的调整，对产业体系进行生态创新，才能真正实现资源型城市的绿色转型。

（一）绿色产业体系的构成

资源型城市绿色产业体系的构建过程就是将作为物质创造过程主要内

容的产业生产活动纳入城市生态系统中,将产业活动对资源的消耗和对环境的影响置于城市生态系统物质、能源的总交换过程中,实现资源型城市生产系统与生态系统的和谐共生与可持续发展。具体而言,就是把传统产业按生态经济原理组织起来,构建具有较高的生态系统承载能力和较完善的生态功能的产业技术范式,把绿色技术、绿色经营理念等融合渗透到现有的产业体系,极大地促进经济社会和资源环境系统的良性循环。

绿色产业体系的基本构成单位是生态型产业。生态型产业与传统产业不同①,如表5.4所示,它以生态经济学理论为基础,充分结合生态系统的承载能力,在社会生产活动中应用生态工程的方法,寻求优化从原料到产品、副产品、废弃物直到最终归宿的全部物质的循环②,坚持整体预防、环境战略、系统模拟等基本策略,构建复合型、网络型、生态型的产业结构和经济网络,通过实施循环经济的减量化、再利用、再循环三大原则,将传统产业的"资源—产品—废物排放"或控制污染产业的"资源—产品—废物排放—末端治理"单向流动的线性经济模式,改变为"资源—产品—再生资源与回用"的反馈式流动的经济模式。因此,绿色产业体系本质上是一种循环经济产业体系③。生态型产业包括从产品经济走向服务经济的功能导向型产业、从链式经济走向循环经济的纵向闭合型产业、从竞争经济走向共生经济的横向联合型产业、从厂区经济走向园区经济的区域耦合型产业、从部门经济走向网络经济的社会复合型产业、从自然经济走向知识经济的软硬结合型产业、从刚性生产走向柔性生产的进化适应型产业、从减员增效走向增员增效的增加就业型产业④。

表 5.4 生态型产业与传统产业的比较

类别	传统产业	生态产业
目标	单一利润,产品导向	综合效益,功能导向
结构	链式、刚性	网状、自适应型

---

① 颜京松、王如松:《近十年生态工程在中国的进展》,《农村生态环境》2001年第1期。
② 颜京松、王如松:《产业转型的生态系统工程》,《农村生态环境》2003年第1期。
③ 曹曼、叶文虎:《循环经济产业体系论纲》,《中国人口·资源与环境》2006年第3期。
④ Ma, S., Wang, R., "Social-Economic-Natural Complex Ecosystem and Sustainable Development", in Wang R, ed., *Human Ecology in China*, Beijing: China Sci. and Technol. Press, 1989, pp. 1-12.

续表

类别	传统产业	生态产业
规模化趋势	产业单一化、大型化	产业多样化、组合化
系统耦合关系	纵向，部门经济	横向，复合生态经济
功能	产品生产+环境影响	产品生产+社会服务+生态服务+能力建设
经济效益	局部效益高、整体效益低	长期效益高、整体效益大
废弃物	向环境排放、负效益	系统内资源化，正效益
调节机制	外部控制，正反馈为主	内部调节，正负反馈平衡
环境保护	末端治理，高投入，消耗型	过程控制，低投入，盈利型
社会效益	减少就业机会	增加就业机会
行为生态	被动，分工专门化，行为机械化	主动，一专多能，行为人性化
自然生态	厂内生产与厂外环境分离	与厂外相关环境构成复合生态体
稳定性	对外部依赖性高	抗外部干扰能力强
进化策略	更新换代难，代价大	协同进化快，代价小
可持续能力	低	高
决策管理机制	人治，自我调节能力弱	生态控制，自我调节能力强
研究与开发能力	低，封闭性	高，开放性
工业景观	灰色、破碎、反差大	绿色、和谐、生机勃勃

（二）产业体系绿色重构的原则及方案设计

1. 产业体系绿色重构的原则

全面落实"五位一体"总体布局，要充分考虑地区之间、部门之间的发展差异和不同情况，坚持一切从实际出发，根据实际条件和发展需要有重点、有步骤地采取措施。以"五位一体"总体布局为指导，资源型城市也应结合自身实际情况及所处发展阶段，对产业重构方案加以重新审视，探索出一条可持续发展的新路。首先，要正确认知本地的自然资源和产业优势。资源未枯竭型城市在产业体系绿色重构前要正确把握地区产业优势，正确把握产业优势是创新产业体系最重要、最基本的条件，为创新产业体系提供最核心的支持。同时，在绿色产业体系规划建设过程中，必须坚持实事求是的基本原则，不断转变发展思维，避免产业绿色重构成为形式主义和空想主义，所以，资源型城市在转型过程中必须立足自身发展优势，全方位地解放思想，为区域经济发展寻找新的思路。

资源型城市的立市之本是资源，对于资源型城市尤其是资源未枯竭型城市而言，矿产资源比较丰富，这不仅是城市产业发展的基础，也是保持城市竞争力的关键。如果在绿色转型的早期阶段，便不切实际地将传统优势产业摒弃，仅将相关资源集中在低消耗、低污染的新型产业领域，极有可能加大绿色转型难度，欲速则不达。加之，经济的转型势必带来旧产业的衰落和企业的退出，转型政策的实施往往以大量劳动力的下岗和经济的衰退为代价，如果不能快速建立新的经济模式，会使城市明显陷入衰败，社会剧烈波动[1]，这也背离了因地制宜、实事求是的原则。从我国资源未枯竭型城市的实际来看，实现产业体系绿色重构必须遵循循序渐进的规律。更为现实和可行的选择如下。

一方面，依托成熟期的资源产业缓冲转型冲击。从现有的资源基础和优势产业出发，立足资源型城市的比较优势，提升资源型产业的开发水平，全面整合产业链条，持续深度挖掘扩展资源深加工产业，并在此基础上构建产业集群，做出品牌，巩固提升传统产业资本积累的地位。资源型产业在资源型城市经济发展的特定阶段所占份额较大，对城市经济具有主导作用和支撑作用。要加速传统资源型产业的绿色转型，就必须引入先进的绿色科学技术，循环高效利用资源，提高资源效率，不但能够保持自身相对较高的发展增幅，还可以带动其他产业的发展。可以认为，在信息产业、知识产业、综合利用产业、生态维护产业的支持扶助下，资源未枯竭型城市的资源型产业仍具有广阔的市场前景，仍对经济发展起着导向和带动作用，加快资源型产业的绿色转型，对提升产业结构和经济模式从而保持经济持续健康发展具有重要意义。

整体而言，对于成长型资源型城市，可以推动资源型产业链条的延伸和多元化。成长型城市保持着第二产业占绝对优势的经济结构，这说明这类城市的增长模式仍以资源投入型为主。在这种发展模式下，其绿色转型发展的着眼点来自产业链的延伸和多元化，普遍建立起以资源深度转化为核心、以提升资源使用效率为导向的机制，通过产业链的延伸以优化产业结构。对于成熟型资源型城市，可以推动技术创新和外向型发展。借助资源开采的优势，通过产业链的外延和资源的引进，借助外

---

[1] 曾贤刚、段存儒：《煤炭资源枯竭型城市绿色转型绩效评价与区域差异研究》，《中国人口·资源与环境》2018年第7期。

部机遇和力量缓解自身资源约束,促进绿色转型发展。

另一方面,强调新兴非资源型产业的培育壮大。在资源型城市产业体系绿色重构过程中,积极发展知识产业、信息产业等各类高新技术产业,通过产业自身的绿色升级实现与资源型产业的配合,最终完成绿色产业体系的构建,形成优势资源及加工产业与新兴产业共同发展的绿色产业格局。

与此同时,利用绿色生产技术建立资源开发补偿机制,将传统粗放型开发使用模式转化为绿色集约型开发使用模式,将原有资源开采和初级加工的产业链条进行绿色延伸,提高资源的使用效率,把生产环节纳入无废的或变废为宝的循环流程,引导资源耗费型生产模式向资源循环利用型生产模式转变,在更高层面上将污染分摊,在降低资源消耗量的同时,进一步降低能耗与物耗水平,为经济转型提供必要支持,进而实现经济总量的扩展,并降低对资源系统与环境系统的破坏程度[①]。

需要说明的是,"依托成熟期的资源产业,巩固提升传统产业资本积累的地位",并不代表依赖传统生产模式。如果我们继续把资源及资源的粗放型开采作为城市赖以生存的途径,资源型城市迟早也会陷入矿竭城衰的怪圈。因此,一方面,不能过早地抛弃资源型产业及其对城市带来的巨大经济利益;另一方面,还应注意彻底摆脱区域产业对资源的依赖。这就要求资源型城市在产业重构过程中兼顾以下三点:第一,充分有效利用现有不可再生资源,深度挖掘资源潜力,发展矿产资源的深加工、精细加工产业,生产高附加值产品,继续发挥资源产业对城市可持续发展的拉动作用;第二,改造传统模式,对资源型产业植入绿色活力,跨越式发展高新技术产业,共同支撑资源型城市可持续发展;第三,通过循环经济技术的应用和资源综合利用率的提高,最大限度延长资源型产业生命周期,从生产源头降低污染及资源消耗,为资源型城市可持续发展提供良好的生态环境保障。

总之,资源型城市在产业体系重构过程中应正确处理"绿色""经济"与"资源"的关系:资源型城市天赋资源并非总会成为经济发展的诅咒,而产业发展水平过度依赖资源开采,才会导致"资源诅咒"。探索

---

① 王著、吴栋:《对煤炭资源型城市产业转型的深层次思考》,《经济经纬》2007 年第 6 期。

"绿色"发展模式，并不代表要放弃"资源"；追求"经济"的快速增长，也不意味着要依赖"资源"；"绿色"与"经济"并不因"资源"而矛盾，二者是对立统一的整体，资源型城市在合理高效利用"资源"基础上进行的产业体系重构为"绿色"与"经济"的沟通搭建了桥梁，产业体系重构是资源型城市把握国际绿色经济变革机遇、在"五位一体"总体布局指导下解决可持续发展问题的一次理论性探索。

2. 产业体系绿色重构的方案设计

产业体系绿色重构的最终目标是构建绿色产业体系。通常情况下，产业体系涵盖了主体产业群、产业支持系统以及外部环境三个方面，上述三个方面共同构成了一个有机整体，形成了互相作用、互相制约的框架。在整个框架中，主体产业群指的是对区域经济具有主导作用或者支撑作用的基础产业群和支柱产业群；产业支持系统则包括主导产业发展过程中发挥辅助作用的产业群；产业发展外部环境主要指的是产业发展的自然环境和人文环境。在理论层面上，所有的经济体都必须建立在产业体系基础上。我国资源型城市尤其是资源尚未枯竭的资源型城市正处在产业体系转型的重要阶段，加大产业体系的创新力度、实现产业体系绿色重构是资源型城市可持续发展的关键。

资源型城市的绿色产业体系是以传统产业体系为基础发展起来的一种新型产业构成形态，该经济形态是立足可持续发展的基本原则，以满足市场绿色需求为导向，以绿色资源开发和生态环境保护为基础，应用绿色技术从事绿色产品生产、经营并提供绿色服务活动，获取较高经济与社会效益的综合性产业体系。它不仅可以为人类提供更加健康的产品及服务，而且在整个生产过程中还注重自然资源的保护和生态环境的改善，有利于人类社会经济的可持续发展，是一种在生产过程中追求经济效益、生态效益共赢的健康先进的产业体系。资源型城市产业体系的绿色重构过程就是将作为物质创造过程主要内容的产业生产活动纳入城市生态系统中，将产业活动对资源的消耗和对环境的影响置于城市生态系统物质、能量的总交换过程中以实现资源型城市生产系统与生态系统的和谐共生与可持续发展的过程，就是把传统产业按生态经济原理组织起来，构建具有先进技术支撑功能和完善生态承载能力的产业组合技术范式。参考一般产业体系的组成，本书尝试为资源型城市构建绿色产业体系，如图5.8所示。

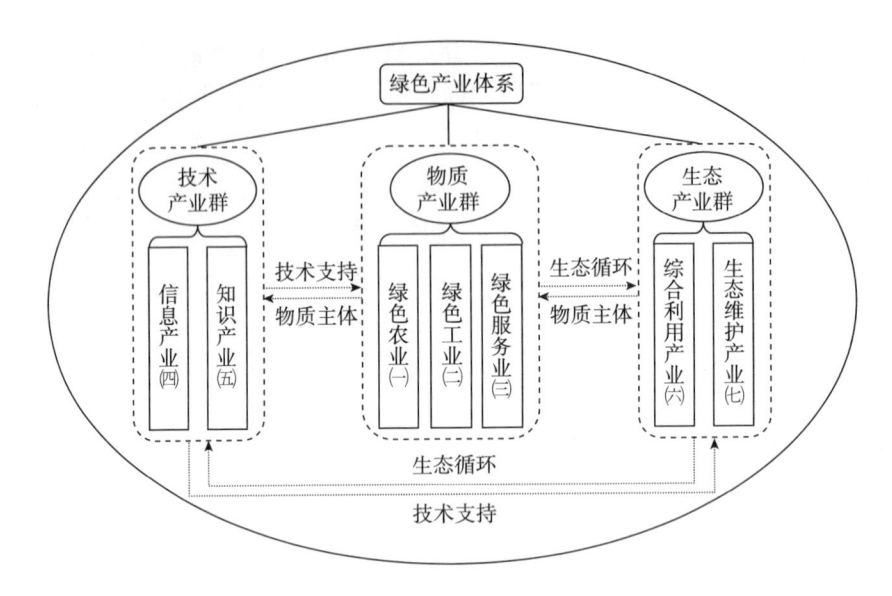

图 5.8　资源型城市绿色产业体系结构

该体系包含三大组成部分：物质产业群、技术产业群、生态产业群。其中，物质产业群可看作整个绿色产业体系的主体产业群，技术产业群为绿色产业体系的产业支持系统，生态产业群为绿色产业体系运营的外部环境提供了有力保障，它们共同构成了资源型城市绿色产业体系的辅助产业群。绿色产业体系就是以物质产业群为主体，以技术产业群、生态产业群为两翼的创新型产业体系[①]。资源型城市产业体系绿色重构的目标就是要实现产业结构的软化与绿化，即实现产业结构技术化与生态化的相互协调与融合发展。

资源型城市绿色产业体系本质上是一种循环经济产业体系，理想的循环经济产业体系是根据物质在社会系统中的流动模式提出的，它打破

---

① 需要说明的是，本书对绿色产业体系的构建及三大产业群的划分，仅是对资源型城市产业体系绿色重构的一次探索和尝试，初衷并非对各大产业的界定，而且七次产业也不存在清晰严格的划分界线，彼此之间也相互包含、互有交融。如绿色产业体系技术产业群中的信息产业、知识产业及生态产业群中的综合利用产业、生态维护产业一部分可以归为工业领域，一部分也可归为服务业领域。但总体来看，这四次产业多为新兴产业，与忽视资源环境、忽视经济社会可持续发展的传统生产模式中的三次产业形成对比。在此，将四至七次产业从三次产业中划分出来，主要是为了强调两个辅助产业群对提升传统物质产业群的作用及在资源型城市产业体系绿色重构中的重要意义。离开了新兴四次产业，传统三次产业的绿色化升级便无从谈起，资源型城市的绿色产业体系便无法构建。

了传统三次产业的划分方法,将产业体系进一步划分为七次产业,分别囊括在三大产业群中,其中,农业、工业和服务业是传统的一、二、三次产业,属于物质层面产业,对这三次产业注入绿色活力,尤其是对工业当中的传统资源型产业进行绿色升级,所形成的新的绿色三次产业共同构成了资源型城市绿色产业体系的物质产业群。与传统三次产业不同,绿色产业体系中的农业、工业、服务业均得到了"绿色化"提升,如何落实"绿色化"就需要技术产业群、生态产业群的辅助。其中,信息、知识产业(四、五次产业)是为其他各次产业服务的,属于技术层面产业,利用这些产业武装传统三次产业及六、七次产业,可进一步提升产业技术含量,为物质产业群及生态产业群的可持续发展提供源源不断的动力支持,因此四、五次产业共同构成了资源型城市绿色产业体系的技术产业群。综合利用产业和生态维护产业(六、七次产业)是将生产和生活废弃物回收综合利用或再生维护环境的产业,属于生态层面产业,这些产业为一、二、三次产业资源的高效利用提供了真正的绿色活力,又对四、五次产业的发展运行在循环利用及生态环境保护方面提出了更高层次的要求,为产业升级及环境维护提供了生态保障,因此六、七次产业共同构成了资源型城市绿色产业体系的生态产业群。在资源型城市绿色产业体系中,三大产业群各自发挥其应有功能,其中,一、二、三次产业是绿色产业体系的物质生产主体,四、五次产业为绿色产业体系提供技术渗透与支持,六、七次产业是维护绿色产业体系减量循环高效运营的有力保障。只包含一次至五次产业的产业体系是单向线性的产业体系,以提高自然资源利用率为目的的六、七次产业的建立使产业体系成为循环网状的绿色产业体系,是否有六、七次产业的参与是决定产业体系是否具备循环经济本质的关键环节[①]。因此,资源型城市只有从生态层面实现产业间的物质循环流动和资源高效利用,才能从根本上实现产业体系绿色重构,建立绿色产业体系。

(三)产业体系绿色重构中的产业群及其内在联系

我国资源型城市,从产业结构现状分析,大多为工业主导型城市,农业与农村发展基础比较薄弱。从创新产业体系和绿色转型的大背景来看,资源型城市农业、服务业的多功能作用也日渐突出。资源型城市若

---

① 曹曼、叶文虎:《循环经济产业体系论纲》,《中国人口·资源与环境》2006年第3期。

仅在资源型产业进行绿色转型并不能完成产业体系的绿色重构,若仅注重工业领域的绿色转型所构建起来的产业体系也不是全面绿色化的。因此,非资源型产业绿色转型不能忽视。只有非资源型产业通过自身的绿色升级实现与资源型产业的配合,共同支撑经济发展,才能推动完成绿色产业体系的构建。而这一产业体系,并非仅以工业转型为先导和突破口,而是物质、技术、生态三大产业群全方位同步绿色化构建,通过产业群之间的物质循环、废物利用、能源梯级利用等经济链,逐步形成产业体系循环圈,完成绿色产业体系的重构。

1. 主体产业群:物质产业群

(1) 绿色农业的实现途径

绿色农业可持续发展可通过构建绿色农业产业集群实现。通过构建生态农业一体化以及多种产业复合化的综合性经济系统,加强生态农业和产业集群的深度互动,突出农业经济的绿色化、生态化和产业化,最终实现农业产业的循环可持续发展,为"三农"问题提供解决路径[①]。

绿色农业产业集群指的是,立足农业发展特征,坚持可持续发展的基本理念,具有产业链关联性的相关农业企业形成区域聚合的产业群。通常情况下,聚集在同一区域的产业集群来自同一产业链,具有无公害绿色生产—绿色加工—绿色储运—绿色营销的基本模式,并形成比较成熟的产业分工,其互补性和共生性都达到较高水平。通过这种方式的集聚,有利于整合农业产业相关的要素资源,通过知识和技术资源的共享,提升整个产业链的发展水平,通过发挥规模效应和协同效应,实现经济效益的最大化,进而构建整个产业集群的核心竞争力。绿色农业产业集群通常涵盖以下几个方面:第一,具有先进的生产组织形式,以可持续发展理念为指导思想,立足农业经济的再生产规律,以利益纽带为核心,构建全产业链系统,推广无公害产品的生产;第二,具有灵活的经营模式和丰富的经营内容,绿色农业产业集群需要立足市场经济,全面推动产供销一体化经营;第三,具有稳定的生产经营目的,绿色农业产业集群需要在生态平衡的基础上,切实提升农产品的核心竞争力,增强农业的增值能力,同时,构建良好的循环机制,最大限度提升比较效益,以实现经济效益、社会效益以及生态效益高度统一的经营目标。绿色农业

---

① 刘光岭:《绿色农业产业集群的生态属性及发展研究》,《经济问题》2007年第7期。

产业集群通过把农业各个产品生产链条相互连接,一方面实现从原材料到产品的转换,另一方面通过废弃物在产业链中地位的转变实现产业废弃物的再生利用,进而提升生产资源要素的利用效率,形成无废弃物或少废弃物或变废为宝的清洁农业生产网络,整合区域内的种植业、养殖业、加工业,通过不同农产品间的相互链接,构建良性循环生态经济系统,从而最大限度发挥农业产业的集群效应。

(2) 绿色工业的构建思想

资源型城市长期以来依赖资源发展,形成了具有较强"刚性"的资源型产业结构,尤其是在工业中,资源型产业占有绝对比重。因此,在资源型城市绿色工业构建过程中,必须明确对资源型产业的态度,必须根据资源型城市的实际对工业发展进行分类指导:第一类为开发推动产业,第二类为升级改造产业,第三类为深入拓展产业,确立"推动一块、改造一块、拓展一块"的思路。具体而言:对于已有一定规模、市场潜力较大的高新技术工业,要加以扶持和推动;对于对经济增长发挥重要作用但目前的档次水平难以适应市场需要的传统轻工业,要加大技术改造力度,提高技术装备水平,促进产品和规模结构优化升级,使之继续适应市场需求;对于今后仍有良好发展前景,目前利税贡献大、经济总量在工业中所占份额高、吸纳就业岗位多的重工业,要植入绿色理念,继续深入拓展。

首先,开发推动高新技术工业。工业中包含一部分高新技术产业,在资源型城市绿色产业体系中,纳入技术产业群的一部分信息产业、知识产业及纳入生态产业群的一部分综合利用产业、生态维护产业,从某种角度而言也可视为一种高新技术工业。这类高新技术工业,在短期内虽不能成为资源型城市工业领域的主导,但基于对绿化提升传统物质产业群的重要作用及未来巨大的发展潜力,也需要在现在发展规模基础上对其进行进一步开发和推动。

高新技术工业目前在我国发展并不普遍,在经济发达城市中也并未占据主导地位。高新技术工业虽然是未来经济发展的主导,但我国目前发展高新技术工业的条件还未成熟。根据经济发展理论,我国处于工业化中期,工业发展以重化工业、制造业为主,这是由我国的经济现状和所处阶段所决定的。经济发达地区发展高新技术工业尚存压力,对于经济不尽发达的多数资源型城市而言,短期内更不具备将高新技术工业作为主导产业的实力。然而，这并不代表资源型城市要放弃高新技术产业的发展，资源型城市应从实际条件出发，尽可能开发并推动高新技术产业，最大化发挥其对物质产业群的技术支持及生态监督作用，辅助传统产业实现绿化升级。

其次，升级改造轻工业。我国资源型城市长期以来一直以重工业为主导，存在严重的轻重工业失衡，并且在逐渐扩大。然而，轻重工业从经济意义来讲，并不存在一个严格的合适比例，资源型城市重工业发展迅速是因为资源型城市在这方面具有比较优势，这是市场经济选择的结果。因此，我们要肯定这种优势的存在，不应刻意追求轻重工业二者之间的平衡，不宜将轻工业作为工业发展的重点。其原因主要在于：一方面，在我国很多资源匮乏地区，如东部沿海，都以发展轻工业为重点，这些地区具有区位等多方面优势，能够及时成为国际先进轻工业的转移承接地，同时积极发展外向型出口经济，轻工业发展迅速，对经济增长的贡献份额较大。多数资源型城市并不具备区位优势，同时缺乏轻工业发展所需要的一些必备条件，如劳动力因素及产品交易环境等，使资源型城市轻工业竞争力弱于东部沿海城市。另一方面，轻工业进入门槛较低，企业进入较多，直接后果就是轻工业产品产能过剩，在内需不足的情况下，主要靠外部需求拉动，金融危机爆发后，轻工业产品外部需求的不足直接导致了沿海地区部分轻工业企业的倒闭。这表明在未来一段时期内，我国轻工业发展还将面临严峻的考验，在已失先天区位优势的基础上，资源型城市不宜将轻工业作为工业发展的重点。

虽然不将轻工业作为工业发展的重点，但是资源型城市仍应对其进行绿色升级改造。相关资料表明，轻工业中的高耗能高污染生产模式不能小觑，以纺织工业为例，长时间积累的结构性矛盾在全球经济危机的影响下集中地显现了出来，据国务院办公厅 2009 年 4 月 24 日公布的《纺织工业调整和振兴规划》中的数据统计显示，纺织工业能耗、水耗、废水排放量分别占全国工业总能耗、总水耗、总废水排放量的 4.3%、8.5% 和 10%[1]，纺织工业成为仅次于化工、热电、钢铁、制革、造纸、电镀等高污染行业的具有严重环保问题的行业，整个产业的节能减排尤为重要。

---

[1] 国务院办公厅：《纺织工业调整和振兴规划》，中央政府门户网站（http://www.gov.cn/zwgk/2009-04/24/content_1294877.htm）。

因此，坚持自主创新、技术改造与淘汰落后相结合，是纺织行业完成对自身长期积累的结构性矛盾进行调整、最终达到全面振兴的关键。节能减排、绿色转型不仅仅局限于纺织业，对于其他轻工业，也应设法改变传统生产过程中高耗能、高污染的粗放型生产模式，依靠信息产业、知识产业的技术支持及综合利用产业、生态维护产业的循环理念，提升传统轻工业。在资源型城市产业体系绿色重构中，升级改造后的轻工业将成为重工业的"助手"，配合重工业绿色转型，共同完成降低消耗、降低污染、提高资源使用效率的重任，实现资源型城市的可持续发展。

再次，深入拓展重工业。资源型城市多数与资源开采、加工有关的资源型产业都属于重工业行列。一般而言，产业结构越单一，越过度依赖资源型产业，绿色转型难度越大。因此，工业、重工业、核心资源产业生产运营能力直接反映了资源型城市产业结构的发展情况和变化趋势。但是，在产业体系绿色重构过程中，资源型城市尤其是资源尚充足的资源型城市仍应把重工业作为工业发展的重点，这既是由资源型城市自身条件所决定的，也是考虑到未来发展前景所做出的综合选择。国际金融危机爆发后，各个国家分别实施了积极促进经济增长的政策，我国也出台了四万亿投资拉动内需的政策，开展"一带一路"对外互联互通，这些资金多投向于基础设施建设，势必拉动对重工业的需求。同时，金融危机虽然使全球能源价格在短期内下跌，但从长远来看，能源作为基础资源、稀缺资源在未来相当长的一段时间内仍将是一国经济的发展重心，市场对能源的需求仍然巨大。因此，资源型城市应该抓住机遇，充分发挥比较优势，在产业体系绿色重构的基础上继续做大做强重工业。

一方面，实施重工业运营的规范化。若想推动重工业进入良性可持续发展的轨道，首先要有效遏制非法开采、乱采滥挖现象，形成良好的资源型产业生产经营秩序，开展整顿、关闭、淘汰非法和不具备安全生产条件的小型资源开采企业，提高资源开采企业准入门槛，促进资源型城市安全生产及可持续发展，同时，积极实施资源整合，推动重工业产业结构调整，提高产业集中度，实现资源的规模开发、高效开采。另一方面，推进重工业运营的绿色化。利用绿色产业体系的技术产业群改造传统重工业，把握信息资源、知识资源，植入绿色活力，深度挖掘资源潜力，利用绿色生产技术建立资源开发补偿机制，将传统粗放型开发使用模式转化为绿色集约型开发使用模式；利用绿色产业体系的生态产业群提升传统重工业,通过综合利用产业及生态维护产业最大限度延长资源型产业生命周期,将原有资源开采和初级加工的产业链条进行绿色延伸,提高资源的使用效率,把生产环节纳入无废的或变废为宝的循环流程,引导资源耗费型生产模式向资源循环利用型生产模式转变,在更大的重工业产业总量基础上"摊薄"污染水平,达到在扩大经济总量的同时减少能耗和物耗的目标[1]。总之,通过重工业运营的规范化及绿色化继续做大做强重工业,不仅可以提高资源综合利用率,增加产品附加值和资源转化能力,而且还为资源型城市物质产业群的绿色升级及技术产业群、生态产业群的多元化发展提供相对充裕的时间和资金,从整体上增强绿色产业体系的发展后劲。

(3)绿色服务业的优化升级

在绿色服务业研究领域,Grove(1996)提出了服务业绿化矩阵[2],如表 5.5 所示,来系统而具体地阐述服务业绿化的概念以及含义。该绿化矩阵按照美国营销协会对服务业的分类方法,在所有提供服务的企业中分别确定一个示例企业,并列举出企业可以实施的一系列绿色实践活动。即便矩阵仅仅是描述性的,但是已经可以阐述服务行业推行绿色活动的必要性和紧迫性,为绿色服务业的转型升级奠定基础。

表 5.5　　　　　　　　　　服务业绿化矩阵

服务业分类		绿色努力		
行业类别	示例组织	减少(Reduce)	回收(Recycle)	回用(Reuse)
保健	医院	改用小型号水龙头以减少用水	回收装医用盐水、蒸馏水的塑料瓶	研制清洁和再利用医用长袍的系统
金融	工商银行	减少老主顾银行月报以省用纸	回收日常废纸,如废打印纸、信件等	改用可复用的钢笔、打印机墨盒等
专业服务	牙医	换用副作用较小的镶牙替代材料	回收日用面具、手套中所含塑料	杀菌复用各种牙齿工具
餐饮、旅行、旅游	旅馆	按人流大小开关空调以减少耗电量	收集客人废弃的各种罐子、瓶子	收回用过的水用于保持地面清洁

---

① 王著、吴栋:《对煤炭资源型城市产业转型的深层次思考》,《经济经纬》2007 年第 6 期。

② Grove, Stephen J., Raymond P. Fisk, Gregory M. Pickett and Norman Kangun, "Going Green in the Service Sector", *European Journal of Marketing*, Vol. 30, No. 5, 1996.

续表

服务业分类		绿色努力		
行业类别	示例组织	减少（Reduce）	回收（Recycle）	回用（Reuse）
运动、艺术、娱乐业	高尔夫球运动	种植用较少水、肥料和化学药品就能存活的草坪	把草坪裁剪的部分回用为地面的混合肥料	收集老主顾用过的记分笔，供以后使用
政府及非营利组织	城市公共汽车	改用电力车，减少燃烧污染物	回收废弃轮胎的橡胶和其他材料	收集旧公共汽车的可用件为在用车辆的备用件
流通业	百货商店	尽可能多地供应环境友好的商品	循环回收产品传送过程中的包装材料	改用可复用的大门罩或电子招牌
教育、研究	大学	延长课时缩短学期长度减少学校运营所耗资源	收集日常活动中的大量废纸，如备忘录等	在学校内，为被替换的旧计算机找到新用途
电信	电话公司	改用光纤设备，减少对电话线的依赖	循环使用旧电话的零件和其他材料	发展翻新能力，营销旧电话
家用电器维修	汽车修理	使用大包装易耗材料，如润滑油等	收集用过的废油以便日后他用	尽可能再造被替零件，如交流发电机、汽化器

　　资源型城市服务业应该在传统运营模式基础上绿化升级为绿色服务业。所谓绿色服务业，是指有利于保护生态环境，节约资源和能源的，无污、无害、无毒的，有益于人类健康的服务业，是指依托绿色产业体系技术产业群中的信息产业、知识产业的技术支撑，利用生态产业群中的综合利用产业、生态维护产业的循环经济技术理念，通过现代化的组织形式以及经营模式而快速兴起的服务行业，包括新兴的绿色服务业，也涵盖了对传统服务行业的现代化改造，其主要目标是全面推动服务行业的转型升级。绿色服务行业具有知识化、信息化的特征，对绿色产业体系的构建及构建过程中工农业的绿色转型起到了强有力的支持配合作用。同时，绿色服务业本身又具有环境友好、耗能较低的基本特征，对于降低产业发展为资源和环境造成的压力具有重要意义，是产业经济中高效、清洁、低耗、低废的产业类型。随着绿色服务业的高速发展，资源投入逐渐降低，在提升服务产值的同时，可提升生态环境质量。通过服务业的全面绿化升级，不断提升其在资源型城市经济中的比重，降低经济社会发展对资源的消耗程度以及对环境的污染程度，可以有效缓解资源系统和环境系统之间的冲突，推动经济增长模式的转变，在构建资

源节约型和生态保护型社会的同时，逐步实现人与自然的高度和谐统一①。

发展绿色服务业有利于资源型城市绿色产业体系的构建。我国资源型城市的主导产业多为传统产业，而新兴产业的发展相对滞后，对社会经济的发展形成掣肘。通过绿色服务业的快速发展，逐步推动了各种资源向科技含量较高的技术产业群及生态产业群的投资转移，弥补原有产业结构中该方面投入的不足，加速了资源型城市绿色产业体系的创新构建。同时，所有对绿色产业体系技术产业群及生态产业群方面的投入和发展，又为改造传统工农业生产经营模式、实现传统工农业绿化升级蓄积了力量，为完成传统产业体系向现代绿色产业体系转型奠定了基础。

2. 辅助产业群：技术产业群与生态产业群

（1）技术产业群对资源型城市传统产业的绿化改造

广义的信息产业与知识产业存在相互交叉的部分，资源型城市绿色产业体系中的技术产业群就是这两大产业的整合。产业在社会学层面上指的是一种分工现象，随着产业概念的不断完善，基于产业的经济发展模式也日益成熟。在评价社会发展和进步时，很多情况下都会将新产业的诞生作为重要评价指标。尤其是知识化和信息化进程的不断推进，信息产业和知识产业也成为现阶段的支柱型产业。同时，信息产业和知识产业也逐渐融入传统产业，并在传统产业的发展过程中发挥了巨大作用。需要强调的是，上述活动主要局限在不同产业内部的自我生产和消耗，或者是不同产业之间的交换和流动。在市场经济的推动下，生产的复杂程度不断提升，产业的发展对知识和信息提出了更高要求。在某种意义上，企业生产和发展的关键便在于市场信息的获取程度以及先进知识的应用水平。任何一种产业如果引入了高质量信息以及先进的产业知识，必然会获得更广阔的发展空间。不仅如此，知识的表现形态也发生了较大变化，科技成为知识的一种重要形态，为信息技术的发展奠定了坚实基础。在信息技术的推动下，很多产业都出现了新的业态，并出现了具有独立性的信息产业和知识产业。信息产业的主要产品包括软硬件设备、信息载体以及信息本身等，可以归结为以信息为核心的生产行业、传统

---

① 匡后权、邓玲：《现代服务业与我国生态文明建设的互动效应》，《上海经济研究》2008年第5期。

行业以及利用行业；知识产业的主要产品包括生物工程、新材料新能源工业等高科技类产业，教育产业等知识产品和知识成果产业，新闻出版等知识服务产业。所以，基于产业性质的视角分析，信息产业和知识产业兼具第二产业和第三产业的特征，既包括传统第二产业，如硬件设备的制造，也包括传统的第三产业，如提供设备服务与信息服务。可见，信息产业和知识产业是一个横跨第二产业与第三产业的特殊产业，具有较大的可挖掘和可开发价值①，是物质产业群外的一种新型辅助性技术产业群。

资源型城市处在不同的生产力发展阶段，具有不同的经济水平和产业结构。对于经济尚不发达的资源型城市需要通过发展提升传统产业尤其是传统资源型产业来实现资本积累。这些资源型产业对资源的依赖性较强，也是造成资源浪费污染较多的产业。资源型城市传统产业比重较大，在相当一段时期里，资源型产业仍将是资源型城市经济社会发展的主要产业和国民收入的主要来源。对于这类高耗能、高污染的资源型产业的解决方案，仅停留在传统的治理改造状态，而局限于物质能量过程内部，简单地实行关、停、并、转，难以保证经济的持续发展，是不能彻底解决资源子系统和环境子系统之间的矛盾和冲突的。针对已经无法满足市场需求的生产模式，必须挖掘新的增长点，通过绿化改造，转变传统的定式思维，通过发展理念的更新，为环境保护提供思想源泉。

在资源型城市绿色产业体系中，技术产业群发挥着对传统产业进行绿化改造的作用。用技术产业群改造传统产业是资源型城市产业体系绿色重构的需要。在历史层面上，技术发展史和工业化史几乎是同步进行的，也是由低级产业结构向高级产业结构的演化过程。由此可见，通过技术产业群对传统产业进行改造，有利于提升产品的科技含量，为传统产业的发展注入新的活力。需要强调的是，技术产业群必须与制造业相结合才能奠定自身发展的基础。先进技术的广泛应用必须以工业化为前提，工业的发展是以先进的农业劳动生产率的提高为基础的，第三产业的发展又是以工业和农业为基础的。因此，可以认为技术产业群的生长基础是农业、工业和服务业及其先进的协作体系。通过发展信息产业和

---

① 王奇、叶文虎、邓文碧：《信息产业与可持续发展》，《中国人口·资源与环境》2001年第3期。

知识产业，可以推动工业化进程，但如果没有工业化，那么信息化与知识化也只能是空中楼阁。制造业为信息化、知识化的发展提供了必不可少的物资、装备、能源、资金、技术、智力支持以及广阔的应用市场。技术产业群的发展，既需要有先进的制造技术和发达的制造业作为技术支撑和产业依托，也需要有传统制造业的升级改造和多样化的企业需求提供内在的发展动力以及巨大的市场空间。离开了制造业，信息化、知识化就成为"无源之水""无本之木"[①]。

在技术产业群对传统资源型产业改造提升的过程中，有两点需要明确：其一，传统资源型产业在国际分工中具有重要地位，在信息时代需要改变的并不是传统资源型产业本身，而是传统资源型产业的生产手段。信息技术及先进知识的应用可以对传统资源型产业进行绿化改造，不仅能够从源头上根治传统资源型产业的污染，又能使资源型产业焕发出新的生机与绿色活力。其二，以技术产业群改造传统资源型产业，并不表示技术产业群本身发展的停滞，而是通过传统产业的改造，为技术产业群的发展创造更好的产业发展环境。因此，传统产业在和信息产业、知识产业相结合后，整个产业会提升信息化和知识化水平，信息经济、知识经济的网络效应会诱致整个产业体系进一步增加信息化、知识化改造需求，带动更多相关技术产业群的发展，信息产业以及知识产业在产业结构中的占比也会相应提升，从而推动劳动密集型产业向技术密集型产业过渡，推动技术产业群向更高层次发展。

（2）生态产业群对资源型城市传统产业的绿化改造

生态产业群是以综合利用产业和生态维护产业交叉支撑，共同监督传统产业生产运营的新型产业群。它以修复、维护生态资源，促进资源型城市生态系统良性循环、健康发展为目标，通过维护、改善与生物体生命活动相关的各种环境因子，维护、保持生物多样性，实现资源型城市生态良性循环，为人类经济社会发展提供必不可少的资源基础和环境条件。生态系统的良性循环和健康演进，是资源型城市经济社会发展进步的基本前提。生态产业群通过维护、改善生态环境，促进生态良性循环，来维持和提高资源型城市生态系统生产能力。不仅直接为依赖生物

---

① 安果：《新型工业化的现实基础：用信息技术改造传统产业》，《经济与管理研究》2004年第2期。

体自身生产能力完成生产过程的传统农业提供基本生产条件，也为对生态环境破坏能力日益强大的传统工业和服务业的可持续发展提供了可能，为资源型城市经济社会和谐发展方式的日趋进步提供了基本前提。因此可以说，生态产业群不仅对传统农业、工业、服务业等产业的发展发挥着基础性作用，也是促进资源型城市绿色转型、实现经济社会可持续发展必不可少的新型辅助性产业群。

现阶段，三大产业对资源的索取具有显著的单向性，即便通过技术治理可以缓解对自然资源的过度开发利用，但是人与自然的矛盾依然在不断加剧。生态产业群的核心意义在于提升了资源的利用效率，加强了对生态环境的保护，对实现生态系统健康良性循环发展具有重要意义。所以，就本质而言，生态产业群中的综合利用产业和生态维护产业是一种在发展思维上存在本质差异的特殊产业，为资源型城市的发展提供了新的思路和路径。资源型城市经济社会发展模式的绿色转型，迫切需要发展这样的与其他产业有着截然相反功能的新兴产业，从而在资源型城市社会生产与生态环境之间构成能量输送的封闭回路①。我国资源型城市经济发展多是采取粗放式的发展模式，存在物耗高、能耗高、效益低、污染重等特征，换言之，资源型城市的传统发展模式不具有可持续性，对城市生态环境也造成一定程度的破坏。因此，资源型城市的发展正处于一种不合理的状态，很多资源型城市在这种发展状态下已经开始出现矿竭城衰的问题，而通过绿色转型建立生态产业群无疑是一条重要路径。

生态产业群与资源型城市产业体系绿色重构关系密切，是产业体系绿色重构的保障。生产力的发展、社会文明程度不断提升，使产业结构和生态环境存在较高的依存度。在这种背景下，资源型城市必须立足优势条件，合理选择特色产业和区域经济发展模式，为提升城市的综合竞争力探索新的路径。实践表明，如果自然环境保护良好，可以为产业结构调整升级创造优越的条件，更有利于培育特色优势产业；相反，如果生态环境被破坏，自然资源日益枯竭，则原有的优势产业也会丧失发展基础。整体而言，建设、保护、维护生态环境，可以为产业体系绿色重

---

① 丁宪浩：《21世纪的朝阳产业——生态资源培育维护业》，《北京师范大学学报》（社会科学版）2004年第5期。

构提供保障①。而生态环境的保护、恢复、建设、改良，首先要求实现自然资源的合理高效利用，要求独立于传统三次产业的新兴生态产业群的构建，从而形成完整的、不破坏污染生态环境的绿色产业体系。构建生态产业群，不但可以为社会输出优质的绿色产品，还可以提升自然资源的利用效率，从而有效保护城市的生态环境，为城市的可持续发展提供保障，并最终达到经济、社会、资源、环境多方面效益的协同发展。

3. 产业体系绿色重构中的产业群关系

技术产业群、生态产业群与物质产业群的关系。技术产业群是在物质产业群基础上的一次飞跃；而生态产业群又是对技术产业群的一次飞跃。物质产业群是技术产业群、生态产业群发展的基础，而技术产业群、生态产业群则分别是资源型城市物质产业群飞速发展的支撑手段及可持续发展的环境保障。

技术产业群与生态产业群的关系。技术产业群的建设是保障和实现生态产业群优化的技术手段，而生态产业群的建设则为技术产业群的发展提供了优良的生态环境，两者之间存在密切的依附性。部分学者认为，通过发展技术产业群就可以有利于生态环境的保护，而没有专门发展生态产业群的必要，这种观点是非常片面的。技术产业群虽然可以推动生态建设，提升环境的改造水平，但是不可否认，技术产业群也具有两面性。技术产业群在提升环境质量的同时，也存在对生态环境造成破坏的可能性，比如，随着电子信息技术产品的快速更新换代，大量迅速被淘汰的废旧电脑、手机等便成为新的污染源。由此可见，技术产业群所引发的生态环境问题并不能全部通过自身解决，还需要生态产业群的建设与完善，才能排除相关隐患，才能实现技术产业群的污染最小化和效益最大化。故生态产业群不可代替技术产业群，同时技术产业群也不可代替生态产业群，必须正确处理二者的关系，彼此的发展才能获得双赢和持久。

技术产业群、生态产业群与资源型城市绿色转型的关系。技术产业群、生态产业群是资源型城市实施绿色转型的保证。它是城市不断进步、自然生态恢复和发展的需要，是衡量现代城市发展质量、发展水平和发

---

① 王关区：《产业结构调整与生态环境治理相结合的思考》，《内蒙古社会科学》2004 年第 3 期。

展基础的重要客观标准。当前，资源型城市绿色转型过程就是城市技术产业群和生态产业群不断完善的过程。资源型城市绿色转型过程就是实现城市技术产业群、生态产业群与物质产业群协调发展的过程。在城市经济发展过程中，不能将单纯的利润增长作为唯一的评价指标，也不能过度强调自然状态的原始性而限制城市的发展思路。现代城市经济社会的持续发展需建立在技术化和生态化基础之上。从追求单一的经济增长转移到追求人与自然、社会与经济、经济与生态和睦相处、协调发展的轨道上来。避免过去那种把改造自然界视为经济社会发展的异己力量，从而屡遭无情报复的状况。因此，资源型城市绿色转型的核心问题是城市技术产业群、生态产业群与物质产业群之间的良性循环与协调发展问题。

三　决策子系统——政府绿色管理（宏观层面）

（一）政府政策对资源型城市的影响

政府的宏观政策对资源型城市的发展具有决定性作用。在新中国成立后，我国产业百废待兴，对资源的需求量较大，直接推动了资源型城市的发展，但是计划经济的弊端也日益突出。在计划经济向市场经济的转型过程中，市场经济体制并不完善，而宏观调控的能力也大幅减弱，财政转移以及市场补偿机制缺位，导致很多资源型城市的经济发展陷入停滞。可见，政府宏观经济政策对资源型城市的发展产生着重大影响。

1949年，产业布局不均衡是当时我国面对的重要问题，国内超过70%的工业和基础设施集中在12%的东部沿海一带，并以京津唐、沪宁杭、辽中南三大工业基地为核心，而广大的内陆地区在工业发展方面一片空白。为改变这一状况，我国确立了"均衡布局"的经济调整战略，全面推动沿海地区和内陆地区的均衡发展，并将投资集中在中部地区和西部地区。在"一五"时期，我国66%的工业项目分布在内陆，共计达到472个。在"三五"时期，在我国基础设施投资中，东部占26.9%，中部占29.9%，西部达31.8%[①]。20世纪60年代中期到80年代初期，国防工业一直是我国工业的核心，并由此在广大的内陆地区进行了大规模的经济建设活动，一系列大型工业基地坐落在西北和西南地区，在国家"均衡布局、建设三线"政策的引导下，出现了很多以原材料和能源供应

---

① 戴伯勋、沈宏达：《现代产业经济学》，经济管理出版社2001年版，第453—454页。

为主的资源型城市，在我国工业发展进程中发挥了重要作用。

在新中国发展的早期阶段，国民经济几乎陷入瘫痪，物价波动剧烈，经济秩序混乱，工业起点较低。在这种情况下，国家将重工业作为经济发展的切入点，实施"重工业优先"战略，并在重工业基础上建立了一整套独立且完整的工业体系。在重工业发展过程中，资源型产业具有基础性作用，为重工业的发展提供了大量能源、金属矿产以及非金属矿产。在重工业发展的同时，第三产业和轻工业的发展陷入停滞，在工业类别方面存在不均衡的问题。在不合理的产业结构下，资源型城市发展也出现了一系列社会问题，突出表现在就业方面。此外，我国为了加快资金积累，采取了"扩大出口""有水快流"的资源开采政策，不但使资源型产品定价偏低，还直接指向了对资源掠夺性、粗放型的开采。长期的过度开发利用，造成资源城市缺乏后备资源，部分资源型城市的发展陷入停滞，社会矛盾开始突出。

从20世纪80年代开始，我国的经济发展战略由过去的追求区域之间的均衡发展转向以提高效率为目的的非均衡发展。经济发展战略出现重大调整，全国经济发展的重点由内陆地区向沿海地区转移。身处内地的资源型城市是在计划经济体制下产生和成长起来的，受国家政策的制约和影响很大。一旦失去了国家在资金、政策上的支持，这些城市便面临着衰退和萧条。随着政府对资源型城市支持力度的逐渐弱化，很多城市在短时间内陷入发展停滞，资源型城市的转型压力进一步加剧[①]。

由上可见，资源型城市目前的困境与国家计划时期的政府政策密切相关。我国资源型城市大部分在计划经济时期成立，规模以上资源型企业中超过95%为国有企业，具有显著的计划经济特征。在经济体制的转型过程中，市场经济体制尚不成熟，加之政府调控力度的减弱，导致政策调控和市场调节同时失灵，进而致使资源型城市在转型过程中失去市场和政府的双重支持。对于市场失灵的原因，目前学者分析主要集中在以下两方面：一方面，资源型城市是计划经济的产物，对市场经济的适应能力和敏感度较低；另一方面，资源型企业没有按照市场经济的基本原则经营，导致经济转型失去最佳机遇。整体而言，国有资源城市转型市场失灵具有特定的历史背景及一定的特殊性，市场的作用是缺失的。

---

① 伍新木、杨莹：《政府对资源型城市发展的影响和作用》，《经济评论》2004年第3期。

因此，在资源型城市转型的早期阶段，政府部门必须切实履行职能，引导城市进行资源的合理配置，为资源型城市的转型提供资金支持；在产业转型过程中，失业人口在短时间大幅增加，很多失业人员的生活得不到保障，因此必须充分发挥政府的调节分配职能，为失业人员提供生活保障，积极帮助失业人员再就业。政府在资源型城市的转型起步阶段，起着至关重要的作用①。所以，政府必须充分发挥宏观调控职能，为资源型城市的发展提供必要支持，并结合国内外的先进经验，对资源型城市的转型政策进行适当调整。

进入 21 世纪以后，随着国家发展的重心开始向民生方面倾斜，加之资源型城市发展问题不断暴露，国家开始采取系列措施以期解决资源型城市转型发展问题，如表 5.6 所示。

表 5.6　21 世纪以来国家关于资源型城市发展的主要政策措施

年份	发起部门	出台文件或措施	要点
2001	国务院	阜新被确定为资源枯竭型城市经济转型试点市	第一次针对资源型城市的转型试点
2002	中共中央	支持以资源开采为主的城市和地区发展接替产业	
2003	中共中央、国务院	《关于实施东北地区等老工业基地振兴战略的若干意见》（中发〔2003〕11 号）	
2004	国务院	《能源中长期发展规划（2004—2020 年）（草案）》《全国危机矿山接替资源找矿规划纲要（2004—2010 年）》	
2005	国务院	选取大庆、伊春、白山、辽源和盘锦等 6 个城市进行转型试点工作	进一步扩大资源型城市转型试点范围
2006	全国人大	将"抓好阜新等资源枯竭型城市经济转型试点"作为一项重要内容明确写入"十一五"规划	
2007	国务院	《国务院关于促进资源型城市可持续发展的若干意见》（国发〔2007〕38 号）	第一次针对资源型城市出台综合性政策文件
2008	国务院	在国家发改委内成立东北振兴司，设立资源型城市发展处	第一次在国家机关机构中设置相关专业部门
2008	国家发改委	确定第一批 12 个资源枯竭城市	第一次针对资源型城市进行财政转移支付

① 孙雅静：《资源型城市转型过程中政府职能转型研究》，《中国矿业》2007 年第 5 期。

续表

年份	发起部门	出台文件或措施	要点
2009	国家发改委	确定第二批32个资源枯竭城市	
2009	国家发改委	在辽源召开资源型城市可持续发展工作会议	第一次关于资源型城市的国家会议
2010	国务院	《资源型城市可持续发展条例》纳入立法议程	
2011	国家发改委	确定第三批25个资源枯竭城市	
2012	国务院、国家发改委	召开"全国资源型城市与独立工矿区可持续发展及棚户区改造工作座谈会"、编制《全国独立工矿区搬迁改造规划（2013—2023年）》	
2013	国务院	《全国资源型城市可持续发展规划（2013—2020年）》（国发〔2013〕45号）	首次在全国界定了262个资源型城市
2016	国家发改委等五部门	《关于支持老工业城市和资源型城市产业转型升级的实施意见》（发改振兴规〔2016〕1966号）《老工业城市和资源型城市产业转型升级示范区管理办法》（发改振兴〔2016〕2372号）	
2017	国家发改委等五部门	《关于加强分类引导培育资源型城市转型发展新动能的指导意见》（发改振兴〔2017〕52号）《关于支持首批老工业城市和资源型城市产业转型升级示范区建设的通知》（发改振兴〔2017〕671号）	首批12家老工业城市和资源型城市产业转型升级示范区获批

2001年，"十五"计划纲要明确指出："积极稳妥地关闭资源枯竭的矿山，因地制宜地促进以资源开采为主的城市和大矿区发展接替产业，研究探索矿山开发的新模式"，并从阜新市开始资源型城市转型试点工作。2002年3月，全国政协九届四次大会向全国发出了"要像重视三农问题那样重视四矿问题"的呼声，随后组织调研组对"矿业、矿工、矿山、矿城"四矿问题进行了专题调研，并向党中央报送了解决"四矿"问题的建议报告。党的十六大报告明确提出："支持以资源开采为主的城市和地区发展接替产业"。2003年10月，中共中央、国务院《关于实施东北地区等老工业基地振兴战略的若干意见》（中发〔2003〕11号）明确指出："资源型城市实现经济转型是老工业基地调整改造的一个重点和难点"。2004年，国务院常务会议又先后审议通过了《能源中长期发展规划（2004—2020年）（草案）》和《全国危机矿山接替资源找矿规划纲要（2004—2010年）》。这些规划和部署强调要加强与矿业城市有关的资源勘

探工作。2005年,国家进一步扩大资源型城市转型试点范围,选取大庆、伊春、白山、辽源和盘锦等6个资源类型和开采程度不同的城市进行转型试点工作。10月11日,党的十六届五中全会审议通过的"十一五"规划建议明确提出:"促进资源枯竭型城市经济转型"。2006年3月5日,国务院总理温家宝在全国人民代表大会十届四次会议所作的政府工作报告中,两次提出搞好并支持资源型城市经济转型。在此期间,全国"两会"讨论的《中华人民共和国国民经济和社会发展第十一个五年规划纲要(草案)》将"抓好阜新、大庆、伊春、辽源等资源枯竭型城市经济转型试点"作为一项重要内容被明确写入。2007年,党的十七大报告明确指出,帮助资源枯竭地区实现经济转型。同年12月24日,国务院制定出台《国务院关于促进资源型城市可持续发展的若干意见》(国发〔2007〕38号),首次提出建立资源开发补偿机制和衰退产业援助机制,加大财政一般性和专项转移支付力度等系列政策,为资源型城市发展明确了总体目标和阶段性目标,成为我国资源型城市转型发展的基础性文件。2008年,国务院机构改革,国务院原振兴东北地区等老工业基地领导小组办公室的职责划入国家发改委,成立了东北振兴司,并设立了资源型城市发展处,专门推动全国资源型城市的可持续发展工作,这在国家机关机构设置中是第一次,体现了国家对此项工作的重视。与此同时,国务院于2008年、2009年、2011年分别确定了国家首批12个、第二批32个、第三批25个资源枯竭城市。在此过程中,中央财政首先给予资源枯竭城市以财力性转移支付,接着给予资源型城市棚户区改造以政策支持。国家发改委设立资源型城市接续替代产业发展专项基金,国家开发银行设立资源型城市可持续发展专项贷款,并准备建立资源型城市可持续发展准备金制度。与国家政策相伴随,各省也结合当地实际出台了相应的支持政策①。2009年7月23日,国家发改委在吉林省辽源市召开全国资源型城市可持续发展工作会议,这是第一次全国层面上举行的资源型城市会议。2010年,《资源型城市可持续发展条例》纳入立法议程,以期将资源型城市发展战略、增长机制、治理模式和政策体系的转换以及相应的城市空间重构、社会结构和价值观的变迁

---

① 张友祥、支大林、程林:《论资源型城市可持续发展应处理好的几个关系》,《经济学动态》2012年第4期。

等方面纳入法治化的轨道①。2012年9月25日，国务院召开"全国资源型城市与独立工矿区可持续发展及棚户区改造工作座谈会"，国家发改委为此编制了《全国独立工矿区搬迁改造规划（2013—2023年）》，开启了国家对资源型城市中特殊重点地区进行大规模帮扶的新篇章。2013年，国务院出台《全国资源型城市可持续发展规划（2013—2020年）》（国发〔2013〕45号），首次在全国界定了262个资源型城市，并将资源型城市分为成长型、成熟型、衰退型和再生型四种，明确了不同类型城市的发展方向和重点任务。2016年，国家发改委、科技部、工业和信息化部、国土资源部、国家开发银行（以下简称五部门）联合印发《关于支持老工业城市和资源型城市产业转型升级的实施意见》（发改振兴规〔2016〕1966号）和《老工业城市和资源型城市产业转型升级示范区管理办法》（发改振兴〔2016〕2372号）。2017年，国家发改委发布《关于加强分类引导培育资源型城市转型发展新动能的指导意见》（发改振兴〔2017〕52号），对资源型城市差异化发展进行顶层设计。同年，五部门联合印发了《关于支持首批老工业城市和资源型城市产业转型升级示范区建设的通知》（发改振兴〔2017〕671号），首批12家老工业城市和资源型城市产业转型升级示范区获批。

在政府的高度重视及政策倾斜下，资源型城市在产业培育、生态治理、民生改善等方面开始有了较为统一的转型举措，各地不断投入资金实施接续替代产业园区的建设、塌陷区和矿山废弃地土地治理、失业人员再就业培训等转型措施，使资源型城市发展状况有所改善，呈现出新的发展局面。

（二）政府职能转型方向：政府绿色管理

在传统资源型产业不断衰退的背景下，绿色经济浪潮正在全球广泛兴起。作为一种独立的经济形态，绿色经济已经在现代经济结构中占据了重要的地位，发挥了重要作用，对人类社会产生深远影响。绿色经济作为现阶段先进的经济形态，具有社会和谐、资源节约、环境友好、健康幸福等特征，有利于实现经济、社会、资源、环境的协调可持续发展。在传统经济发展模式遇到瓶颈的情况下，绿色经济发展模式已经成为一项重要的战

---

① 杜辉：《资源型城市可持续发展保障的策略转换与制度构造》，《中国人口·资源与环境》2013年第2期。

略选项，为克服传统发展模式的弊端提供了替代性选择。作为推进科学发展和增长方式转变的主导力量，绿色经济的发展也急切呼唤政府绿色管理的发育成长[①]。在资源型城市的发展过程中，政府必须承担起节约资源和保护环境的责任，为建立人与自然和谐发展的局面而提供政策和资金支持。对于政府而言，绿色管理是一项重要的发展理念和思维模式，也是一种科学的政绩观，是政府追求实现人与自然的自然性和谐理念或目标，并将之顺利地或成功地贯穿到政府公共管理的全过程。政府应当通过制定绿色核算和绿色标准体系，全面体现广大人民群众对绿色转型的追求，并将其作为促进政府绿色管理的重要标尺，为政府的绿色管理提供必要的支持。

我国资源型城市发展的特殊性决定了不能仅仅依靠市场手段提高绿色转型效率，政府支持和政策导向是提高绿色转型效率的现实条件。在绿色管理过程中，政府应做到对外管理及对内管理的结合：一方面，加强推出宏观调控政策，推动资源型城市的绿色发展。政府在资源型城市的转型过程中发挥了重要作用，通过宏观调控为其发展指明方向并提供支持。在市场经济体制下，政府的宏观调控主要集中在制定战略规划、提供政策引导和资金支持等方面，在对传统产业结构进行调整的同时，还需要全面提升经济效率，为城市发展奠定坚实的基础。资源型城市的政府需要制定合理的产业政策，为企业提供良好的营商环境，从而吸引各方面资本的投资，激发本地绿色产业的发展。同时，政府也应该深化改革，积极建设依法行政的服务型政府。另一方面，政府应带头做好绿色表率。政府需要发挥引导作用，在产业转型过程中加强调研工作，了解真实的情况和产业发展现状，为预算编制提供必要的依据。在此过程中，政府必须加强一般性财政支出的管理，避免出现公款滥用的问题，同时，严格实行政府集中采购制度，降低办公成本，建立政府能耗统计体系，明确能耗、水耗定额，重点抓好政府建筑物采暖、空调、照明系统节能改造及公务车节能问题。在资源型城市的转型过程中，政府的职能主要包括制定法律、完善制度、出台政策、文件引导，推动产业体系绿色重构；通过直接投资、贷款贴息、税收优惠、调控价格、政府采购和信息发布等手段，为企业发展清洁生产提供必要的支持；在制定政策、

---

① 张兵生：《政府绿色管理：基本依据、构建路径和战略着力点》，《中国行政管理》2007年第4期。

明确产权、加大投入、强化监督等方面发挥主导作用等。

（三）政府绿色管理的具体实现手段

1. 政府对外绿色管理

从不同的角度，人们对政府的概念及对外管理的作用给出了不同的描述。阿尔蒙德等认为："政府是一套制定和执行政策的结构，是在一定领土对一定人民具有约束的权威"①，指出了政府的权威性；达尔认为："一个政治体系中官职的集合体就构成了那个体系的政府"②，指出了政府的组织性；而海曼认为："政府是这样一个组织，建立这些组织的目的在于对居住在某一社会内的个人的活动进行管理提供基本服务，并为此类服务提供资金"③，指出了政府的服务性。在经济学中，政府通常被当作一种资源配置手段，具有对外管理的权威性与强制性。下面通过两个博弈模型说明政府对外绿色管理的必要性。

（1）企业与企业间的博弈需要绿色管理

模型前提与条件：

第一，位于某资源型城市同一地理方位有 A、B 两个理性且完全同质的企业，两企业均处于政府主导型市场经济中，企业发展政策具有独立性，双方并不了解互相的发展思路。第二，企业生产带来的经济增长的好处由该企业独享，在生产过程中产生的生态资源破坏问题由两个企业共同承担。不仅如此，生态环境整治的益处也由两个企业共同分享。第三，政府根据两个企业的治理绩效给予一定程度的奖惩。衡量治理绩效的标准是企业的经济总量指数增加值扣除环境破坏指数增加值。例如，排放污染使企业经济总量指数增长 6，环境破坏指数增长 2，则企业治理绩效为 6-2=4；整治生态环境污染使企业经济总量指数只增长 4，环境破坏指数则减少 2，企业治理绩效为 4-（-2）=6。增长幅度大的企业会得到政府的奖赏。第四，政府可以通过遥感技术进行监控，同时，采取定期或者不定期的方式，确保相关数据的有效性和准确性。需要强调的是，政府只能整体了解环境污染的治理情况，但是对单个企业造成的污染情

---

① ［美］加西里埃尔·A. 阿尔蒙德、G. 宾厄姆·鲍威尔：《比较政治学》，上海译文出版社 1987 年版，第 302 页。
② ［美］罗伯特·A. 达尔：《现代政治分析》，上海译文出版社 1987 年版，第 26 页。
③ ［美］大卫·N. 海曼：《公共财政：现代理论在政策中的应用》，章丹译，中国财政经济出版社 2001 年版，第 5 页。

况无法准确掌握。

模型表述：

A、B 企业的博弈过程及博弈结果，如表 5.7 和表 5.8 所示。

表 5.7　　　　　　　　　　两企业博弈过程

行动		经济总量指数		环境破坏指数	治理绩效	
A 企业	B 企业	A 企业	B 企业		A 企业	B 企业
排污	治污	增加 6	增加 4	增加 0	6-0=6	4-0=4
排污	排污	增加 6	增加 6	增加 4	6-4=2	6-4=2
治污	排污	增加 4	增加 6	增加 0	4-0=4	6-0=6
治污	治污	增加 4	增加 4	增加 -4	4-(-4)=8	4-(-4)=8

表 5.8　　　　　　　　　　两企业博弈结果

B \ A	排污	治污
排污	(2, 2)*	(6, 4)
治污	(4, 6)	(8, 8)*

具体来说，如表 5.7 所示，如果 A、B 企业都选择排污，则两企业的经济总量指数均增长 6，两企业环境破坏指数均增长 2，则总体环境破坏指数增长 4，在共同承担环境破坏效果的前提下，A、B 两企业的治理绩效均为 2。如果 A、B 企业都选择治污，则两企业的经济总量指数均增长 4，两企业环境破坏指数均增长 -2，则总体环境破坏指数增长 -4，在共同承担环境破坏效果的前提下，A、B 两企业的治理绩效均为 8。若 A 企业进行排污，而 B 企业进行治理，则 B 企业的治理绩效会被两个企业共享，而环境破坏指数并没有显著增加，A 企业的治理绩效为 6，B 企业为 4。没有治理污染的 A 企业因较高的绩效反而能得到政府的奖赏。反之亦然，如果 A 企业主动选择了治污，而 B 企业不予以配合，那么最终受到奖赏的将是 B 企业。也就是说，没有治理污染的企业将会受到政府的奖赏。故而面对政府的考核压力和经济增长的诱惑，A 企业和 B 企业之间的非合作博弈必然导致（排污，排污）成为最优策略组合，因而最终出现的是排污均衡 (2, 2)，而非最受政府期待的治污均衡 (8, 8)。

模型分析：

资源型城市经济的发展必然导致污染问题，而核心问题在于在环境污染出现之后,是否进行了有效治理。对城市而言,如果污染可以及时且有效地治理,则发展具有持续性,否则会导致资源枯竭和环境破坏。因此,资源型城市在发展过程中必须兼顾资源的开发利用和生态环境的保护。在污染治理的过程中,信息不对称问题导致政府对企业的排污信息和治理信息掌握不足,从而陷入"囚徒困境"。企业的排污和治污是相对的行为,两种行为在不断的博弈过程中决定了整个城市生态环境的质量。即便两个企业都知道可持续发展的重要性,但是治理环境污染并非单独一个企业可以实现。尤其是在经济效益和生态效益存在矛盾时,企业更倾向于选择经济效益。在企业与企业之间相互博弈的情况下,个体企业不会主动进行生态环境中的污染治理,政府必须通过对其进行绿色管理,才能保护生态环境,使资源型城市绿色转型成为可能。

(2) 政府与企业间的博弈需要绿色管理

资源型城市企业与企业之间存在彼此的博弈,需要政府对其进行宏观调配与管理。不仅如此,在绿色转型过程中,尤其在绿色转型资金的使用上,政府与单个企业之间也存在博弈,政府同样需要从不同角度加强对企业的绿色管理。

模型前提与条件:

政府针对绿色转型提供的扶持资金设为 y,如果资金全部用于绿色转型相关活动,则其效用为 $u=u(y)$,为简化分析,我们这里考虑线性函数 $u=\theta(y)$,θ 为资金用于企业完成绿色转型的促成效用系数。其中,政府分享效用为 $u_g=(1-\alpha)\theta y$,企业分享效用为 $u_e=\alpha\theta y$,$0\leq\alpha\leq 1$。企业实际使用在绿色转型上的资金为 $D=(1-\lambda)y$,λ 为企业绿色转型资金违规使用系数且 $0\leq\lambda\leq 1$。若 $\lambda=0$,我们认为,企业没有违规,资金全部用于绿色转型;若 $\lambda\neq 0$,则企业存在违规操作。可以认为,企业是理性的,其违规使用的资金用于企业绿色转型外的其他方面发展,产生的效用为 $u=\beta\lambda y$,β 为绿色转型资金用于其他方面的效用系数,且 $\beta\geq 1$。

模型表述:

如果企业在使用资金进行绿色转型过程中存在违规操作,且政府不进行监督管理,则企业的效用为 $\alpha(1-\lambda)\theta y+\beta\lambda y$,而政府不但无法获得 λy 的效用,还会导致出现一系列遗留问题,在未来还要支付资金处理企业遗留问题。在遗留问题的处理过程中,其损失和违规资金量具有显著的正相关性,记为 $L\lambda y$,因此,政府的效用为 $(1-\alpha)(1-\lambda)\theta y-L\lambda y$。如果企业在使用资金进行绿色转型过程中存在违规操作，政府进行监督管理，若监督管理不成功则企业的效用为 $\alpha(1-\lambda)\theta y+\beta\lambda y$，而政府的效用为 $(1-\alpha)(1-\lambda)\theta y-L\lambda y-G$，其中，$G$ 为政府的监督管理成本；若监督管理成功，政府如果发现资金被企业违规使用，则可以罚以 K 倍的罚款，则企业效用为 $\alpha(1-\lambda)\theta y-(K-1)\beta\lambda y$，政府效用为 $(1-\alpha)(1-\lambda)\theta y+K\theta\lambda y-G$。如果企业正常工作，把资金全部用于绿色转型，若政府不监督，则企业效用为 $\alpha\theta y$，政府效用为 $(1-\alpha)\theta y$。如果企业正常工作，把资金全部用于绿色转型，若政府监督，则企业效用为 $\alpha\theta y$，政府效用为 $(1-\alpha)\theta y-G$。设 P_g 为政府监督的概率，P_e 为企业运用绿色转型资金进行违规活动的概率，P_{gs} 为政府监督且出现违规的可能性。

在操作概率为 P_e 的情况下，政府的预期效用在监督和不监督时分别为 u_1、u_2：

$$u_1 = P_e P_{gs}[(1-\alpha)(1-\lambda)\theta y+K\theta\lambda y-G] + P_e(1-P_{gs})[(1-\alpha)(1-\lambda)\theta y-L\lambda y-G]+(1-P_e)[(1-\alpha)\theta y-G]$$

$$u_2 = P_e[(1-\alpha)(1-\lambda)\theta y-L\lambda y]+(1-P_e)(1-\alpha)\theta y$$

如果政府预期效用在监督和不监督时没有显著差异，则需要计算企业违规活动在博弈均衡状态下的最优概率，即令 $u_1=u_2$，通过计算整理得：

$$P_e = \frac{G}{P_{gs}\lambda y(K\theta+L)}$$

在给定政府监督概率 P_g 的情况下，企业违规操作和正常工作的预期效用 u_3、u_4 分别为：

$$u_3 = P_g P_{gs}[\alpha(1-\lambda)\theta y-(K-1)\beta\lambda y]+P_g(1-P_{gs})[\alpha(1-\lambda)\theta y+\beta\lambda y]+(1-P_g)[\alpha(1-\lambda)\theta y+\beta\lambda y]$$

$$u_4 = P_g\alpha\theta y+(1-P_g)\alpha\theta y=\alpha\theta y$$

如果企业预期效用在违规操作和正常操作时没有差异，可以确定政府监督在博弈均衡状态下的最优概率，令 $u_3=u_4$，通过计算整理得：

$$P_g = \frac{\beta-\alpha\theta}{P_{gs}K\beta}$$

由此，我们所建立的博弈模型的混合战略纳什均衡为：

$$P_e^* = \frac{G}{P_{gs}\lambda y(K\theta+L)}, \quad P_g^* = \frac{\beta-\alpha\theta}{P_{gs}K\beta}$$

模型分析：

企业违规操作均衡概率表示企业将存在最优概率 P_e^* 的可能性选择通过违规操作来换取更多效益。若企业在 $P_e > P_e^*$ 时选择违规操作，则政府进行监督是最优选择；相反，则政府无须监督；若企业在 $P_e = P_e^*$ 时选择违规操作，则政府可以通过随机选择的方式决定是否监督。$\partial P_e / \partial \lambda = -G / P_{gs} y (K\theta + L) \lambda^2 \leq 0$，表示随着违规使用资金的系数降低，企业违规发生的可能性也会相应降低，小额违规使用的概率超过大额违规使用的概率，很多企业在资金少量挪用时存在侥幸心理。在博弈模型的混合战略纳什均衡条件中，企业采取违规操作的最优概率 $P_e^* = G / P_{gs} \lambda y (K\theta + L)$ 取决于 G、P_{gs}、λ、y、K、θ、L 几个变量，其中政府下拨企业用于其绿色转型的资金 y、资金用于企业完成绿色转型的促成效用系数 θ、遗留问题处理损失效用系数 L、企业绿色转型资金挪用系数 λ 都独立于模型之外，从而企业采取违规操作的最优概率同政府监督成本 G 成正比，同 P_{gs} 成反比，且是 K 的减函数。因此，设法降低政府监督成本 G、提高监督质量以提高政府对企业违规活动的发现概率 P_{gs}、提高政府对企业违规行为的惩罚金系数 K，将会有效地降低企业在绿色转型过程中进行资金违规活动的概率。

政府监督的均衡概率表示政府将以最优概率进行监督。如果政府以 $P_g > P_g^*$ 的概率进行监督，则表示企业应选择正常操作；相反，企业将倾向选择违规操作；若政府以 $P_g = P_g^*$ 的概率进行监督，则企业在是否违规操作方面选择随机进行 $\partial P_g / \partial \beta = \alpha \theta / P_{gs} K \beta^2 \geq 0$，这表示政府选择监督的可能性与企业资金用于非绿色转型项目所产生的效用系数存在显著的正相关关系，换言之，政府需要加强对资金缺乏企业的监督。在资源型城市绿色转型的效用使用博弈模型的混合战略纳什均衡条件中，政府监督的最优概率为 $P_g^* = \beta - \alpha \theta / P_{gs} K \beta$，取决于 β、α、θ、P_{gs}、K 几个变量，其中企业绿色转型资金用于其他非绿色转型项目的效用系数 β 和资金用于企业完成绿色转型的促成效用系数 θ 都独立于模型之外，从而政府最优监督概率同 P_{gs}、K 成反比，是 α 的减函数。因此，提高监督质量以提高政府对企业违规活动的发现概率 P_{gs}、提高政府对企业违规行为的惩罚金系数 K、通过相应措施增加 α，都能降低政府的监督概率。

两种极端情况：若 $P_g^* = 0$，即政府可以不监督，则 $\beta - \alpha \theta = 0 \Rightarrow \beta y = \alpha \theta y$，此时资源型城市企业将绿色转型资金用于非绿色转型项目产生的效用与企业在绿色转型中分享的效用相等；若 $\beta y < \alpha \theta y$，则 $P_g^* < 0$，此时资源型城市企业将绿色转型资金用于非绿色转型项目产生的效用小于企业在

绿色转型中分享的效用，表示政府不存在监督的必要性，企业也倾向于选择正常操作。若企业正常操作效用远远高于违规操作的效用，则表示企业推动绿色转型可以实现效用最大化，政府没有进行监督的必要。若$P_g^*=1$，即政府一定要监督，则政府发现违规的最优概率$P_{gs}^*=\beta-\alpha\theta/K\beta$。若对违规行为洞悉的概率$P_{gs}>P_{gs}^*$，则企业应该将正常操作作为最优选择；反之将选择违规操作。监督成本通常和P_{gs}的大小存在紧密关系，通常而言，随着P_{gs}增加，政府所需的监督成本G越高。因此，提高对企业的惩罚金系数K、增加企业分享绿色转型效益的系数α，都能降低P_{gs}^*，从而降低政府监督成本。

2. 政府对内绿色管理

政府对内绿色管理指的是政府对其自身的绿色管理。发挥政府绿色管理、推动绿色转型的决策和主导作用，不可忽视政府对自身的绿色管理，政府应结合行政管理制度改革和行政效能建设，强化政府绿色管理能力运行的自律性控制和他律性控制，全力构建绿色管理新体系。

政府对自身的绿色管理压力来自其自律性控制和他律性控制两个方面。政府在绿色管理方面的自律性指的是政府在职权行使过程中的自我激励或者约束行为。政府相关人员通过加强相关专业知识的学习，全面推广绿色价值理念，从而不断提升绿色管理水平，充分发挥绿色管理能力建设的主动性、目的性以及创造性；换言之，政府通过内部管理制度的创新和改革，通过制定适当的竞争机制和奖惩机制，全面调动政府进行绿色管理的意愿。同时，建立政府内部权限的分配机制，避免在绿色管理过程中出现权力集中或者权力垄断，最大限度消除绿色管理过程中出现的乱作为问题。政府在绿色管理过程中的他律性指的是外部因素对政府职权行使的激励性或者约束性的作用。他律性是否可以发挥作用在很大程度上取决于社会的绿色意识以及社会参与的积极性；但是，通过建立健全相关的制度和法律，可以实现对政府绿色管理的制度约束和法治约束，从而最大限度发挥规范、激励以及提升的效能[1]。

政府构建对自身绿色管理的新体系包含以下几个方面：一是强化绿色标准体系的建设，通过绿色标准的实施，为政府的绿色管理提供着力

---

[1] 黄爱宝：《政府绿色管理能力建设：内涵、动因与任务剖析》，《云南社会科学》2008年第4期。

点，通过制定绿色管理的标准体系，为政府的绿色管理提供必要依据，从而形成绿色管理的基本导向。二是加强政府组织建设，提升政府绿色管理的公开性和透明性，通过绿色管理资源的合理配置，推动资源节约型和环境友好型社会的建设，提升全社会的绿色环保意识；就消费税的增设进行广泛的讨论，通过加强课税的方式，降低资源的过度浪费[①]。三是强化绿色政绩考核体系建设。建立并实施绿色政绩考核体系，通过政府和市场力量的综合使用，同时发挥非政府组织的力量、社会道德的力量、知识的力量，与此同时，全面调动舆论媒体的力量，在全社会范围内推广绿色文化，引导全社会广泛关注绿色转型问题，并为资源型城市绿色转型贡献力量。四是加强制度建设，为绿色转型的监管提供制度保障。构建重大决策失误责任追究制度、决策评估制度、专家决策咨询论证制度、决策公示和听证制度、管理失职渎职责任追究制度等，尽可能地避免政府失灵问题。

第三节　检测系统：绿色转型与绿色发展能力评价指标体系

检测系统是对资源型城市绿色转型进行的科学评价，是综合反映经济、社会、资源、环境长久健康发展的要素，是衡量企业运营、产业结构、政府管理的标尺，是考察资源型城市绿色发展能力的指标体系。从绿色转型内涵出发，考察并评价资源型城市绿色发展能力，有助于观察经济社会发展中无限需求与资源环境运行中有限供给之间的矛盾，有助于发现企业运营、产业结构、政府管理中的问题与不足，从而协调因素与主体间的关系，推进绿色转型顺利进行。

一　从绿色转型内涵考察资源型城市绿色发展能力

从绿色转型原因维考察绿色发展能力。人类在发展进程中，为了满足不断增长的物质需求，保证经济社会的持续快速发展，不断向资源进行索取，向环境进行排放，一直采取"高投入、高消耗、高污染"的传

---

① 张兵生：《政府绿色管理：基本依据、构建路径和战略着力点》，《中国行政管理》2007年第4期。

统发展模式。尤其是众多资源型城市，经过常年大规模、高强度、大面积的资源开采，各类高耗能工业迅速发展，使资源损耗严重，城市环境急剧恶化。然而，人们推动经济发展和社会进步的愿望并没有减退，物质追求也在与日俱增，因此人们无限需求与资源环境有限供给之间产生了矛盾，直接影响着城市的绿色发展能力，也迫使资源型城市进行绿色转型。

从绿色转型方法维考察绿色发展能力。企业是绿色转型的微观主体，资源型城市绿色发展能力的提升，离不开对市场经济微观主体的绿色塑造，因此必须提高企业运营全过程的绿化程度，创造新的企业生态经济系统，完成自身绿色生产链的构建，以及纵向生态工业链的组合与横向绿色供应链的贯穿；产业是绿色转型的中观主体，提升绿色发展能力必须把构建绿色产业体系作为战略重点和突破口，进行物质、技术、生态三大产业群的绿色化构建及重组；政府是绿色转型的宏观主体，是确保资源型城市绿色发展能力的重要因素，作为推进产业绿色转型的主要力量，政府必须发挥自身的主导作用和决策作用，为实现经济、社会、资源、环境多方面效益的高度统一而实施强有力的绿色管理[1]。

二 资源型城市绿色发展能力评价指标体系设置

（一）评价指标体系设置的必要性及原则

1. 评价指标体系设置的必要性

资源型城市的绿色转型是一个综合性的工程，具有高度的复杂性和系统性，涵盖了经济、社会、资源、环境等子系统。这种复杂情况决定任何资源型城市的绿色转型都将经历一个漫长的过程。在这个过程中，除了需要制定相应的绿色转型目标、规划、行动及政策法规外，还需要对绿色转型的实施过程进行监控。任何一种单项的指标都无法科学且全面地评价资源型城市的绿色转型效率，所以，若要科学合理地评价资源型城市绿色转型，就有必要整合各种类型的孤立指标，建立全面、完善的指标体系，从而为资源型城市的绿色转型评价提供必要依据。不仅如此，通过建立评价指标体系，还可以实现对资源型城市绿色转型的实时监控，从而保障政府和社会大众的知情权，提升政府决策的科学性与合理性，确保资源型城市在绿色转型过程中不偏离正确的轨道。

资源型城市绿色转型复合系统研究的核心问题就是要探寻资源型城

---

[1] 张兵生：《绿色经济学探索》，中国环境科学出版社 2005 年版，第 302 页。

市经济、社会、资源、环境相协调的可持续发展问题。资源型城市绿色发展能力评价指标体系必须体现这一主导思想。指标体系对系统有着至关重要的作用，主要体现在：一方面，从功能上，指标是对客观世界的一种刻画、描述和度量，是一种"尺度"和"标准"。因此，资源型城市绿色发展能力评价指标体系将尝试明确资源型城市绿色转型复合系统目前的关键问题所在，刻画复合系统整体的发展状态和发展趋势。另一方面，从形式上，资源型城市绿色发展能力评价指标体系应具有一定的功能结构。复合系统的发展是一个动态过程，所以资源型城市绿色发展能力评价指标体系的内容也将是一个多属性、多层次、多变化的体系。它不是一组指标的独立出现，也不是一组指标的简单堆砌，而是多方面的测试指标有机结合而形成的综合体。

2. 评价指标体系设计原则

建立资源型城市绿色转型评价指标体系，需要明确所需要的指标。在指标选择过程中，不但要立足各项统计数据，还要对原有的统计指标和数据进行综合，在对比分析的基础上，进行广泛的创新。通常而言，在设置具体指标时，需要坚持以下几方面原则。

科学性原则。对资源型城市而言，绿色转型是一个复杂的系统性的工程，必须在科学理念的指导下进行。因此，只有通过科学的方法，选择合理的指标，才能真实、客观地体现资源型城市进行转型的特征和趋势，进而评估资源型城市绿色转型的潜力。

整体完备性原则。在指标体系的确定过程中，需要每一个指标都可以全面、准确地反映、描述和涵盖绿色转型进程的内涵和特征，从各个层次、各个角度反映复合系统的运行状况及系统的变化趋势和动态发展过程。

代表性原则。指标体系应涵盖为达到评价目的所需的基本内容。评价指标并非多多益善，关键是在评价过程中所起作用的大小。因此，评价资源型城市绿色转型的成效，必须选择具有代表性的指标，可以全面、真实地反映绿色转型的具体效果，通过指标表达评价内容，并用以认识社会，研究及提示资源型城市绿色转型的规律性。

独立性原则。每一个指标都需要反映特定的内容，因此，独立性是指标选择必须考虑的原则。在设置指标体系时，要突出简明扼要、层次分明的特征，以绿色转型评价为核心，设置整个评价体系，确保评价结论可以反映绿色转型的具体效果。

可操作性原则。所有选择的指标都应该具有可比性、可测性。在指标选择过程中，应首先强调指标的可获取性，并按照国际通行的标准采集相关数据，并结合科学的计量方法对相关指标进行评估；其次，在特定的计量范围内，选择和计量单位相匹配的指标，以便进行横向和纵向对比分析；最后，重点选择代表性较强的核心指标，以可操作为基本导向，强调指标的实效性。

动态性原则。资源型城市的绿色转型是复杂的、系统的、长期的动态过程，因此，只有动态指标才能更合理地评估绿色转型的成效，在指标选择过程中应该首选可以描述系统演化过程的动态指标。

通用性原则。不同的资源型城市在发展类型方面存在较大差异，其发展历程具有一定的独特性，因而绿色转型面对的问题也有所不同，所以，在选择指标的过程中，需要选择通用性指标才有利于对绿色转型效果进行合理评价。

引导性原则。引导性原则要求对资源型城市的综合评价不仅反映一个结果，更要注重过程的引导，因此指标的选取不仅要反映资源型城市的现状，更要体现城市未来的发展趋势，使其具有监督、预测和评价功能。整个评价过程要以可持续发展为目标，从而引导城市转型向着目标发展。

（二）资源型城市绿色发展能力评价指标体系的构成

针对资源型城市绿色发展能力评价指标的构建应可以体现经济建设、社会发展、资源使用、环境保护、企业运营、产业重构、政府管理七大子系统的整体趋势及发展情况，并对七大子系统的协调状态进行合理评价。在指标体系的建设过程中，不但需要坚持一般性原则，还需要贯彻实施可持续发展的基本导向，突出体现资源型城市的基本特征。总体而言，在指标体系建设过程中应重点关注以下功能：一是可以体现资源型城市经济发展的综合实力；二是可以体现社会发展系统的运行情况；三是可以体现主导资源型产业的发展情况以及资源的开采程度；四是可以体现环境的可承载能力以及区域经济发展的可持续性；五是可以体现企业的科技研发水平与污染治理能力；六是可以体现产业结构状况，尤其是资源型产业的产业规模及产业结构；七是可以体现政府对经济社会发展的宏观调控政策以及在资源节约和环境保护领域的财政投入情况。根据上述原则，立足基本发展理念，本书初步确定资源型城市的绿色发展能力评价指标体系，如表 5.9 所示，以期为制定合理的绿色转型策略奠定基础。

表 5.9　　资源型城市绿色发展能力评价指标体系

一级	二级	三级	四级
资源型城市绿色发展能力 A	经济 B_1	经济规模 C_1	GDP 总量 X_1、社会固定资产投资 X_2、外商直接投资 X_3
		经济效益 C_2	GDP 增长率 X_4、人均 GDP X_5、社会消费品人均零售额 X_6、社会劳动生产率 X_7
	社会 B_2	人口与城市化 C_3	人口密度 X_8、人口自然增长率 X_9、城市化率 X_{10}
		收入与消费 C_4	在岗职工平均工资 X_{11}、城镇居民可支配收入 X_{12}、农民人均纯收入 X_{13}、城镇居民人均消费支出 X_{14}、农民人均生活消费支出 X_{15}、城市居民家庭恩格尔系数 X_{16}、农村居民家庭恩格尔系数 X_{17}
		社会和谐与稳定 C_5	社会从业人员 X_{18}、年末城镇登记失业率 X_{19}、刑事案件立案数 X_{20}、生产安全事故下降率 X_{21}
	资源 B_3	核心资源产量 C_6	一次能源产量 X_{22}、二次能源产量 X_{23}、人均核心资源产量 X_{24}
		能源消耗 C_7	万元 GDP 能耗 X_{25}、万元 GDP 用水量 X_{26}、万元 GDP 主要能源消费量 X_{27}、万元 GDP 全行业用电量 X_{28}、人均生活用水量 X_{29}、人均主要能源消费量 X_{30}、城乡居民人均用电量 X_{31}、化肥施用量 X_{32}、农药使用量 X_{33}
	环境 B_4	废物排放与处理 C_8	万元 GDP 污水排放量 X_{34}、万元 GDP 污水利用量 X_{35}、工业固体废物排放量 X_{36}、工业固体废物综合利用率 X_{37}、工业危险废物综合利用率 X_{38}、生活垃圾产生量 X_{39}、生活垃圾无害化处理率 X_{40}
		城市绿化与生态投入 C_9	市区二级以上空气质量天数 X_{41}、空气污染综合指数 X_{42}、道路清扫保洁面积 X_{43}、市容环境专用车 X_{44}、公共厕所 X_{45}、建成区绿化覆盖面积 X_{46}、建成区绿化覆盖率 X_{47}、绿地率 X_{48}、人均公共绿地面积 X_{49}
	企业 B_5	生产技术水平 C_{10}	申请专利数 X_{50}、技术市场登记技术合同数 X_{51}、技术市场登记技术合同成交金额 X_{52}、规模以上工业企业核心资源生产能力 X_{53}、规模以上工业企业核心资源生产量 X_{54}
		科技研发投入 C_{11}	规模以上工业企业 R&D 人员数 X_{55}、规模以上工业企业 R&D 人员折合全时当量 X_{56}、规模以上工业企业 R&D 经费内部支出 X_{57}、规模以上工业企业 R&D 经费外部支出 X_{58}、规模以上采矿业企业 R&D 人员数 X_{59}、规模以上采矿业企业 R&D 人员折合全时当量 X_{60}、规模以上采矿业企业 R&D 经费内部支出（万元）X_{61}、规模以上采矿业企业 R&D 经费外部支出（万元）X_{62}

续表

一级	二级	三级	四级
资源型城市绿色发展能力 A	产业 B_6	产业与就业结构 C_{12}	第二产业产值占 GDP 比重 X_{63}、第三产业产值占 GDP 比重 X_{64}、第二产业从业人员比重 X_{65}、第三产业从业人员比重 X_{66}
		工业生产经营能力 C_{13}	工业企业单位数 X_{67}、工业企业全部从业人员年平均人数 X_{68}、工业亏损企业单位数 X_{69}、工业亏损企业亏损总额 X_{70}、工业企业总产值 X_{71}、工业企业销售产值 X_{72}、工业企业利润总额 X_{73}、工业企业利税总额 X_{74}
		重工业生产经营能力 C_{14}	重工业企业单位数 X_{75}、重工业企业全部从业人员年平均人数 X_{76}、重工业亏损企业单位数 X_{77}、重工业亏损企业亏损总额 X_{78}、重工业企业总产值 X_{79}、重工业企业销售产值 X_{80}、重工业企业利润总额 X_{81}、重工业企业利税总额 X_{82}
		核心资源产业生产经营能力 C_{15}	核心资源产业企业单位数 X_{83}、核心资源产业企业全部从业人员年平均人数 X_{84}、核心资源产业亏损企业单位数 X_{85}、核心资源产业亏损企业亏损总额 X_{86}、核心资源产业企业总产值 X_{87}、核心资源产业企业销售产值 X_{88}、核心资源产业企业利润总额 X_{89}、核心资源产业企业利税总额 X_{90}
	政府 B_7	财政收入 C_{16}	一般公共预算收入 X_{91}、企业所得税 X_{91}、个人所得税 X_{93}、资源税 X_{94}
		财政支出 C_{17}	一般公共预算支出 X_{95}、一般公共服务支出 X_{96}、公共安全支出 X_{97}、社会保障和就业支出 X_{98}、医疗卫生支出 X_{99}、教育支出 X_{100}、科学技术支出 X_{101}、资源勘探信息等支出 X_{102}、节能环保支出 X_{103}

该指标体系由 1 个一级指标、7 个二级指标、17 个三级指标、103 个四级指标构成。其中，一级指标为目标层，即资源型城市绿色发展能力，它是整个指标体系衡量的最高综合目标；二级指标为准则层，确保总体目标实现的主要系统层次，来自绿色转型内涵原因维和方法维的经济、社会、资源、环境、企业、产业、政府 7 项指标，它们具有高度的概括性，是评估的核心内容；三级指标为要素层，是对二级指标准则层的进一步表征，包括经济规模、经济效益、人口与城市化、收入与消费、社会和谐与稳定、核心资源产量、能源消耗、废物排放与处理、城市绿化与生态投入、生产技术水平、科技研发投入、产业与就业结构、工业生

产经营能力、重工业生产经营能力、核心资源产业生产经营能力、财政收入、财政支出共17项指标；四级指标为基础层，共包括103项基础性指标，可由统计资料直接获得或通过统计资料计算获得。

三　资源型城市绿色发展能力评价方法简述

资源型城市绿色发展能力评价指标体系若只是单纯设置指标并不能实现预期评价目的，还需要选择针对性的评价方法，构建评析分析模型，对资源型城市绿色发展能力进行综合评价。

层次分析法（Analytic Hierarchy Process，AHP）是美国运筹学家T. L. Saaty教授于20世纪70年代提出的一种重要研究方法，是将定性与定量决策结合起来，按照思维、心理规律把决策过程层次化、数量化，解决多方案或多目标的决策方法。层次分析法是立足社会主观判断进行客观分析的一种方法，是一种定量结合定性的系统分析模式。人的思维在系统分析法的应用过程中出现数量化、层次化的趋势，可以为数据分析、变量控制以及决策预估提供必要依据，是一种基于多准则、多目标的决策理念。

（一）层次分析法的基本思想

层次分析法（AHP）可以用于解决现实中复杂的经济、社会问题等。一般来说，人们在处理现实生活管理领域中的这类复杂问题时，需要面对一个复杂的系统，其构成要素互相作用、互相制约，AHP则为其解决开辟了一条全新的、简单明了、方便快捷的道路。AHP主要用于确定指标体系中各个指标所占百分比，其适用范围是对各个样本进行综合评价。

AHP基本思想：将要解决的问题，按照一定的规则，划分为许多相互关联的因素，然后将这些影响因素按照所属类别进行分组，每组因素从不同的角度反映这个复杂问题，进而获得一个有序的层次结构。在此基础之上，针对单层次结构模型中各组成因素，通过两两对比，人为主观地确定其相对重要性程度，从而最终确定这些因素在决策评价中权重的相对大小。综上所述，AHP属于主观赋权法的一种。

在AHP结构模型中，复杂的科学问题被分解为由其各个影响因素构成的、按照一定的属性或关系形成的层次性的体系，其中高一层次的因素对低一层次起到支配作用。AHP为决策者提供了便利，因而被广泛运用。AHP中的层次具体可划分为以下三大类：目标层，也被称为最高层，在这个层次里一般只包含一个因素，它代表拟解决复杂问题的最终目标；准则层，也被称为中间层，由准则层和子准则层构成，包含所有中间内容；

方案层，也被称为最底层，包含目标实现过程中的全部措施、方案。一般来说，模型中所包含的层次数越多，所要解决的实际问题越复杂。对于一般情形的多层次结构模型，其求解过程就是在简单情形的基础上，在最开始增加建立评价指标体系也就是递阶层次结构的构建，在最后增加各个因素组合权重的计算以及对于层次总排序计算结果的一致性进行评价。

（二）层次分析法的优势和缺陷

优势方面，AHP 将定性与定量结合起来，将人们对于问题的主观判断定量化，由此可扩大该评价方法的应用范围，解决很多传统的评价方法解决不了的实际问题。除此之外，AHP 提供了层次、系统的思想，简单明了，将现实中复杂问题层次化，使决策者和管理者可以认真考虑各评价指标之间的相对重要性。

缺陷方面，AHP 避免不了主观赋权法的主观性与随意性，由于专家认识上的模糊性和差异性，不同评价专家所给出的相对重要性有所不同；当同一层次的评价指标过多时，有可能导致决策者或管理者运用 AHP 进行评价时出现混乱，容易出现判断矩阵不一致的现象；评价主体在进行 1—9 阶标度时，如果没有理解两两比较判断矩阵的原理和实际含义，就无法运用 AHP 进行科学的评估。

（三）层次分析法的具体步骤

第一，原始数据的标准化处理。消除各指标因量纲不同对评价结果带来的影响，采用全距（极差）标准化法，对各原始数据进行标准化处理，计算公式为：$\bar{x}=(x_{ij}-x_{min})/(x_{max}-x_{min})$，$x_{ij}$ 为正指标；$\bar{x}=(x_{max}-x_{ij})/(x_{max}-x_{min})$，$x_{ij}$ 为负指标。式中，x_{ij} 为指标观察值；x_{max}、x_{min} 分别为不同时期同一指标的最大值和最小值；$\bar{x}$ 为 x_{ij} 的标准化值。

第二，明确总量，建立递阶层次结构模型。首先，清晰认识总量，通过分析问题所涵盖的具体因素，并对因素之间的隶属和关联性进行研究。基于问题分析，分组处理问题涵盖的因素，明确不同因素的共同特性，并将其纳入系统中的新层次体系，同时，按照另外一种特性，将上述因素进行重新组合，进而构建层次较高的分析因素，并最终确定更高层次的因素，并形成最终的最高层次因素。在此基础上，逐渐形成了由最低层、中间层以及最高层形成的多层次结构分析模型。

递阶层次结构在第一层仅仅有一个元素，而不同层次的元素通常分布在不同的层次,结构中某一层次的元素和上下层元素之间具有显著的支配作用。相对而言,元素如果位于同一层次,则其不存在直接的关系。和其他指标体系相比,递阶层次结构体系可以比较真实地体现不同子系统之间的支配关系。所以,递阶层次结构指标体系是研究资源型城市绿色发展能力的理想工具,它能贴切地反映大系统内各子系统之间不同因素主体之间的联系,通过这种类型指标体系可以对资源型城市的绿色转型进行合理评估,可以得到真实有效的评价结构。

在所有的综合指标体系中,不同层次的指标体现不同领域的问题,整体而言,综合指标值并非简单的加法,而是加权求和的分析方法,它具有较高的准确性,即 $A = \sum_{i=1}^{n} W_i \cdot P_{i(V)}(i \in [1, n])$。式中,$A$ 是综合指标值,W_i 是各分指标项组合权重值,$P_{i(V)}$ 是各分指标测量值。

第三,构建判断矩阵,在建立递阶层次结构指标体系的基础上,立足上一层次的指标因素,通过对比矩阵的分析,获得相对的重要性程度。

在递阶层次结构综合指标体系建立之后,针对上一层次指标因素,下一层次与之有联系的分指标之间两两进行比较所得的相对重要性程度,用具体的标度值表示出来,写成矩阵的形式,这就是判断矩阵。现阶段,指标的主观评价体系通常无法量化分析,统计难度较高,其主要问题在于不同指标之间缺乏可度量的标度。在层次分析法的应用过程中,通过矩阵列示指标项,将有关指标子系统或指标项在描述某一种现象中所起作用的程度进行两两比较,其结果用 1—9 比例标度法表示出来,如表 5.10 所示。用上述标度方法可对每一层次中各单元的相对重要性给出一定的判断,并构建自上而下的判断矩阵。

表 5.10　　　　　　　　　　1—9 标度含义

标度	含义
1	表示两个因素相比,具有相同重要性
3	表示两个因素相比,前者比后者稍重要
5	表示两个因素相比,前者比后者明显重要
7	表示两个因素相比,前者比后者强烈重要
9	表示两个因素相比,前者比后者极端重要
2, 4, 6, 8	表示上述相邻判断的中间值
倒数	若因素 i 因素 j 的重要性之比为 a_{ij},那么因素 j 因素 i 的重要性之比为 $a_{ji} = 1/a_{ij}$

第四，确定层次的权重值，并进行一致性检验，按照判断矩阵对各个指标子系统或者指标的相对权重进行评价。以判断矩阵 $X = (x_{ij})_{n \times n}$ 为例，即 $XW = \lambda W$。式中，X 为判断矩阵，λ 为特征根，W 为特征向量。

用和积法求出判断矩阵的最大特征根。首先将判断矩阵每一列进行归一化，即计算每列各个因素的加和，然后用原有矩阵的每列的各个元素除以各列的加和，就得到了一个向量矩阵，再对向量进行归一化处理，就求得了矩阵的特征向量 W。计算矩阵的最大特征根，用 λ_{max} 表示，$\lambda_{max} = \sum_{i=1}^{n} (XW)_i / nW_i$。

在建立判断矩阵的过程中，若对两两元素进行比较所做的判断能做到前后完全一致，则所建立的判断矩阵就为完全一致的正互反矩阵。利用正互反矩阵特征根的取值特性，可有效地界定判断矩阵的一致性程度。在层次分析法的应用过程中，需要对所有判断矩阵进行一致性检验，为最终评价结果的准确性提供基础。对判断矩阵的一致性检验步骤如下：首先，根据矩阵最大特征根计算一致性指标 CI，其计算方式为 $CI = (\lambda_{max} - n)/(n-1)$；其次，查找相应的平均随机一致性指标 RI，对 $n = 1, \cdots, 9$，Saaty 给出了 RI 的值①，如表 5.11 所示；再次，计算一致性比例 CR，其计算方式为 $CR = CI/RI$，当 $CR < 0.1$ 时，可以确定判断矩阵具有可接受的一致性检验成果，相反，如果判断标准不满足一致性检验要求，则需要进行相应调整。

表 5.11　　　　　　　　　一致性检验

n	1	2	3	4	5	6	7	8	9
RI	0	0	0.58	0.90	1.12	1.24	1.32	1.41	1.45

第五，计算不同层次的组合权重。根据以上的论述可以发现，资源型城市的绿色发展能力的综合计量值为 $A = \sum_{i=1}^{n} W_i \cdot P_{i(V)} (i \in [1, n])$。在对判断矩阵权重值进行计算后，确定不同层次的分离权重值，具体的计算公式为 $\overline{W}(B_{ij}) = W(C_i) \cdot \overline{W}(C_{ij}) (i \in [1, m], j \in [1, n])$。式中，$\overline{W}(B_{ij})$ 为 C_{ij} 指标项相对于 C_i 权重值的组合权重，$W(C_i)$ 为 C_i 的权重值，

---

① RI 的值是这样得到的，用随机方法构造 500 个样本矩阵，随机地从 1—9 及其倒数中抽取数字构造正互反矩阵，求得最大特征根的平均值 λ'_{max}，并定义 $RI = (\lambda'_{max} - n)/(n-1)$。

$\overline{W}(C_{ij})$ 为 X_{ij} 指标项相对于 X_i 权重值的组合权重。

总体来看，AHP 的优势在于分析路径明确，可以提升数学化、系统化以及模型化程度，针对多目标、多层次的问题的适用性较强，是一种较为有效的决策分析方式。

第四节　本章小结

本章对资源型城市绿色转型复合系统中的动力系统、操作系统、检测系统进行了分解。

第一，动力系统探讨的是资源型城市进行绿色转型的原因。经济、社会、资源、环境四大因素共同构成的动力系统，是人类进行这种绿色探索的推动力量。本章在动力系统中引入绿色转型效率概念，并通过构建绿色转型效率公式，进一步分析绿色转型与经济社会发展、资源消耗与环境负荷之间的关系。绿色转型效率具有以下三方面内涵：首先，绿色转型效率集经济绩效和资源环境绩效目标于一体，它强调以较少的资源投入和较低的环境成本创造较高质量的产品，提供具有竞争力价格的产品和服务。因此，代表着经济、社会获得了生产效益，资源、环境获得了生态效益的双赢状态。其次，绿色转型效率为生产提供了一个将自身纳入绿色转型演化过程中的重要机会，将可持续发展具体化为生产的目标。绿色转型效率成为社会生产过程绿色转型、实现可持续发展的重要手段和衡量工具。最后，绿色转型效率强调在提供数量更多、品质更好的产品及服务时，将整个生命周期内对资源环境的影响控制在最小，即从资源开采、运输、制造、销售、使用、回收、再利用到分解处理的全过程，将资源的使用以及废弃物和污染的排放降至最低，使之在资源环境的承载力范围之内。

第二，操作系统探讨的是资源型城市进行绿色转型的具体方法。该操作系统中包含三个子系统，即基础子系统——企业、支撑子系统——产业、决策子系统——政府。企业、产业、政府三大主体与资源型城市绿色转型息息相关。其中，绿色企业是资源型城市绿色转型的微观操作基础；绿色产业是资源型城市绿色转型的中观操作支撑；绿色政府是资源型城市绿色转型的宏观操作保障。本章在操作系统中探讨资源型城市企业、产业、政府三大主体的绿色转型方向。首先，构建企业绿色概念模型，研究企业进行绿色转型的驱动因素，分析企业绿色转型的运营过程。本章指出，作为一个整体的、系统的概念，绿色企业以技术、竞争为驱动，力图通过自身在生产、监控等环节的全方位"绿化"变革，实现企业间线环架构发展模式，完成自身绿色生产链的构建、纵向生态工业链的组合与横向绿色供应链的贯穿。其次，构建绿色产业体系，打破传统三次产业的划分方法，将产业体系划分为七次产业，构建出以物质产业群为主体，以技术产业群、生态产业群为两翼的创新型绿色产业体系。该体系包含三大组成部分：物质产业群、技术产业群、生态产业群，其中物质产业群可看作整个绿色产业体系的主体产业群，技术产业群为绿色产业体系的产业支持系统，生态产业群为绿色产业体系运营的外部环境提供了有力保障，它们共同构成了资源型城市绿色产业体系的辅助产业群。资源型城市产业体系绿色重构的目标就是要实现产业结构的软化与绿化，即实现产业结构技术化与生态化的相互协调与融合发展。最后，分析政府的宏观经济政策对我国资源型城市兴衰的影响，梳理了21世纪以来国家关于资源型城市发展的主要政策措施，阐述政府绿色管理的具体实现手段，包括对外绿色管理和对内绿色管理两部分。

第三，检测系统探讨的是资源型城市进行绿色转型的科学评价。从绿色转型的内涵出发，考察并评价资源型城市绿色发展能力，有助于观察经济社会发展中无限需求与资源环境运行中有限供给之间的矛盾，有助于发现企业运营、产业结构、政府管理中的问题与不足，从而协调因素与主体间的关系，推进绿色转型顺利进行。本章在检测系统中利用层次分析法构建资源型城市绿色发展能力评价指标体系，在指标体系建设过程中重点关注以下功能：一是可以体现资源型城市经济发展的综合实力；二是可以体现社会发展系统的运行情况；三是可以体现主导资源型产业的发展情况以及资源的开采程度；四是可以体现环境的可承载能力以及区域经济发展的可持续性；五是可以体现企业的科技研发水平与污染治理能力；六是可以体现产业结构状况，尤其是资源型产业的产业规模及产业结构；七是可以体现政府对经济社会发展的宏观调控政策以及在资源节约和环境保护领域的财政投入情况。根据上述原则，立足基本发展理念，本书初步确定资源型城市的绿色发展能力评价指标体系，由1个一级指标、7个二级指标、17个三级指标、103个四级指标构成，为资源型城市绿色转型太原案例的实证分析打好基础。

第六章 案例研究：山西省太原市绿色转型

太原市是山西省的省会，是中国22个特大城市之一，地处我国东部、中部、西部三大经济带的结合部，在全国对外开放和经济发展布局中，具有承东启西、连接南北的双向支撑作用。太原古称晋阳、并州，是一座具有2500年建城历史的文化名城，是我国北方著名的军事、文化重镇和闻名世界的晋商都会。太原物华天宝，资源丰富，矿藏繁多，尤以煤、铁储量为最，素称"煤铁之乡"。

太原市是全省政治、经济、文化、科技、教育、信息中心，也是我国能源、重化工业基地。作为我国近代重型机械装备工业的发祥地之一，太原市拥有全国最大的特种钢生产基地、主焦煤生产基地、煤炭综合利用加工基地。新中国成立70多年来，特别是改革开放以来，太原市国民经济和各项社会事业有了长足的进步，综合实力显著增强，城市面貌发生了明显改观，人民生活水平不断提高。以煤炭为主的产业结构正在逐步改变，现已发展成为以冶金、机械、化工、煤炭工业为主体，轻纺、电子、食品、医药、电力和建材工业具有相当规模，工业门类比较齐全的工业城市，而且近年来第三产业蓬勃发展，产业结构不断优化。

太原市长期以来在严重依赖资源却不能高效利用资源的"黑色"经济模式下，生态环境逐渐恶化，发展后劲不足，面临资源环境承载力不断削弱的窘境。太原市率先积极探索绿色转型模式，于2006年年初把建设创新型城市、整体推进绿色转型与绿色发展列入"十一五"规划纲要，并出台全国首个地方性"绿色转型"标准体系，成为全国资源型城市绿色转型的先锋。太原市绿色转型实践是本书的主要感性经验来源，为本书理论框架的搭建提供了重要启发。

第一节 太原城市发展分析

为深入探讨太原市的绿色转型,本节首先对太原市经济、社会、资源、环境四大因素及企业、产业、政府三大主体的发展状况进行初步分析。

一 四大因素角度[①]

(一)经济因素方面

根据国家统计局、太原市统计局发布的历年官方统计数据(见附录B),绘制国家及太原市地区生产总值增长率的时间序列图,如图 6.1 所示。从图中可以看出,太原市地区生产总值发展趋势与全国整体经济增长状况密切相关。"六五"至"九五"时期,太原市经济增长速度在全国平均水平上下波动;进入"十五"以来,太原市出现了前所未有的超前增长形势,增长速度明显高于全国水平;"十一五"和"十二五"时期,再次呈现波动态势。2018 年,太原市实现地区生产总值 3884.48 亿元,比

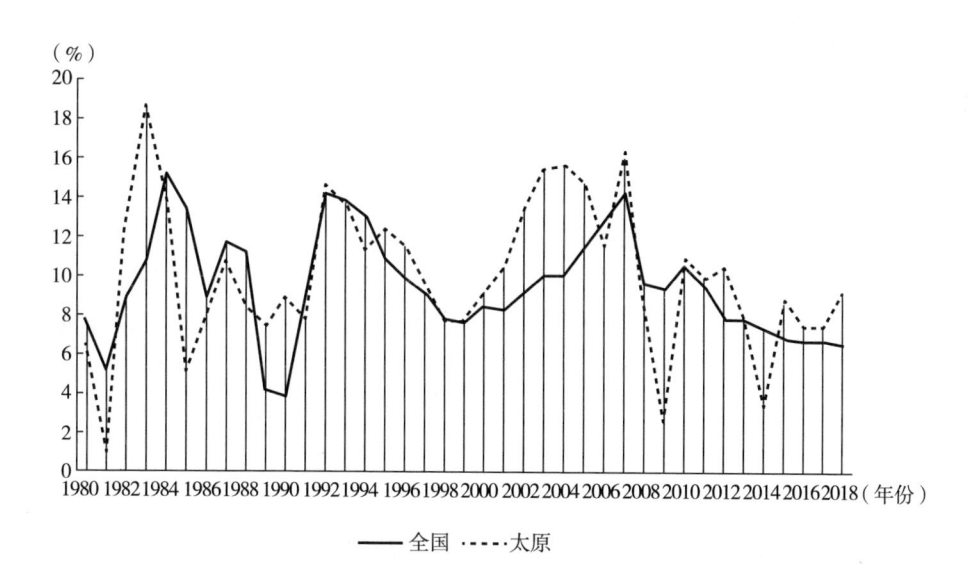

图 6.1 全国与太原市地区生产总值增长率时间序列

[①] 本节未注明来源数据均根据《太原统计年鉴》(2009—2019 年)相关数据计算整理。

2017年增长9.2%。按可比价格计算，1981—2018年太原市地区生产总值年平均增长14.55%，略低于全国同期14.90%水平，如表6.1所示。

表6.1　　　　　太原市与全国国内生产总值年均增长率　　　　单位：%

时期 区域	"六五"	"七五"	"八五"	"九五"	"十五"	"十一五"	"十二五"	2016—2018年	1981—2018年
太原市	14.67	16.26	18.98	12.25	17.92	14.70	9.00	11.80	14.55
全国	14.68	15.71	26.58	10.33	13.31	17.08	10.73	9.49	14.90

"六五"时期，国家刚刚开始实施改革开放战略，在农村经济体制改革的推动下，农业和轻工业得到了快速发展。政策的释放效应带来了太原市改革开放初期的第一个经济增长的高潮，增长率在1983年达到了改革开放以来的最高点——18.7%。"六五"时期，太原市地区生产总值年均增长率为14.67%，与全国同期水平基本持平。

"七五"时期，太原市经济在经历了波动比较剧烈的第一个经济运行周期后，开始进入第二个运行周期，经济发展重点主要在能源重化工基地的建设上。农村经济体制改革的政策释放效应逐渐减退，以城市为中心的改革开放政策开始显现出对经济增长的巨大拉动作用。国家提出以"梯度发展理论"为核心的区域经济发展战略，该战略明确了我国经济分布客观上存在的东部、中部、西部三大地带。太原市作为一个中部城市，没能赶上这一时期国家给予东部沿海城市的优惠政策，错过了一次快速发展的大好时机，与东部沿海地区的差距开始逐渐拉大。"七五"时期，太原市地区生产总值年均增长率为16.26%，高于"六五"时期的水平，也高于同期全国平均水平0.55个百分点。"七五"后期，我国经济相继经历了"投资与消费双膨胀""市场疲软"，全国经济增长速度跌入谷底。太原市受全国宏观经济运行情况的影响，1986—1990年国内生产总值增长率分别为7.7%、10.8%、8.4%、7.4%和8.9%，呈现出一个较小的波动。

"八五"时期，国家对社会主义市场经济的改革方向正式确立，特别是1992年邓小平"南方谈话"之后，全国经济发展进入新一轮的高潮，太原也进入改革开放以来的第三个运行周期。太原市地区生产总值年均增长率为18.98%，虽比全国同期26.58%的水平显著落后，但高于"七五"时期的经济增长水平，经济总量相应上了三个台阶。1991年太原地区生产总值突破百亿元，1995年跨入全国超200亿元城市行列。

"九五"时期，国内外经济形势出现了重大变化。随着亚洲金融危机的爆发，对外贸易和金融稳定受到一定的影响；全国长期的短缺现象消失，买方市场初步形成，经济结构调整加快，市场竞争激烈。面对多种困难，太原市经济增长出现了下滑，地区生产总值年均增长率为12.25%，低于"八五"时期的经济增长率，但仍高于同期全国经济增长率。

"十五"时期，受全国能源、原材料等生产资料价格回升的影响，工业经济出现快速增长势头。地区生产总值增长速度与全国和全省相比明显加快，地区生产总值连续跨越五个百亿元：2001年跨越400亿元达到454.74亿元；2002年跨越500亿元达到507.31亿元；2003年跨越600亿元达到619.31亿元；2004年跨越700亿元达到771.66亿元；2005年跨越900亿元达到910.06亿元。"十五"时期，太原市地区生产总值年均增长率达到17.92%，显著高于全国同期13.31%的年均增长水平，比"九五"平均增速提高5.67个百分点，比"十五"计划目标平均预期增长9%高出8.92个百分点，提前一年实现"十五"计划目标，成为改革开放以来经济发展最快的时期。

"十一五"时期，太原市地区生产总值年平均增长率达14.70%，低于同期全国平均水平，经济增长走势并不明朗且波动较大。受国际金融危机及国内经济形势的影响，加之太原市开始推行绿色转型，严格执行"绿色高压线"，加大了煤炭资源整合力度，2008年太原市关停重组了90座9万吨以下煤矿，使2009年地区生产总值受到明显的影响，年增长率低于全国同期水平2.38个百分点，但是万元GDP能耗下降了27.15%。

"十二五"是太原市发展很不平凡的五年。五年来，全市地区生产总值由2011年的2114.69亿元增加到2015年的2780.08亿元。地区生产总值年均增长率9.00%，远低于"十一五"时期地区生产总值年平均增长率，也低于全国同期10.73%的年均增长水平，降为从"六五"至"十二五"七个五年计划以来的最低经济增长率水平。"十二五"时期的前两年，太原市基本延续了复苏与增长态势，但是进入2013年便出现断崖式下滑的迹象。传统产业钢铁、煤炭等工业品价格下跌、产能过剩、利润锐减，而新的增长动力尚未成长壮大，加之，太原市推行绿色转型与绿色发展，导致其在经济换挡期突然失速。2014年，经济增速一度降至3.3%；2015年，绿色转型发展与经济结构调整初见成效，经济增速恢复到8.9%，为"十三五"的经济持续增长奠定了基础。

"十三五"前三年，太原市经济发展稳中有进。地区生产总值年均增长率为11.80%，从"十二五"中后期的不利发展局面中得以恢复，高于全国同期9.49%的年均增长水平。2018年，全市实现地区生产总值3884.48亿元，比上年增长9.2%。其中，第一产业增加值41.05亿元，增长0.7%；第二产业增加值1439.13亿元，增长10.3%；第三产业增加值2404.30亿元，增长8.8%。第三产业中，交通运输、仓储和邮政业增加值191.57亿元，增长10.0%；批发零售和住宿餐饮业增加值515.68亿元，增长5.4%；金融业增加值522.52亿元，增长1.0%；房地产业增加值210.99亿元，增长4.8%；营利性服务业增加值576.94亿元，增长25.0%；非营利性服务业增加值384.77亿元，增长5.0%。人均地区生产总值88272元，比上年增长8.2%，按2018年平均汇率计算达到13339美元。

（二）社会因素方面

城乡人民的生活水平和生活质量明显提高。2018年，全年居民人均可支配收入31031元，比2017年增长7.2%。按常住地分，城镇居民人均可支配收入33672元，增长7.0%，城镇居民人均消费支出19912元，增长9.2%；农村居民人均可支配收入16860元，增长8.1%，农村居民人均消费支出12365元，增长7.1%。城乡居民收入比为2.00∶1，比2017年缩小0.02个百分点。从统计数据上来看，自进入"十二五"以来，太原市城市居民人均可支配收入与农村居民人均纯收入均呈现出持续稳定的上升趋势，表明太原市居民的生活水平得到了不断提升与改善。在消费价格指数方面，"十一五"以来，城镇居民消费价格指数经历了两个发展阶段：第一阶段为2006—2009年，受2008年"刺激"政策的影响，2008年的CPI达到了107.4，但是2009年宏观经济萎靡导致了一定的通缩，CPI一度降到了99.9；第二阶段为2010—2018年，2010年经济开始调整和回暖，CPI由2010年的103.0逐步降低到2018年的101.8，此后保持平稳，表明太原市的物价控制总体比较合理。同时，城乡居民恩格尔系数不断降低，2008年，城镇居民家庭恩格尔系数为34.65%，农村居民家庭恩格尔系数为35.50%；2018年，城镇居民家庭恩格尔系数为

23.20%，农村居民家庭恩格尔系数为25.11%。这表明城乡居民用于"发展性消费"和"享受性消费"的支出增加，标志着居民消费结构得到改善，生活质量得到提高。

此外，重大民生问题得到进一步解决，各项社会事业取得较快发展。太原市全面落实积极的就业政策。2018年，城镇新增9.50万就业人口，包括2.41万创业带动人口，城镇失业人员再就业人数达到4.53万人，其中包括1.15万就业困难人员。年末城镇登记失业率为3.33%。社会保障体系不断完善，"十五"时期，太原市建立了城镇职工基本医疗保险制度，2018年城镇基本社会保障覆盖率达到95%。全市企业职工参加养老保险（不含离退休人员）92.84万人，参加基本医疗保险359.54万人，参加失业保险97.62万人，参加工伤保险110.43万人，参加生育保险106.75万人。2018年年末城市低保覆盖人口2.35万人，农村低保覆盖人口3.49万人，3753人纳入农村"五保"供养，全年发放最低保障资金3.46亿元。全市各类收养类单位29个，床位5745张，收养4240人。年内新建城乡日间照料中心94个。同时，太原市在全省范围内首先启动了居民医疗保险工作，并适当提升了最低工资标准、城镇失业保险标准以及退休人员待遇，使城市低保标准、人均补差和农村低保覆盖率等各项指标均位于全省第一，县（区）街道社区劳动保障体系和劳动保障信息平台建设处于全国领先水平[①]。

（三）资源因素方面

太原市矿物资源蕴藏丰富，品种繁多。主要金属矿有铁、锰、铜、铝、铅、锌等，主要非金属矿以煤、石膏为最。在矿物资源中以煤蕴藏最为丰富，铁矿次之，石膏居三。太原处在"煤海"中部，地质上称太原的煤藏为"太原系"煤。根据山西省矿产资源储量简表显示，截至2017年年末，太原市煤矿保有量为145.7亿吨，居全省第七位，含煤面积1282平方千米，占全市总面积的五分之一，是山西煤炭资源的主要组成部分。太原市的煤不仅储量丰富，而且煤种齐全，包括焦煤、肥煤、瘦煤、贫煤、无烟煤等。此外，太原的铁矿也十分丰富，且分布较为广泛，主要类型为沉积变质铁矿，其次为沉积型铁矿。太原的铁矿总储量

---

① 太原市人民政府：《太原市2018年国民经济和社会发展统计公报》，太原市人民政府网站（http://www.taiyuan.gov.cn/doc/2019/05/14/845592.shtml）。

为 41385.2 万吨。在非金属矿中，石膏是佼佼者，现保有矿石储量为 12613.2 万吨，以其优良质地，享有盛誉。此外，太原市还拥有其他重要矿产资源，如铝土矿 1850.4 万吨、溶剂灰岩 7130.9 万吨、水泥灰岩 14539.3 万吨等。

资源型产业在太原经济发展过程中具有举足轻重的作用，如表 6.2 所示。2018 年，太原市规模以上资源类工业企业原煤产量 3345.76 万吨，比 2017 年增长 13.9%，人均原煤产量 7.6 吨，比 2017 年增长 16.9%；洗煤产量 2625.23 万吨，比 2017 年增长 10.0%；焦炭产量 1150.46 万吨，比 2017 年增长 8.7%。2018 年，全市一次能源生产折标准煤 2389.88 万吨，比上年增长 17.9%；二次能源生产折标准煤 4066.30 万吨，增长 8.8%。

表 6.2　　2018 年太原市规模以上资源类工业企业主要产品产量

产品名称	单位	产量	比 2017 年增长（%）
原煤	万吨	3345.76	13.9
人均原煤	吨	7.60	16.9
洗煤	万吨	2625.23	10.0
焦炭	万吨	1150.46	8.7
生铁	万吨	816.20	5.0
粗钢	万吨	1250.11	5.7
不锈钢	万吨	416.62	0.7
钢材	万吨	1185.27	7.5

正是由于资源丰富，靠煤吃煤、拥煤自重的思想普遍且根深蒂固，特别是前些年资源紧俏、能源价格不断攀升，使太原市长久以来形成了资源依赖型的传统经济增长模式。约十年前，太原市规模以上煤炭开采和洗选业企业利润总额占据规模以上企业利润总额的半壁江山，分别为 2008 年的 52.41%、2009 年的 53.15%。太原市规模以上煤炭开采和洗选业企业利税总额占据规模以上企业利税总额的三分之一以上，分别为 2008 年的 34.86%、2009 年的 38.79%、2010 年的 36.68%。这种拥资源而重的经济发展战略和粗放型的经济增长方式，在资源短缺、资源利用效率低下的情况下，对资源的可持续发展造成了巨大压力，"十一五"与

"十二五"时期的经济低增速便可反映出这一传统、低效经济发展模式的弊端。与此同时，煤炭作为我国能源结构中最重要的初级能源，价格受到了一定程度的管制，因此，太原市这种以煤炭为基础原材料的工业体系产业结构，比较容易受到宏观经济增长方式及国家相应宏观调控的影响。但是近些年，太原市不断强化和推进绿色创新与绿色发展，经济结构逐步调整和优化，能源工业的产值在国民经济中的比重逐渐下降，核心资源型产业对工业发展的贡献率逐渐降低。

（四）环境因素方面

太原市地处黄土高原，生态环境比较脆弱。自太原市提出建设生态园林城市以来，在城市发展中坚持生态优先，大力发展清洁生产，生态环境有了很大改善。2018年是太原市园林绿化发展的关键年份，园林绿化取得显著成绩：全市创建省级园林单位3个，省级园林小区4个。全市共有综合性公园51个，专类公园11个，带状公园6个，街头游园253个，社区游园53个，街旁绿地194块。建成区绿化覆盖面积达到15186.9公顷，园林绿地面积13397.7公顷，公园绿地面积4492.8公顷。建成区绿化覆盖率42.78%，绿地率37.74%，人均公园绿地面积12.48平方米。同时，集中式饮用水水源地水质达标率保持在100%的水平，地表水国家和省考核断面水质优良比例为55.56%。虽然近年来太原市持续推进生态建设和环境治理，但是控制质量却有所下降，2018年市区全年空气质量二级以上天数170天，全年PM2.5达标264天，空气质量综合指数7.07。全年PM2.5浓度下降10.6%，市区空气质量综合指数下降9.2%。尽管太原市污染物排放总量也得到有效控制，但污水处理、水环境质量、工业固体废弃物和城市生活垃圾处理等一些问题尚有待于进一步加大治理力度[①]。

二 三大主体角度

（一）企业主体方面

太原市逐渐加大了利用高新技术改造传统企业的步伐。长期以来，太原市以传统的煤炭、冶金、机械、化工工业企业为支柱，能源、原材料型企业比重较高，这种资源依赖型企业对环境污染较大。近年来，太

---

① 太原市人民政府：《太原市2018年国民经济和社会发展统计公报》，太原市人民政府网站（http：//www.taiyuan.gov.cn/doc/2019/05/14/845592.shtml）。

原市利用高新技术对传统企业进行能耗监测、嫁接改造，促进传统企业技术升级，使传统企业向"低消耗、高加工度、高附加值"的方向转化。同时，太原市还结合传统工业企业的优势，重点发展了装备制造业企业和精细化工业企业。对污染严重或无法改造升级的企业，因地制宜，分别采取关停并转的方式淘汰转移。此外，太原市鼓励传统企业投资发展高新技术，尤其是投资发展未来的主导产业，如电子信息、新材料、生物制药、机电一体化、环保及清洁生产等，尽快形成比较优势，大幅度提高高新技术企业在工业经济中的比重，降低传统工业企业比重，从而减少环境污染。

太原市还利用循环经济生产模式改造传统企业。太原市企业发展循环经济的潜力巨大，据测算一个年产1000万吨钢的钢铁厂，排出的废气（煤气）可供给一个装机容量为120万千瓦的电厂。因此，太原市加强了对生态工业理论的研究，通过"生产者—消费者—分解者"的循环途径，采用废物交换、清洁生产等手段使一个企业产生的副产品或废物用作另一个企业的投入或原材料，实现物质和能量的多级利用，从而形成一个相互依存、类似于自然生态系统食物链过程的工业生态系统，达到物质量能利用最大化和废物排放最小化。在城市工业项目规划中，太原市采取优惠政策，鼓励可以形成企业间链接和结合的相关企业在同一园区发展。从根本上解决企业污染问题，使生态环境状况尽快达到文明城市的标准，并通过有力政策进行长期巩固。2018年，太原市工业企业提标改造卓有成效：针对工业污染问题，在巩固企业全面达标排放的基础上，深入调查研究，制定可行方案，明确完成时限，全力推进工业企业提标改造工作。2018年，37项特别排放限值改造的重点项目全面完成。其中，太钢在全省率先完成焦化超低排放试点改造；对涉挥发性有机物排放企业全面排查，建立挥发性有机物排污单位目录，共计408家；完成7家企业挥发性有机物在线监测、10家企业超标报警试点工作[①]。

（二）产业主体方面

一直以来，太原市均为"二三一"型产业结构，第二产业在生产总值中占绝对比重。但经过多年的发展，太原市产业结构也得到了显著调

---

① 太原市生态环境局：《不平凡的2018 持续向污染宣战：太原环境保护力度空前的一年》，太原市生态环境局网站（http://hbj.taiyuan.gov.cn/doc/2019/01/15/798050.shtml）。

整，第一产业、第二产业比重逐渐降低，第三产业比重逐渐升高。太原市三次产业生产总值构成由1980年的6.4∶70.4∶23.2发展为2018年的1.1∶37.0∶61.9。如图6.2所示，自改革开放到2000年，太原市第一产业比重基本维持在4%—6%水平。2000年以来，特别是2006年以后，在城镇化快速推进背景下，太原市第一产业比重持续下降，基本维持在1%—2%水平。三次产业结构转移主要发生在第二、第三产业之间，经济增长的重心从以第二产业为主，逐步转为第二、第三产业共同发展。第二产业比重稳步缩小，在经历初期的短暂下降后，曾出现小幅上升再下降的趋势。第三产业比重逐渐增加，并超过第二产业，第三产业增加值占地区生产总值比重由1980年的23.3%上升至2018年的61.9%。经过调结构、转动力，改变传统的能源经济发展模式，太原市的三大产业结构得到了优化和升级。

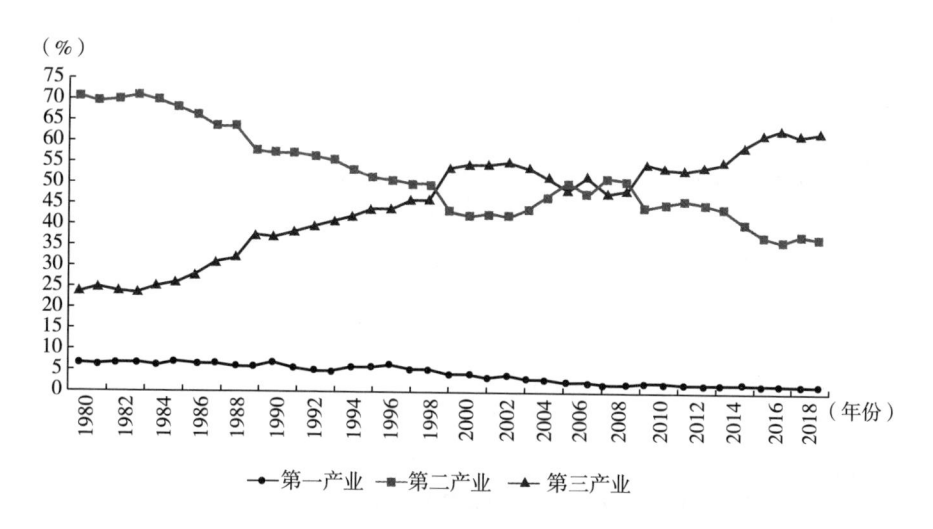

图6.2 太原市三次产业结构比重演化情况

分析太原市名义GDP与三次产业增长情况，如图6.3所示。"八五"以来，太原市第一产业增长幅度整体低于地区生产总值增长幅度，而且波动比较剧烈，没有明显的周期特征。1990年，太原市第一产业地区生产总值58755万元，农、林、牧、渔及农林牧渔服务业产值占农业总产值比重分别为69.1%、2.7%、27.5%、0.7%、0%。2018年，太原市第一产业地区生产总值410524万元，农、林、牧、渔及农林牧渔服务业产值占农业总产值比重分别为 59.3%、10.7%、24.4%、0.4%、5.2%。第一产业内部结构不断得到调整与改善。同期，太原市第二产业增长幅度与地区生产总值增长幅度基本持平，增长曲线的波动方向也基本一致。太原市已经形成了以冶金、能源、机械、电力、化工工业为主体，兼有轻纺、电子、食品、医药、建材等比较齐全的工业门类，是中国重要的不锈钢、焦煤、重型矿业设备和化工原料生产基地；同时，以高新技术产业开发区和经济技术开发区为龙头，生物制药、电子信息及新材料、机电一体化等高新技术产业发展迅速，初具雏形。"八五"以来，随着第三产业的发展壮大，第三产业产值规模迅速增加，整体而言，第三产业产值的增速高于地区生产总值增长幅度，但是总体呈现出下降趋势，并且在 2010 年、2011 年、2017 年三年，太原市第三产业产值增速低于地区生产总值增速。

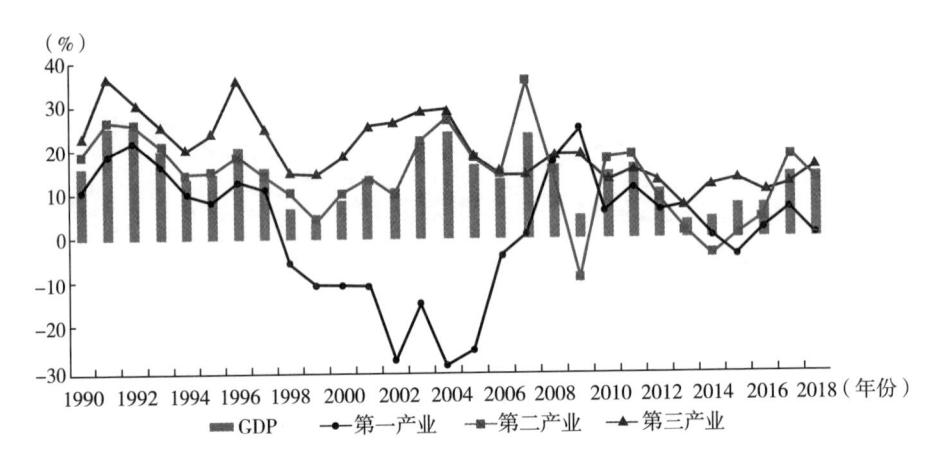

图 6.3　太原市名义 GDP 与三次产业增长情况

进一步分析太原市工业结构的特点。一方面，太原市是重工业型的工业体系，重工业部门集中度较高。1990 年太原市工业总产值轻重比例为 25.0%∶75.0%，2018 年太原市工业总产值轻重比例为 4.6%∶95.4%，重工业集中度进一步增强，太原市工业内部的轻重工业结构调整并未取得明显成效，轻重工业失衡的状况进一步加剧。另一方面，核心资源型产业在工业产值中的比重逐渐降低，如图 6.4 所示。2018 年，太原市规模以上煤炭开采和洗选业工业总产值 3059480 万元，占规模以上工业总产值的9.78%，低于2008年的13.00%。规模以上煤炭开采和洗选业工业销售产值3124615万元，占规模以上工业销售产值的10.04%，低于2008年的13.23%。规模以上煤炭开采和洗选业企业利润总额-459309万元，占规模以上企业利润总额的-51.04%，低于2008年的52.41%。规模以上煤炭开采和洗选业企业利税总额43603万元，占规模以上企业利税总额的1.78%，低于2008年的34.86%。

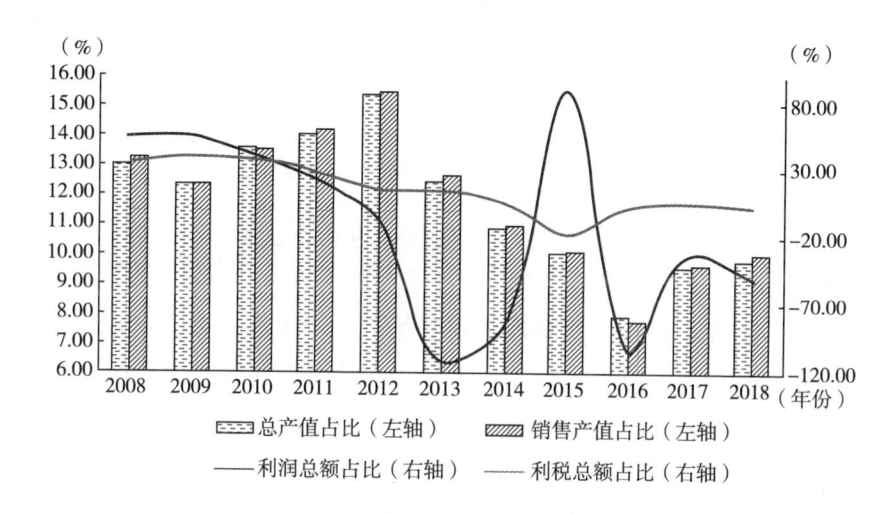

图6.4　太原市核心资源产业对工业发展的贡献率

（三）政府主体方面

财政收入和地区总产值之间的比值，可以体现财政的支配力及政府在社会经济发展过程中的地位和作用，可以反映出财政在经济中提取的比例是否得当。如图6.5所示，"十五"到"十二五"时期，太原市财政收入占地区生产总值的比重总体上呈现逐年升高的趋势，由2001年的5.35%增加到2015年的10.03%，对应的财政收入也由24.16亿元增加到274.24亿元，这说明："十五"到"十二五"时期，太原市经济运行质量逐步提高，经济效益也随之提高，财政收入增长速度大于地区生产总值的增长速度。进入"十三五"以来，太原市财政收入占地区生产总值的比重总体上稳中有降，并且下降到10%以下，具体而言，2016—2018年的比重分别为9.56%、9.22%、9.61%，这主要是因为太原市落实企业税收优惠的政策，并且以税收优惠作为鼓励新兴产业发展的重要手段，财政收入由 2016 年的 282.69 亿元增加到 2018 年的 373.23 亿元。

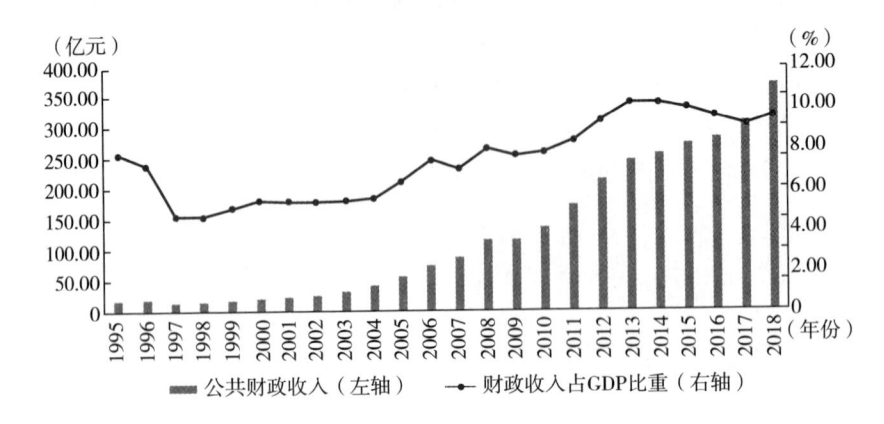

图 6.5　太原市财政收入及其占 GDP 比重

此外，太原市政府行政管理体制改革初见成效。太原市先后经历了两轮政府机构改革，政府机构和人员得到大幅度缩减，对经济活动的直接管理职能缩小，宏观社会管理职能得到进一步强化。近年来，太原市重点推动了政府职能的转变，提升了服务水平与执行能力，对行政审批事项进行了规范与优化，同时，加强审批模式的创新，在提升市场职能发展水平的同时，切实履行经济调节职能，提升企业决策者的盈利能力。此外，太原市政府加强制度建设，贯彻党风廉政建设，严格按照法律要求行使政府权力，不断加强职能管理，在优化政府组织结构的同时，在法律要求的框架内提升决策的科学性与合理性，全面贯彻绩效管理职能和行政问责制度，从而全面增强了政府公信力。通过上述措施，太原市政府自身建设得到显著加强。2018 年，太原市办理人大代表建议 286 件；政协提案 518 件；全面推行企业投资项目承诺制；不动产房产交易流程精简 30%；营业执照实现"三十证合一"，企业开办时间压缩至 5 个工作日；深化拓展"13710"工作制度，行政效能持续提高[①]。

[①] 太原市人民政府：《太原市 2019 年政府工作报告》，太原市人民政府网站（http://www.taiyuan.gov.cn/doc/2019/03/04/808830.shtml）。

第二节　太原市绿色转型及绿色发展能力评价

太原市第十二届人代会第一次会议明确提出把"创新发展模式、推进绿色转型"作为建设新太原的战略着力点，作为新一届政府新的执政理念确立下来，并通过相关的法律建设、制度建设等措施，上升为全市共同的发展目标与发展战略。在整体推进绿色转型方面，太原市提出了三方面的路径：一是明确重点，利用一到两年时间，优化结构，加强改革，不断突破发展"瓶颈"，构建绿色经济和创新经济的新格局；二是系统实施，利用大约两年时间，全面实现创新经济和绿色发展；三是提升并稳固成果，利用大约一年时间，巩固推广相关绿色转型成果，为太原市发展建设奠定坚实基础。当前，太原市绿色转型正顺应低碳经济发展要求阔步前行。

一　低碳经济时代背景下的太原市绿色转型

气候变暖问题从20世纪中后期开始引起人们的广泛关注。全球经济发展对基础资源的需求量不断增加，使温室气体的排放不断增加，进而带来一系列环境和生态问题。温室气体的流动没有国界，所以发展低碳经济不是一国的事情，而是世界性的选择。由此，环境问题进一步演化为全球性的经济问题，"低碳经济"应运而生，并成为金融危机背景下世界各国普遍认可的新的经济增长动力。低碳经济的本质既是为共同应对气候危机，又是在全球共识下进行的一场暗流涌动的绿色战争。面对全球气候变暖与金融危机的严峻挑战，太原市绿色转型在当前"转变经济增长方式"的战略主旋律下，从资源型城市自身实际出发，探索有中国特色低碳之路的实践，是在"五位一体"总体布局的指引下应对低碳经济双重本质的正确战略选择。

近年来，世界能源消费剧增，生态环境不断恶化，人类社会可持续发展受到严重威胁，走低碳经济发展之路逐步成为国际社会共识。世界各国共同致力于建立一个"低能耗、低排放、低污染"的绿色地球，将发展低碳经济付诸实践。这预示着人类200多年的高碳经济时代即将结束,低碳经济时代已经到来①。由高碳时代向低碳时代的转型是人类社会的一大进步,是全球化环境意识觉醒的标志,是一种理性自觉的绿色发展战略,是继农业文明、工业文明之后,世界各国为实现生态文明所做出的共同努力。作为我国重要的能源、重化工业基地,太原市几年来全面推进绿色转型,标志着它已经积极参与这场低碳革命中来。

同时,低碳经济是绿色共识下进行的一场国际绿色暗战。防范全球变暖具有公共物品特性,即消费上的非竞争性和享受上的非排他性,同样规避不了"搭便车"问题,没有哪个国家愿意为全球公益牺牲本国利益。因此在低碳经济发展中必然存在政府间的博弈,其实质也就是国家之间为履行绿色义务而进行的暗战。低碳问题是环境问题,也是经济问题,甚至是政治问题。一些发达国家所讲的"低碳"实际上隐含着不公平条件。他们表面上呼吁低碳减排,树立拯救人类家园的高大形象,而实则在低碳名义掩护下,通过摆脱对碳化资源的严重依赖,削弱资源型国家的能源优势,抑制高碳型发展中国家的经济增长,从而占领世界绿色话语权制高点。因此,在国际绿色共识的背后,低碳经济也不可避免地拉开了绿色战争的序幕。这是一场关于经济、政治、人类可持续发展的战争,低碳经济悄悄披上了绿色外衣,成为新时期发达国家制约发展中国家的武器。太原市绿色转型是伴随低碳经济时代而来的一次前瞻性实践,是资源型城市在低碳竞争时代获取主动的有远见的战略选择。低碳经济与太原市绿色转型具有一致性,"低碳"与"绿色"是实现健康合理发展模式的途径与手段,低碳经济的目标还是要实现经济,绿色转型的根本也是要获得发展。因此,太原市绿色转型探讨的不是资源型城市应如何"脱资源"发展的问题,而是资源型城市如何有效"利用资源"可持续发展的问题。追求"绿色"发展模式并不代表要放弃"资源",追求"经济"快速增长也不意味着要依赖"资源","绿色"与"经济"不会因"资源"而矛盾,二者是对立统一的。

基于此,太原市结合自身发展情况,迈开绿色转型步伐。2006—2007年,太原的绿色转型经历了系统调研与局部启动、整体设计与重点突破两大阶段。太原市确立了"创新发展模式、推进绿色转型"的战略着力点,全面加强政府"绿色治理"能力,绿色标准制定实施工作顺利

---

① 龚建文:《低碳经济:中国的现实选择》,《江西社会科学》2009年第7期。

推进，绿色产业体系初步形成，绿色文化氛围日益浓厚，绿色转型强势启动。

二 太原市绿色转型未来发展方向

2016年12月，国务院出台《中国落实2030年可持续发展议程创新示范区建设方案》，提出在"十三五"时期创建10个左右国家可持续发展议程创新示范区，对国内其他地区可持续发展发挥示范带动效应，为其他国家落实2030年可持续发展议程提供中国经验。建设国家可持续发展议程创新示范区是党中央、国务院站在新的历史方位，统筹国内国际两个大局所作出的重要决策部署，是落实党的十九大精神的重要举措。

2018年2月13日，国务院正式批复太原市创建国家可持续发展议程创新示范区，同意太原市以资源型城市转型升级为主题建设创新示范区。太原市此次获批，充分体现了党中央、国务院对资源型城市转型发展的高度重视，这既是对太原市多年来坚定不移推动绿色转型成果的肯定，也是对山西未来建设资源型经济转型发展示范区、打造能源革命排头兵、构建内陆地区对外开放新高地的重要抓手。太原市将突出在绿色经济、协同生态、创新发展、开放共享等领域创新试验，为全国及世界资源型经济体提供典型案例和实践经验。

按照规划，太原市计划用三个阶段，分步骤有序推进可持续发展议程创新示范区建设。三个阶段分别为推进期（2017—2020年）、持续提升期（2021—2025年）、发展巩固期（2026—2030年）。每个阶段都有明确的任务和目标：在建设推进期（2017—2020年），即到2020年，市区优良天气率达到80%以上，城市污水处理率达到100%，初步形成产业"反哺"生态、生态催生产业的可持续发展模式。具体包括以下五个方面：科技创新取得新突破，工业化和信息化"两化"融合指数达到中西部先进水平；生态环境得到新改善，天蓝、山绿、水清目标基本实现；产业转型取得新成就，创新示范区和综改示范区建设取得重大突破；城市功能实现新提升，城乡一体化发展格局基本形成；民生福祉体现新水平，城镇和农村居民人均可支配收入分别达到4万元和2万元。在持续提升期（2021—2025年），太原市将率先树立资源型经济成功转型新标杆，率先形成资源环境与经济协调发展新模式，率先成为落实可持续发展议程新样板。在发展巩固期（2026—2030年），将形成可向全国乃至世界同类地区推广复制的可持续发展经验，为中国推动落实2030年可持续发展议程做出重大贡献。目前,太原市已经就水环境质量提升、改善大气环境质量、推进植树造林、增进民生福祉等七个方面提出具体数字指标,列出42项重点任务①。

三 太原市绿色发展能力评价

基于对绿色转型内涵的把握和对太原市发展现状的了解,在遵循指标体系设立的原则下,参考第五章第三节中资源型城市绿色发展能力评价指标体系,对太原市绿色转型实践及其绿色发展能力进行考察。该指标体系由1个一级指标、7个二级指标、17个三级指标、103个四级指标构成。所有指标原始数据(见附录C)可由统计资料直接获得或通过统计资料计算获得。

(一)太原市绿色发展能力检测过程

采用层次分析法对太原市绿色发展能力进行综合评价,在此,仅给出三级指标经济规模 C_1 及其以下四级指标 X_1、X_2、X_3 在 AHP 方法中的应用过程。

首先,原始数据的标准化处理。消除各指标因量纲不同对评价结果带来的影响,采用全距(极差)标准化法,对各原始数据进行标准化处理,公式为:$\bar{x} = (x_{ij} - x_{min}) / (x_{max} - x_{min})$,$x_{ij}$ 为正指标;$\bar{x} = (x_{max} - x_{ij}) / (x_{max} - x_{min})$,$x_{ij}$ 为负指标。式中,x_{ij} 为指标观察值;x_{max}、x_{min} 分别为不同时期同一指标的最大值和最小值;$\bar{x}$ 为 x_{ij} 的标准化值。四级指标 X_1、X_2、X_3 的原始数据与标准化数据如表6.3所示。依照此方法可获得太原市绿色发展能力评价指标体系全部标准化数据(见附录D)。

表 6.3　　经济规模下四级指标的原始数据及标准化数据

四级指标*		GDP总量 X_1（亿元）	社会固定资产投资 X_2（亿元）	外商直接投资 X_3（亿美元）
原始数据	2008	1468.09	702.64	3.12
	2009	1545.24	782.02	2.62
	2010	1778.05	916.48	2.83
	2011	2080.12	1024.14	6.79
	2012	2311.43	1320.63	7.82

---

① 《资源型城市如何转型升级?"太原方案"计划三步走》,《山西日报》2018年5月15日。

续表

四级指标*		GDP 总量 X_1（亿元）	社会固定资产投资 X_2（亿元）	外商直接投资 X_3（亿美元）
原始数据	2013	2412.87	1670.74	9.44
	2014	2531.09	1746.09	10.77
	2015	2735.34	2025.61	8.50
	2016	2955.60	2027.71	4.62
	2017	3382.18	964.86	1.07
	2018	3884.48	1217.82	0.09
标准化数据	2008	0.0000	0.0000	0.2837
	2009	0.0319	0.0599	0.2369
	2010	0.1283	0.1614	0.2566
	2011	0.2533	0.2426	0.6273
	2012	0.3490	0.46642	0.7238
	2013	0.3910	0.7306	0.8755
	2014	0.4399	0.7875	1.0000
	2015	0.5244	0.9984	0.7875
	2016	0.6156	1.0000	0.4242
	2017	0.7921	0.1979	0.0918
	2018	1.0000	0.3888	0.0000

注：*表示计量单位只对原始数据有效。

其次，层次分析。具体步骤如下：根据 n 个元素之间的相对重要性得到一个成对比较判断矩阵 $X = (x_{ij})_{n \times n}$，并计算出指标的权重 $W = (W_1, W_2, \cdots, W_n)^T$。四级指标 X_1、X_2、X_3 的相对重要性判断矩阵及权重，如表 6.4 所示。

表 6.4　　经济规模下四级指标的判断矩阵及权重

判断矩阵	GDP 总量 X_1	社会固定资产投资 X_2	外商直接投资 X_3	权重 W
GDP 总量 X_1	1	2	3	0.3270
社会固定资产投资 X_2	1/2	1	2	0.1800
外商直接投资 X_3	1/3	1/2	1	0.0990

计算判断矩阵最大特征值 $\lambda_{\max} = \sum_{i=1}^{n}(XW)_i/nW_i$，$n$ 为矩阵阶数，并进行一致性检验，检验公式为 $CR=CI/RI$，其中，$CI=(\lambda_{\max}-n)/(n-1)$，$RI$ 为矩阵平均随机一致性指标[①]，当 $CR\leqslant0.1$ 时认为判断矩阵的一致性可以接受，否则需要重新调整判断矩阵。经计算，表6.4中判断矩阵 $CR=0\leqslant0.1$，通过了一致性检验，说明权重是合理可行的。同理获得其他指标的权重（见附录E）并进行一致性检验。计算权重项量与标准化数据矩阵的乘积，得到上级指标在不同时期的得分情况，仍以经济规模指标为例。

$$(0.3270 \quad 0.1800 \quad 0.0990) \times$$

$$\begin{pmatrix} 0.0000 & 0.0319 & 0.1283 & 0.2533 & 0.3490 & 0.3910 & 0.4399 & 0.5244 & 0.6156 & 0.7921 & 1.0000 \\ 0.0000 & 0.0599 & 0.1614 & 0.2426 & 0.4664 & 0.7306 & 0.7875 & 0.9984 & 1.0000 & 0.1979 & 0.3888 \\ 0.2837 & 0.2369 & 0.2566 & 0.6273 & 0.7238 & 0.8755 & 1.0000 & 0.7875 & 0.4242 & 0.0918 & 0.0000 \end{pmatrix} =$$

$$(0.0281 \quad 0.0447 \quad 0.0964 \quad 0.1886 \quad 0.2697 \quad 0.3460 \quad 0.3846 \quad 0.4292 \quad 0.4233 \quad 0.3037 \quad 0.3970)$$

向量（0.0281 0.0447 0.0964 0.1886 0.2697 0.3460 0.3846 0.4292 0.4233 0.3037 0.3970）为经济规模指标 C_1 在2008—2018年的得分。同理，也可得到经济效益指标 C_2 在2008—2018年的得分项量。由经济规模与经济效益得分项量组成的矩阵与其对应的三级指标权重相乘，便得到二级指标经济 B_1 在2008—2018年的得分。依次进行，最终得到一级指标太原市绿色发展能力在2008—2018年的得分。

最后，指标得分的分级设定。参照国内外各种综合指数的分级方法，将绿色发展能力二级指标得分划分为弱、较弱、中、较强、强五级，对应的指标得分范围分别为0—0.3（不含右侧数据，下同）、0.3—0.6、0.6—0.9、0.9—1.2、1.2及以上，如表6.5所示。

表6.5　　　　　　　　绿色发展能力指标得分分级

分数	0—0.3	0.3—0.6	0.6—0.9	0.9—1.2	1.2及以上
级别	弱	较弱	中	较强	强

（二）太原市绿色发展能力评价结果与分析

经计算，2008—2018年太原市绿色发展能力一级指标得分为2.8696、3.9171、4.7065、5.7399、6.5407、5.7782、6.4636、7.4985、8.4555、8.9972、10.1336；二级指标、三级指标得分情况如表6.6所示。

[①] RI 可参考矩阵平均随机一致性指标取值表获得。

表 6.6　太原市绿色发展能力二级指标与三级指标得分情况

指标		2008 年	2009 年	2010 年	2011 年	2012 年	2013 年	2014 年	2015 年	2016 年	2017 年	2018 年
经济 B_1		0.1861	0.0861	0.4724	0.6524	0.7982	0.8661	0.7509	1.0718	1.1369	1.2940	1.6542
	经济规模 C_1	0.0281	0.0447	0.0964	0.1886	0.2697	0.3460	0.3846	0.4292	0.4233	0.3037	0.3970
	经济效益 C_2	0.1395	0.0487	0.3415	0.4440	0.5237	0.5416	0.4273	0.6697	0.7264	0.9158	1.1664
社会 B_2		0.0636	0.1089	0.2266	0.3911	0.4796	0.5654	0.7495	0.8629	0.9737	1.1149	1.2799
	人口与城市化 C_3	0.0074	0.0144	0.1629	0.1609	0.1614	0.1693	0.1702	0.2404	0.2607	0.2872	0.2813
	收入与消费 C_4	0.0000	0.0615	0.1290	0.2559	0.3355	0.4226	0.5783	0.6740	0.7671	0.8638	0.9677
	社会和谐与稳定 C_5	0.1137	0.0820	0.0957	0.1710	0.1900	0.1863	0.2439	0.2414	0.2662	0.3375	0.4575
资源 B_3		0.1909	0.6879	0.7139	0.8801	1.0802	1.0075	1.0905	1.1072	1.4154	1.5110	1.5039
	核心资源产量 C_6	0.0000	0.3062	0.1815	0.1164	0.2886	0.2490	0.2966	0.1930	0.5873	0.6060	0.4064
	能源消耗 C_7	0.1575	0.4145	0.4983	0.6680	0.7470	0.7067	0.7515	0.8170	0.8741	0.9437	1.0376
环境 B_4		0.9190	1.0840	0.9760	1.0225	1.0059	0.5471	0.7511	0.8781	0.8447	0.7045	0.7860
	废物排放与处理 C_8	0.5215	0.6966	0.5175	0.4930	0.4091	0.4216	0.4368	0.4872	0.4426	0.3451	0.3858

续表

指标	2008 年	2009 年	2010 年	2011 年	2012 年	2013 年	2014 年	2015 年	2016 年	2017 年	2018 年
城市绿化与生态投入 C_9	0.4896	0.4959	0.5562	0.6319	0.6975	0.1803	0.3895	0.4788	0.4867	0.4299	0.4789
企业 B_5	0.2606	0.2218	0.1740	0.1705	0.1872	0.1393	0.1587	0.1183	0.1936	0.1266	0.1325
生产技术水平 C_{10}	0.1585	0.2351	0.2383	0.1989	0.2315	0.1071	0.1783	0.1848	0.3885	0.2603	0.2732
科技研发投入 C_{11}	0.4142	0.2523	0.1441	0.1757	0.1798	0.1991	0.1705	0.0752	0.0371	0.0179	0.0179
产业 B_6	0.1721	0.1431	0.1816	0.1736	0.1477	0.1036	0.1056	0.0619	0.1042	0.1428	0.1405
产业与就业结构 C_{12}	0.0136	0.0489	0.0420	0.0425	0.0248	0.0442	0.0777	0.1013	0.1137	0.1103	0.1245
工业生产经营能力 C_{13}	0.0655	0.0461	0.0717	0.0811	0.0870	0.0563	0.0599	0.0275	0.0641	0.1085	0.1137
重工业生产经营能力 C_{14}	0.1358	0.0980	0.1379	0.1494	0.1617	0.1016	0.1100	0.0492	0.1211	0.1997	0.2095
煤炭业生产经营能力 C_{15}	0.3128	0.2598	0.3239	0.2949	0.2289	0.1607	0.1489	0.0814	0.1267	0.1619	0.1447
政府 B_7	0.0051	0.0105	0.0444	0.0780	0.1328	0.1415	0.1623	0.2290	0.2627	0.3797	0.4272
财政收入 C_{16}	0.0139	0.0025	0.0201	0.0517	0.0869	0.1074	0.1213	0.1362	0.1365	0.2663	0.2417
财政支出 C_{17}	0.0015	0.0161	0.0632	0.1029	0.1757	0.1798	0.2071	0.3098	0.3653	0.4934	0.5840

1. 一级指标评价结果分析

评价结果显示，2008—2018年太原市绿色发展能力整体呈现明显上升趋势，除2013年受企业、产业指标综合因素的影响，得分略有下降外，其余年份指标得分逐年提升，自实施绿色转型以来十余年间实现了绿色发展能力的跨越升级。可见，太原作为一个资源型城市，并没有出现因资源匮乏而阻碍经济社会发展的问题，也没有等待矿竭城衰时才进行转型，而是未雨绸缪，选择在城市发展的成熟期及早着手绿色转型。转型前，尽管在城市发展中已显现出一些问题，但资源型产业生产仍处于稳定状态，具有较强的竞争力和活力，为城市转型积累了雄厚的物质资本。绿色发展能力的提升表明太原市已调整出良好的城市发展状态，经过初步绿色转型，效果良好。

2. 二级指标评价结果分析

进一步分析太原市二级指标绿色发展能力，如图6.6及表6.7所示。相比2008年，2018年7项指标中，除环境指标得分跨度下降外，经济、社会、资源、政府的绿色发展能力得分跨度均有不同程度的上升，企业、产业的绿色发展能力得分跨度不变，说明十余年来太原市实施绿色发展的成效显著。

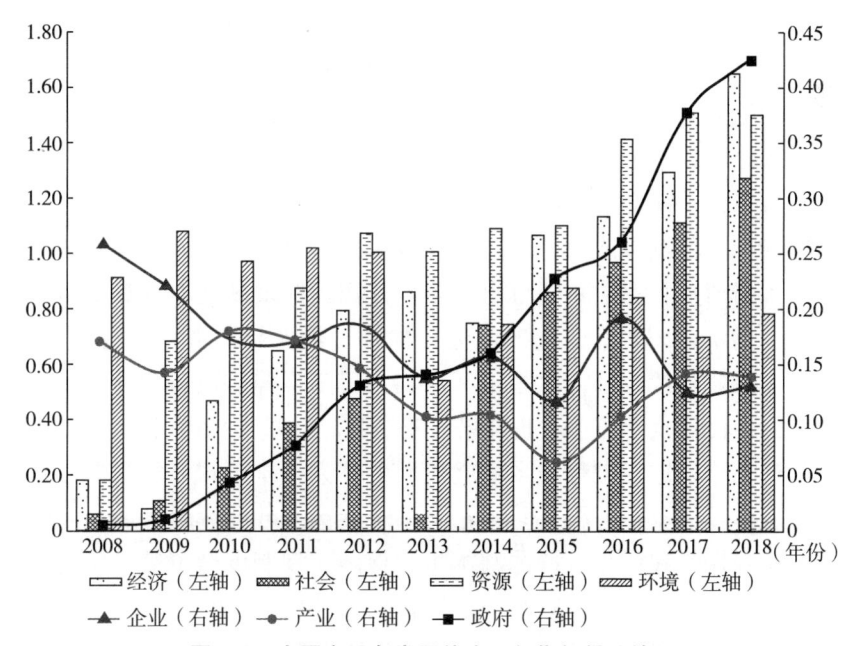

图6.6 太原市绿色发展能力二级指标得分情况

表 6.7　太原市绿色转型二级指标得分分级与跨度对比

指标	2008 年	2018 年	得分分级	得分跨度
经济	0.1861	1.6542	弱→强	+4 级
社会	0.0636	1.2799	弱→强	+4 级
资源	0.1909	1.5039	弱→强	+4 级
环境	0.9190	0.7860	较强→中	−1 级
企业	0.2606	0.1325	弱→弱	0 级
产业	0.1721	0.1405	弱→弱	0 级
政府	0.0051	0.4272	弱→较弱	+1 级

(1) 大幅上升指标

其中，以经济、社会、资源三项指标表现突出，在 11 年间实现了绿色发展能力由弱度向强度的 4 级跨越。

经济指标。经济指标，逐年稳步上升，2018 年绿色发展的得分为 1.6542 分，说明太原市绿色经济发展已经形成了自身一种模式和方法，效果显著，且实现了经济规模与经济效益的双重成果。近年来，太原市积极适应和引领经济发展新常态，坚持稳中求进工作总基调，统筹推进稳增长、促改革、调结构、惠民生、防风险各项工作，全市经济总量稳步扩大，综合实力明显增强，改革开放不断深入，充分激发了经济社会发展的内生动力和活力，积极推进国家资源型经济转型综合配套改革试验，多项改革取得阶段性成果。

社会指标。社会指标绿色发展能力得分十余年间均平稳上升，2018 年社会指标绿色发展能力已经处于强度水平，这主要跟人口与城市化水平、收入与消费、社会和谐与稳定等各方面指标发展均取得良好成效密切相关。近年来，太原市城市化进程加快，收入与消费水平稳步提升，社会民生事业持续改善，太原市不断加大民生保障和改善力度，增进人民福祉，人民群众幸福感、获得感不断增强。财政支出向民生方面倾斜，就业形势总体稳定，覆盖城乡的就业服务体系基本形成。城镇职工基本养老、医疗、失业、工伤、生育五大保险参保人数持续增加，城乡居民养老、医疗保险和低收入群体基本生活保障实现制度全覆盖。实施"百校兴学""百院兴医"工程，大批项目建成并投入使用。

资源指标。资源指标得分整体呈现出上升的趋势，2009 年升幅明显，

2009—2011年小幅平稳上升，之后在2012—2015年基本处于水平状态没有明显改进，2016年再次升幅明显，之后在2016—2018年平稳波动。从指标得分来看，资源指标分数总体上升较多，但在上升过程中也出现两次小幅下降。一是2013年的资源得分由2012年的1.0802分下降到1.0075分，二是2018年资源得分由2017年的1.5110分下降到1.5039分。究其原因，主要在于以下两方面：一方面，资源指标得分的波动与核心资源产量得分的波动密切相关。受政策性因素影响，实施绿色转型以来，太原市大力推动绿色发展模式，太原市矿产资源特别是煤矿开发利用格局发生重大转变，经过资源整合，全市地方监管煤矿数量大大减少，"多、小、散、乱"的产业格局发生了根本性转变，矿山结构明显改善，为城市经济发展和城市建设提供了有力保障。同时，经济结构的调整、新兴产业与服务业的培育和发展也使能源产业在国民经济中的重要性有所下降，从而在一定程度上降低了核心资源的产量。但是这种因煤炭资源整合、采煤污染治理而带来的产量下降是有利于城市绿色转型的。另一方面，能源消耗指标得分除2013年呈现一次小幅下降外，十一年均稳步提升。这充分说明了太原市在绿色转型过程中对资源减量循环与高效利用的重视与实施。绿色转型不仅应在资源开采上充分考虑生态环境因素，而且在资源使用过程中也必须注重减量循环和高效利用，即通过不断深化矿产资源有偿使用和矿山企业兼并重组，进一步促进矿产资源优化配置、高效利用和上下游产业紧密联合，提高主要矿产资源的节约与综合利用水平，为全市资源产业优化升级奠定基础。需要说明的是，核心资源产量与能源消耗两项指标共同说明了绿色转型对待资源的态度。对于资源尚充足的太原市，不可一如既往地过分依赖资源，应适度减少对核心资源的开发生产。但是，核心资源产量的减少并不意味它所进行的绿色转型将要"脱资源发展"，而是通过规范矿产资源开发秩序探寻一种"利用资源可持续发展"的先进模式，可充分有效利用现有不可再生资源，深度挖掘资源潜力，继续发挥其对经济社会发展的拉动作用。同时，这种资源潜力的挖掘和拉动作用的发挥，绝非对资源的量的依赖，而是建立在资源合理利用的基础上，利用绿色生产技术建立资源开发补偿机制，将原有资源开采和初级加工的产业链条进行绿色延伸并纳入无废的或变废为宝的循环流程，引导传统粗放型开发使用模式向绿色集约型开发使用模式转变，引导资源耗费型生产生活方式向资源循环利用型生产生活方式转变。

(2) 小幅上升指标

政府指标。政府指标得分11年间总体上呈现上升态势,实现了绿色发展能力由弱度向较弱度的1级跨越。从一定程度上显示出太原市政府对城市绿色发展能力的重视以及对绿色转型的决心。

近年来,太原市政府积极推进绿色转型政策、标准制定工作。市委、市政府出台了《关于加快经济结构绿色转型 构筑省城绿色产业体系的意见》、《2007年绿色考核指标体系(试行草案)》(见附录F)、《关于在经济社会各领域制定和实施绿色标准的意见》,将制定和实施绿色标准作为推进绿色转型的总抓手。2007年,覆盖全市经济社会发展各领域的《太原市绿色转型标准体系》正式发布实施,用于指导全市各个领域的标准制定。太原是全国第一家系统制定绿色标准体系的城市。《太原市绿色转型标准体系》分总则、框架、实施、评价与改进四个部分,为太原市全面展开绿色标准制定工作提供了规范性指导。作为标准中的标准,该体系的出台使太原市绿色建筑、绿色企业、绿色社区、绿色农业等一系列标准的制定有了更加规范性的标准,有利于充分运用标准的优化、简化、系统化、统一和协调原理,在各个领域引入现代管理技术,层层分解进而量化绿色转型目标,为实现绿色转型目标提供理论支持。2008年,为创新发展模式,促进绿色转型,实现发展的可持续性,太原市出台了《太原市绿色转型促进条例》。2009年,在《太原市绿色转型促进条例》的基础上,进一步出台了《太原市绿色转型促进条例实施办法》。2010年,又出台了《太原市促进绿色转型专项资金使用管理办法》,通过设立促进绿色转型专项资金,推动经济发展方式转变、促进产业产品结构调整,加快绿色产业发展。与此同时,为进一步推进绿色转型,太原市政府还逐渐加大了资源、环境等领域的财政支出,如图6.7所示,11年间,资源勘探信息支出由2008年的2.40亿元上升为2018年的13.51亿元,节能环保支出由2008年的4.60亿元上升为2018年的19.02亿元。2018年,国务院同意太原市以资源型城市转型升级为主题建设创新示范区就是对多年来太原市政府坚定不移地实施绿色转型成果的充分认可。

(3) 保持平稳指标

企业、产业两项指标在11年间绿色发展能力得分既没提升,也没下降,始终在弱度徘徊。

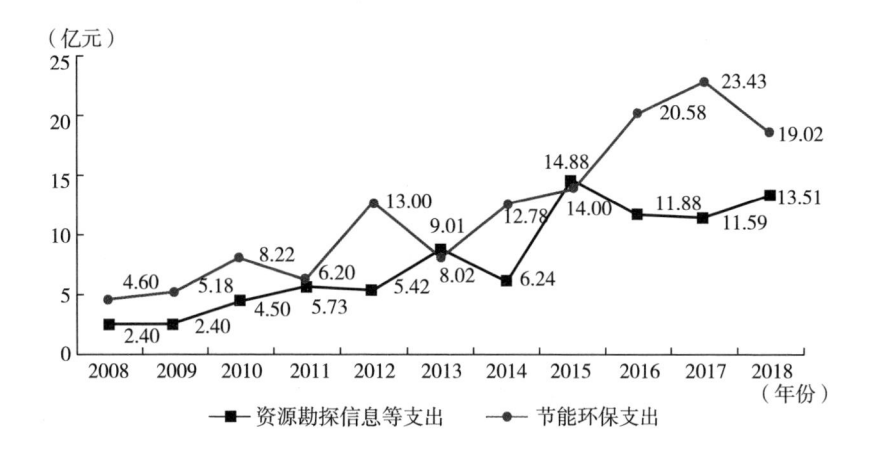

图 6.7 太原市资源、环境领域财政支出

企业指标。企业指标 2008 年得分 0.2606 分，为 11 年来企业指标得分中的最高分。2018 年得分为 0.1325 分，为 11 年来企业指标得分中的较低得分。企业绿色发展能力呈现这一态势，主要与生产技术水平与科技研发投入两项指标密切相关。一方面，企业生产技术水平指标受申请专利数、技术市场登记技术合同数、技术市场登记技术合同成交金额等指标影响，得分呈上下波动趋势。尽管 2018 年，太原市技术市场登记技术合同成交金额 143.22 亿元，为近 11 年最高水平，但是 2018 年全年发明专利申请量 5087 件、技术市场登记技术合同 1449 项，与 2012 年全年发明专利申请量 8500 件、2017 年技术市场登记技术合同 1665 项的最高值还是存在一定差距[1]。另一方面，科技研发投入指标得分 11 年来呈现总体下行趋势，值得我们关注。2008 年，规模以上工业企业 R&D 人员数 21807 人，规模以上工业企业 R&D 经费内部支出 793271.5 万元，规模以上采矿业企业 R&D 人员数 8827 人，规模以上采矿业企业 R&D 人员折合全时当量 3826.1 人年，规模以上采矿业企业 R&D 经费内部支出 80090.8 万元，规模以上采矿业企业 R&D 经费外部支出 4391.4 万元，均为 11 年来最高水平；而 2017 年，规模以上采矿业企业 R&D 人员数 554 人，规模以上采矿业企业 R&D 人员折合全时当量 227 人年，规模以上采矿业企业

---

[1] 太原市人民政府：《太原市 2018 年国民经济和社会发展统计公报》，太原市人民政府网站（http://www.taiyuan.gov.cn/doc/2019/05/14/845592.shtml）。

R&D 经费内部支出 11448 万元，规模以上采矿业企业 R&D 经费外部支出 4391.4 万元，均为 11 年来最低水平。科技研发投入是经济社会发展中最活跃、最具革命性的因素，代表着企业的灵魂。而近年来，太原市科技研发投入规模大幅缩水，直接影响着企业的发展后劲，不利于企业未来绿色运营与发展。未来，太原市应加大科技研发投入，进一步集中力量支持一批重点行业、重点企业实施资源节约和综合利用技术改造项目，例如资源再利用技术、环境工程技术、清洁生产技术等，逐渐形成发展绿色经济的先导效应，抓住经济区被列为循环经济试点园区的机遇，着力激发绿色经济发展的内存技术动力，不断催生培育出以绿色企业为主体的生态产业链，不断完善企业绿色技术支撑体系。

产业指标。产业指标 2008 年得分为 0.1721 分，2018 年得分为 0.1405 分，11 年来不仅没有明显上升，反而略有下降。在检测系统中，影响产业指标得分的主要有以下四项因素，分别是产业与就业结构、工业生产经营能力、重工业生产经营能力、煤炭开采和洗选业生产经营能力。产业与就业结构方面，近 11 年来，太原市第二产业产值与就业比重逐渐下降，服务业产值与就业比重不断上升，总体来看，产业与就业结构日趋合理，指标得分呈显著上升态势。工业生产经营能力、重工业生产经营能力方面，两项指标得分均呈现小幅波动但总体上升的趋势。在经历 2015 年工业生产经营能力 0.0275 分、重工业生产经营能力 0.0492 分的探底分数后，在 2018 年达到 11 年来的最高分数，分别是工业生产经营能力 0.1137 分、重工业生产经营能力 0.2095 分。煤炭开采和洗选业生产经营能力方面，该指标得分呈现小幅波动但总体下滑的趋势。从 2008 年的 0.3128 分的较弱度下降到 2018 年的 0.1447 分的弱度水平，平抑了产业与就业结构合理带来的分值上升。煤炭开采和洗选业生产经营能力得分下滑与规模以上煤炭开采和洗选业亏损企业单位数、规模以上煤炭开采和洗选业亏损企业亏损总额两指标密切相关。2008 年，规模以上煤炭开采和洗选业亏损企业单位数 6 家，为 11 年来最低水平，除 2008 年外，规模以上煤炭开采和洗选业亏损企业单位数均在两位数以上，2013 年最多，达到 36 家，2018 年为 12 家。与此同时，2008 年，规模以上煤炭开采和洗选业亏损企业亏损总额 881.7 万元，为 11 年来最低水平，2018 年亏损总额 521883 万元，达到 11 年来最高水平。规模以上煤炭开采和洗选业亏损企业单位数及亏损总额从总体上拉低了煤炭开采和洗选业生产经营能力的得分，进而影响了产业指标得分的显著上升。总体来看，近年来太原市产业协调发展结构不断优化。都市现代农业稳步发展，农业总产值连续五年稳定增长，粮食总产量稳定在 30 万吨左右，"菜篮子"产品供应充足。工业结构发生积极变化，新兴接替产业投资和增加值占全市工业投资和增加值的比重快速增长。装备制造业跃居太原工业第一大产业。新材料、节能环保、信息技术等新兴产业发展迅速，园区产业集聚效应进一步显现。现代服务业发展态势良好，主动顺应消费需求升级，发展和培育总部经济、物流快递、电子商务、现代金融等现代服务产业，一批重大服务业项目落地太原，服务业成为拉动经济增长的主要力量。但是，煤炭开采和洗选业的得分明显"拖后腿"，煤炭开采和洗选业企业的亏损情况值得关注。为了在转型中重构绿色产业体系，太原市仍需加大产业调整力度，推进核心资源产业绿色转型。煤炭开采和洗选业作为太原市核心资源产业，其转型发展对太原市总体绿色转型发展意义重大。如果在转型初期就大量放弃仍具有比较优势的煤炭开采和洗选业，把创新和转型的重点放在发展与资源型产业较小关联的低污染、低消耗的新兴产业上，转型的难度较大，很可能出现欲速则不达的效果[①]。因此，煤炭开采和洗选业绿色转型也必须遵循"循序渐转"的客观规律。

（4）小幅下降指标

环境指标。太原市环境指标得分总体并不稳定，2018 年与 2008 年相比呈现一定幅度下降，虽然降幅度不大，但仍成为资源型城市绿色转型七项指标中唯一一个跨度下降的指标。

2008 年，太原市环境指标得分为 0.9190 分较强度水平，之后上下波动频繁，2009 年达到 11 年来的最高得分 1.0840 分，2013 年达到 11 年来的最低得分 0.5471 分，到 2018 年，环境指标得分为 0.7860 分中度水平。从影响环境指标得分的两个因素分析，一方面，废物排放与处理指标除在 2009 年呈现上升外，其余年份保持平稳，没有明显的上升与下降，除生活垃圾无害化处理率呈现波动上幅的趋势外，万元 GDP 污水利用量、工业固体废物综合利用率、工业危险废物综合利用率均呈现波动下降状

---

① 张艳、李黎聪、杨征：《技术创新是实现产业绿色转型的根本途径》，《太原科技》2008 年第 11 期。

态。具体来看，2008年，生活垃圾无害化处理率为90%，2018年达到100%，上升幅度明显。2008年，万元GDP污水利用量11.15立方米，污水排放量15.16立方米，污水利用率达到73.55%；2018年，万元GDP污水利用量3.47立方米，污水排放量7.95立方米，污水利用率仅为43.65%。2015年，工业固体废物综合利用率达到11年来最高水平56.06%，2018年仅35.7%，为11年来最低水平。2009年，工业危险废物综合利用率达到11年来最高水平98.75%，2017年仅26.73%，为11年来最低水平。可见，太原市废物排放与处理技术能力还有待进一步提高。另一方面，城市绿化与生态投入得分在2008年与2018年首尾两年基本一致，没有明显改进，也未出现明显退步。但在11年的过程中，分别于2012年出现了波峰分值0.6975分，2013年出现了波谷分值0.1803分。具体分析，2008—2018年，尽管代表生态投入水平的道路清扫街道面积指标、市容环境专用车指标、公共厕所个数指标以及代表城市绿化水平的建成区绿化覆盖面积指标、建城区绿化覆盖率指标、绿地率指标以及人均公共绿地面积指标等均呈现总体上升态势，但太原市空气质量并不稳定，代表空气质量水平的市区二级以上空气质量天数指标、空气污染综合指数指标得分均呈现总体下降趋势，成为"拖后腿"的指标，基本抵消了生态投入与城市绿化改进带来的分值提升。2018年，太原市二级以上空气质量天数为170天，优良天气率仅为46.58%，与太原市可持续发展议程创新示范区在建设推进期结束时制定的任务目标，即到2020年时，市区优良天气率达到80%以上的任务目标尚存在差距。

近年来，太原市在绿色转型过程中，全力推进"五大工程"，全面实施"五项整治"，省城环境质量改善攻坚战取得一定成效。不断加大节能降耗力度，大力取缔、关闭和淘汰落后产能。全面加大减排工作力度，新增集中供热，拆除燃煤锅炉，拔掉"城中村"黑烟囱，关停污染企业，涉煤和水泥行业基本退出主城区。淘汰老旧机动车和黄标车辆，更新清洁能源公交车辆。市区环境质量有所改善。汾河太原段水质进一步改善，全市集中式饮用水源地水质达标率持续保持100%。积极创建国家森林城市，新建一批公园绿地。加快建设国家可持续发展议程创新示范区，推进水、大气环境治理领域标准化体系建设，初步构建"标准化+可持续"的"太原模式"框架。但是，环境指标得分却不及经济、社会、资源、企业、产业、政府指标，总体改进相对缓慢。该结果也显示出太原市绿色转型对环境改善的作用及影响力度还有待提升。在未来绿色转型中，太原市应重点关注与加强大气治理，在空气质量提升上多下功夫，确保市区优良天数不断增加。

第三节 本章小结

本章全面揭示太原市发展现状、太原市绿色转型与低碳经济发展的内在联系以及太原市绿色转型的实施情况，并对调研到的一手资料及相关数据进行实证研究，分别考察太原市四大因素（经济、社会、资源、环境）和三大主体（企业、产业、政府）在绿色转型过程中所进行的调整，并进一步对太原市绿色发展能力进行了评价指标分析。该分析不但能综合反映资源型城市绿色发展能力，而且可以从不同角度不同层面分析城市各子系统的运转状况，从而为及时采取调控措施、制定合理的绿色转型政策提供了有效依据。研究结果表明：太原市绿色转型是不同于一般经济转型的更加健康先进的转型模式，太原市作为绿色转型的先锋，在绿色转型前便开始注重绿色发展能力的提升，为绿色转型的顺利开展及推进奠定了基础。同时，也暴露出一些问题，还需在绿色转型中进一步理顺并解决。太原市绿色转型是资源型城市对如何有效利用资源提升绿色发展能力，从而在低碳经济时代获取主动进行的一次重要尝试和探索。对太原市的案例研究为资源型城市绿色转型进一步指明了方向，虽然本书对绿色转型内涵的界定仅是一次较为初步的探讨，对绿色发展能力指标选择及权重确定的科学性也尚存不足，但是在指导资源型城市绿色转型过程中仍然具有一定的理论价值和实践价值。

第七章　我国资源型城市绿色转型的对策体系

为保障推动资源型城市绿色转型，有必要对应绿色转型内涵的原因维、方法维、效果维，从复合系统中动力系统角度、操作系统角度、检测系统角度出发，考量相关体制、机制、制度，并对其进行调整、完善，使各系统政策形成组合拳，充分发挥政策体系（见图 7.1）的引导、激励

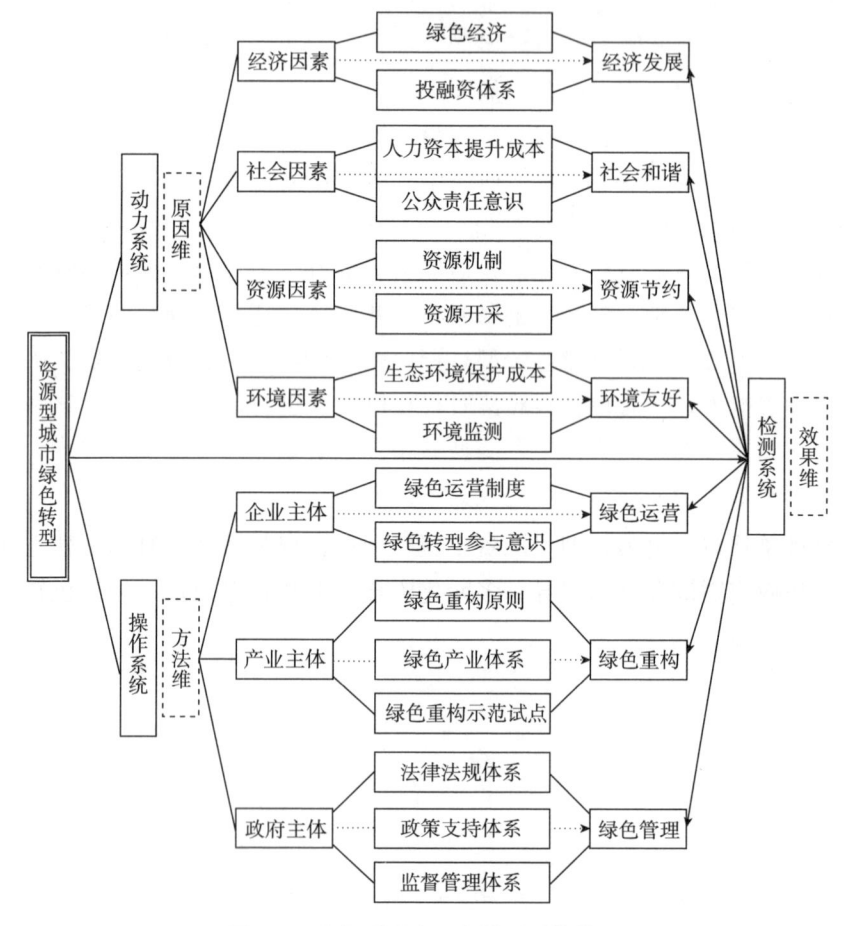

图 7.1　资源型城市绿色转型对策体系

和约束作用,在资源型城市转型过程中树立经济发展、社会和谐、资源节约、环境友好的绿色发展灵魂。

第一节　动力系统角度的对策建议

一　经济因素角度

以绿色经济理念为指导,实现资源型城市可持续发展。资源型城市绿色转型的任务不只是避免矿竭城衰,而是追求一种健康的经济增长模式,即在保持经济持续快速增长的同时,还要实现黑色经济向绿色经济的转变。绿色经济的理论形态是绿色经济学,它是在理论层面上探讨经济效益、社会效益和生态效益最优化的科学。绿色经济学研究绿色经济发展规律,创造更高绿色经济效益,通过合理分配,以满足人类的可持续发展要求。因此,要明确绿色经济发展战略的发展目标和实现路径,在增加经济总量的同时,提升经济发展质量,推动社会的全面发展,并实现人的全面发展。随着"五位一体"总体布局的提出和全面落实,国家正在进行着一次大的发展战略的转移,迫切需要相对成熟的经济理论进行指导。绿色经济理念对资源型城市绿色转型具有重要战略意义,为资源型城市转型提供了一个全新视角和更高起点。因此,在资源型城市绿色转型过程中,应以绿色经济理念为指导,实现资源型城市的可持续发展。

构建合理的绿色转型投融资体系。资源型城市应通过政府规划、引导和政策扶持,引入新型投融资工具,创造良好的投融资环境,建立和完善以政府财政资金为引导,多元化资金、多样化渠道投入的绿色转型投融资体系。一方面,引入民间资本,逐步推动投资的市场化进程。切实解决绿色转型过程中出现的外部性问题,通过采取有效措施,实现环保企业受益、污染企业付费的目标。资源型城市政府应该在企业税收和治污收费方面提供必要的补贴,立足国内市场和国外市场,充分利用国内民间资本和跨国资本,扩展投资资金渠道,建立多主体的投资结构,形成多元化的投资格局。同时,资源型城市需要加强掌握控制权,以满足循环经济的发展要求,为经济模式的转型提供宏观政策目标。另一方面,不断提升绿色转型投资项目的科学性和合理性,为充分发挥项目综合效益和核心优势提供强有力的保障;通过科学合理的评价项目的落实情况,最大限度增加项目投资,为产业绿色转型提供资金支持。强调全社会经济的大循环,在减少资源投入的同时,最大限度增加经济效益。同时,加强企业资金支持,推动企业在清洁资源、循环利用等方面发展进程,解决企业的资金不足问题。

二 社会因素角度

提高内化的人力资本提升成本投入,实施在岗职工深化培训及下岗职工转轨培训。绿色转型对劳动力素质的提高侧重劳动力专业素质的深度培养和人力资本潜力的深度开发,以适应先进的绿色生产模式,实现人力资本提升成本向生产系统的内化,为推动生产模式的绿化升级做好人才准备。因此,资源型城市在绿色转型过程中,应着力提高内化的人力资本提升成本投入,实施在岗职工深化培训。同时,还应实施失业人员的再就业支持政策,为相关失业人员的再就业提供必要的资金支持和政策支持。按照资源型城市的绿色转型要求,设立不同类型、不同专业、不同所有制、不同层次的培训中心,有针对性地对下岗职工和失业人员开展分门别类的培训。此外,建立现代化的社会保障制度,对于那些企业无力提供培训和实施再就业的职工,或者不具备再就业条件的职工,由国家拨款和地方财政共同出资,建立绿色转型的社会保障资金,以确保相关人员的生存需求和发展需求。

宣传绿色发展理念,构建绿色转型平台,增强社会公众参与绿色转型的责任意识。在资源型城市绿色转型过程中,一方面,要继续丰富绿色文化内涵,深入推进文化体制改革,加紧制定出台绿色文化标准,积极开展绿色创建和绿色文化评比活动,使绿色文化深入民心。通过绿色文化的渗透,加强对公众的宣传教育,培育公民的环境保护参与意识,提高全社会公民的生态道德素质,树立与环境相协调的价值观和伦理观,使公众改变传统的消费观念和生活方式,提升绿色意识,自觉选择和环境保护密切相关的绿色生活与消费模式,在此基础上构建全社会的多层次健康消费体系,提升整个社会的协同发展水平,营造文明、和谐的绿色循环型社会体系。另一方面,要积极构建多层次、全方位、多样化的绿色转型共享平台,促进多主体、多部门、多行业之间的跨界沟通、交流、合作与共享,以更低的成本为"软""硬"要素的有机结合与协同提升创造更多的机会。

三 资源因素角度

建立珍惜资源、科学开发资源、高效利用资源的综合机制。首先，在资源型城市绿色转型过程中，要运用科学的发展观、科学的资源观，珍惜现有自然资源。其次，采取科学的资源开发机制，对资源进行整体、集约式开发。通过综合利用评价手段最大限度提高资源开采效率，做到"吃干榨净"，使"贫矿变富矿""一矿变多矿"，让有限的资源生产更多的产品。从过去的单一资源开发方式向整体资源开发方式转变，防止单一资源的开发利用陷入停滞，明确产业退出风险。全面贯彻落实集约型开发理念，逐渐建立高水平、深加工以及低投入的产业体系，对资源型产品的产业链进行适当调整，通过提升产品的技术能力，实现资源型产业的产业链延伸，最大限度增加产业链效益。最后，提升全面的绿色发展理念，建立生产型和消费型的节约模式，在资源型产品的发展过程中，以管理和技术为切入点，避免出现资源损失和浪费。不仅如此，还要加强各个领域的通识教育，逐步形成多方面、多维度的资源节约意识，形成人人节约、时时节约、处处节约资源的良好社会风气和社会习惯。

控制资源开采总量，保护资源价格。资源是国家经济建设和社会发展所需的重要能源和原材料，因此，资源型产业的发展必须与国民经济的发展相适应。传统的资源型产业深受计划经济的影响，与国家宏观调控存在密切关系，资源开发利用利润人为转移比较严重。例如，煤炭行业日薄西山，利润较少，员工收入得不到保障。而作为下游企业，供电企业和电厂则依然保持稳定经营，员工的收入水平较高，和煤炭行业的发展形成鲜明对比。所以，以煤炭行业为核心的资源型产业正处于被动状态，需要加强产业支持，实施价格保护和总量控制，防止过度竞争和资源开采开发的大起大落，确保资源型产业有一个持续稳定发展的市场环境[1]。为此，应科学制定资源性产品成本的财务核算办法，加快资源价格改革步伐，逐步形成能够反映资源稀缺程度、市场供求关系、环境治理与生态修复成本的资源性产品价格形成机制。通过价格调节，引导各类相关利益主体的法人强化节约资源。

四 环境因素角度

提高内化的生态环境保护成本投入，建立权责明确而强效的环境污

---

[1] 沈镭：《我国资源型城市转型的理论与案例研究》，博士学位论文，中国科学院，2005年，第117页。

染治理方法。生态环境保护成本是直接投入生产系统，使企业在循环经济技术的创新应用中实现绿色生产的内化成本，它被集中付诸绿色生产体系的构建过程，用于提升生产本身的绿色化、健康化、高科技化，为资源型城市构建优良的生态环境系统提供动力。因此，在绿色转型过程中，资源型城市应着力提高内化的生态环境保护成本投入，实施生产体系的绿化升级。同时，还应按照权责明确的要求，对环境污染遵循"谁污染，谁治理"的原则。企业生产污染破坏了环境，就要有计划、有步骤地在企业利润中将部分费用支出，以便增加环境治理的投入。在此过程中，政府主要发挥监督职能，对污染情况以及相关行业的治理行为进行监督。在资源型城市的产业规划中，相关企业必须明确自身定位，有计划、分期、分批对治理生产造成的污染给予资金支持。对资源型城市废气、废水和废渣污染，资源开采所占用和破坏的土地，以及资源开采造成的地面沉陷等地质灾害问题，要坚持落实责任制原则，按污染程度收费。对于污染破坏严重的企业不能仅限于罚款，超过污染标准的企业要勒令关闭。这样做既能有效治理环境污染，又能促进经济社会可持续发展。加大资源型城市对环境污染的治理力度，充分调动并发挥资源型城市企业对环境保护的积极性与能动性。一方面，制定对资源型城市治理污染的支持政策，稳步推动多元主体治理体系的建立；另一方面，统筹建立环境治理综合利用专项基金，为资源城市绿色转型中的生态环境重塑提供资金支持。

加大生态建设力度，完善环境监测系统。资源型城市在绿色转型过程中，应以生态城市建设为契机，加大政策倾斜和资金投入，创新生态建设机制，调动全社会植树造林的积极性，强势推进生态恢复重建，全面开展生态建设工程，使全市生态环境得到彻底改变。同时，形成以法律保护环境的强制化管理模式，提高政府加强环境规制的力度。此外，应进一步强化信息化手段，形成预警机制，通过建设资源型城市污染源自动监测及视频监控通信网络、环境监控及应急指挥中心、突发性污染事故预警系统、污染源环境设施自动视频监控报警系统、环境投诉服务系统、环境排污费用征收管理信息系统、环境监理移动执法管理信息系统等项目，建立和完善资源型城市环境监督和信息公开发布制度，对资源型城市绿色转型中的环境状况进行及时监测和管理。

第二节 操作系统角度的对策建议

一 企业主体角度

建立绿色企业运营制度，完善企业绿色技术支撑体系。企业的绿色化生产行为与经营对资源型城市绿色转型有着最直接的作用。由政府、科研机构、企业共同努力，建立促进资源型城市绿色转型的企业技术支撑体系。依托各科研机构和高等院校的研发优势，加快相关技术的研发力度，尤其是对全面推动绿色转型发展发挥前瞻性作用的技术，支持企业改善和提高资源节约综合利用技术装备水平。在资源型城市绿色转型长期科学发展规划中，将企业绿色转型作为科技攻关专项，加大支持力度，不断提高企业关键技术设备接近和达到国际先进水平的比例。选择现代化先进实用技术，加大示范工程的推广力度，为资源型城市绿色转型提供强大持续的技术支撑。同时，建立资源再生利用的循环机制与制度体系，并进一步制定产品名录以及具体方法，形成以提高经济效率和改善环境为目标的共生网络高效机制。

提升企业绿色转型参与意识。政府可以通过两种方式，提升企业参与绿色转型的积极性。一是宣传教育和引导。在资源节约和环境保护过程中，提升绿色市场意识，使企业把资源循环利用和环境保护纳入总体创新、开发和经营战略中，自觉地在生产经营的各个环节采取相应的技术和管理措施，实施清洁生产，并积极与国内外科研机构合作，开展科学研究，开发绿色技术、绿色工艺、绿色装备和绿色产品。二是借鉴发达国家和地区的生产经验，采取行政和法律规范的办法强化企业对绿色转型的社会责任意识的提升。制定延伸企业责任的政策体系，鼓励企业在产品设计时就提前考虑回收问题以实现循环利用。

二 产业主体角度

明确资源型城市产业体系绿色重构原则。资源型城市在产业体系绿色重构前首先要正确把握地区产业优势，而正确把握产业优势是创新产业体系最重要、最基本的条件。资源型城市的基础在于资源，资源充足，不但是城市产业发展的基础，也是保持城市竞争力的关键。摒弃传统资源产业而着力发展高新技术产业或轻工业，背离了因地制宜、实事求是的原则。如果在产业体系重构初期就大量放弃具有比较优势的资源及加工产业，把创新和转型的重点放在高新技术产业或轻工业上，就有可能由于转型难度较大，出现欲速则不达的情况。资源型城市绿色转型没有摆脱资源化限制，因此其转型主题也并非仅仅围绕主导产业转换展开，不应过早抛弃资源型产业及其对城市带来的巨大经济利益，无须刻意强调它的退出。然而，不强调资源型产业的退出并不代表对传统生产模式的依赖，而是要改造传统模式，对资源型产业植入绿色活力，通过循环经济技术的发展，资源型产业链将进一步延长，产业生命周期将在新条件下发生重要变化。此外，资源型城市绿色转型也强调新兴非资源型产业的培育壮大，这种新兴产业培育壮大的最终目的并非接替资源型产业，而是通过自身的绿色升级实现与资源型产业的配合，共同支撑经济发展，最终完成绿色产业体系的构建。

构建绿色产业体系。资源型城市应积极构建绿色产业体系，利用技术产业群及生态产业群中的信息产业、知识产业、综合利用产业、生态维护产业武装物质产业群农业、工业及服务业。其中，第一产业要加快发展都市绿色农业，全面加强绿色农产品、有机农产品的宣传推广，加强建设绿色无公害的生态农业体系，在满足环境承载力的同时，推动经济的发展。第二产业需要把绿色经济放在首位，建立以循环经济为核心的技术支撑模式，高效利用自然资源，确立"推动一块、改造一块、拓展一块"的思路，即对于已有一定规模、市场潜力较大的高新技术产业，要加以扶持和推动；对于为经济增长发挥重要作用，但目前的档次水平难以适应市场需要的传统轻工业，要加大技术改造力度，提高技术装备水平，促进产品和规模结构优化升级，使之继续适应市场需求；对于今后仍有良好发展前景，目前利税贡献大、经济总量在工业中所占份额高、吸纳就业岗位多的重工业，要植入绿色理念，继续深入拓展。第三产业要全力做大绿色服务业，贯彻生态化、信息化、知识化要素和绿色发展理念，利用现代技术和经营方式，改造传统服务业，发展现代服务业，全面提高服务业的发展速度、层次和水平。

分类开展产业体系绿色重构示范试点。政府应继续加大投入，对资源开发处于不同阶段的资源型城市，在其重点产业、行业组织实施相关项目，并在相关实践活动中，了解产业体系的重构进展，为产业体系绿色重构提供有针对性的理论指导。尽快由宏观调控部门牵头并会同有关部门以资源型城市重点产业、现有产业聚集区和部分城区为重点区域开展产业体系绿色重构试点工作。通过试点，研究制定资源型城市产业绿色转型发展模式，树立产业体系绿色重构的先进典型，为资源型城市加快实现绿色产业体系的构建提供示范和借鉴。在试点选取过程中，要结合资源型城市所处发展阶段，对类型异质性视阈下的不同资源型城市试点进行分类。对于成长型资源型城市，试点侧重以资源深度转化为核心、以提升资源使用效率为导向，开展产业链延伸的资源型产业；对于成熟型资源型城市，试点侧重借助资源开采优势，实施外向型发展模式，开展产业链外延和资源引进的资源型产业。同时，还应结合资源型城市自身区域优势特点及基础设施，把城市布局与产业绿色重构有效衔接起来，在实现产业转型的同时，优化提升城市功能布局，推动建立新的产业聚集区，不断提高产业规模和产业聚集度，形成"产城融合"的局面，最大限度地提升绿色转型效果[①]。

三 政府主体角度

构建全面而动态的资源型城市绿色转型治理体系。在当前形势下，应将绿色转型纳入制度化、法治化、常态化的轨道，适当降低费用型环境规制力度，保护企业进行绿色技术创新的主动性。同时，政府应引导政策向削减费用型环境规制的方向发展，合理设置环境税费、排污费、排污许可交易等费用型环境规制的力度，完善市场激励型规制体系[②]。在绿色转型的实践基础上，加快研究制定促进资源型城市绿色转型的法律、法规，重点建设绿色产业制度、环境保护与生态修复制度、绿色技术制度、绿色金融制度、绿色财政制度和绿色考核制度等，初步建立绿色转型的规范体系。通过制定有关绿色法律法规和政策，不断完善相关规制，推动产业绿色转型，增加违法、违规成本，实现惩罚机制和激励机制刚性化、长效化，对资源型城市绿色转型过程做到有法可依、有章可循。

完善推动资源型城市绿色转型的政策支持体系。通过行政手段、财政政策、金融政策等对资源型城市绿色转型进行支持。一是出台鼓励企业绿色运营发展的相关优惠政策，支持企业实现梯度运营模式，即把自

---

① 李虹：《中西部和东部地区资源型城市转型与发展新动能的培育》，《改革》2017年第7期。

② 张旭、庞顺新：《成熟资源型城市绿色转型仿真研究》，《科技与管理》2019年第3期。

身逐级纳入形成基于废弃物企业内流动的绿色生产链、基于副产品区域内流动的生态工业链、基于主产品跨区域流动的绿色供应链之中,参与循环共生网络的建设,以带动和促进资源型城市绿色转型,让主动实施绿色化改造的企业拥有稳定的获利空间。二是要通过补贴、税收优惠、生产要素倾斜性配置等政策手段,降低企业绿色化改造的成本、风险和不确定因素,同时进一步增强政策的稳定性,形成可预期的长效绿色产业转型利益驱动机制[①]。三是为绿色转型提供指导和协助,促进资源型城市绿色产品出口,推动政策性金融机构通过开展进出口信贷,支持绿色企业开拓国外市场,同时通过政府引导基金吸引民间资本加入。在进行政府采购时,优先采购绿色企业生产的商品或者提供的服务。

强化保障资源型城市绿色转型的监督管理体系。资源型城市在绿色转型过程中应加快职能转变,加强绿色管理力度,突出公共服务职能的重要性,用介入式服务取代一般性服务。同时,加强全面绿色转型重大发展战略的研究与实施,制定宏观调控政策,为社会发展和经济规划提供必要指导。适当延长中央支持期限,适当增加政府财政、信贷政策的扶持等。此外,增强政府绿色转型决策的科学性和透明度,建立合理的信息披露制度。全面推进体制的深化改革,营造高效、便捷的政务和营商环境。相关政府部门需要切实转变政府职能,坚持法治理念,稳步推动政企分开,突出市场在各个经济活动中的地位和作用。同时,建立完善的内部监督机制,通过全面推动公共事业发展以及加快市政项目的市场化运作,转移专业性、技术性、事务性工作,全面促进市场主体的发展,提升管理效率,并最大限度地减少行政成本[②]。同时,强化绿色政绩考核体系,改进绿色政绩考核渠道和办法,加强绿色政绩考核监督,引导和约束领导干部树立正确的政绩观。

第三节 本章小结

本章结合资源型城市绿色转型复合系统模型从四大因素和三大主体

[①] 赵洋:《我国资源型城市绿色转型效率研究》,《经济问题探索》2019 年第 7 期。
[②] 金建国、李玉辉:《资源型城市转型中的政府管理创新》,《经济社会体制比较》2005 年第 5 期。

角度分别就经济、社会、资源、环境、企业、产业、政府七方面提出了政策建议。经济因素角度，以绿色经济理念为指导，实现资源型城市可持续发展，构建合理的绿色转型投融资体系；社会因素角度，提高内化的人力资本提升成本投入，实施在岗职工深化培训及下岗职工转轨培训，宣传绿色发展理念，构建绿色转型平台，增强社会公众参与绿色转型的责任意识；资源因素角度，建立珍惜资源、科学开发资源、高效利用资源的综合机制，控制资源开采总量，保护资源价格；环境因素角度，提高内化的生态环境保护成本投入，建立权责明确而强效的环境污染治理方法，加大生态建设力度，完善环境监测系统；企业主体角度，建立绿色企业运营制度，完善企业绿色技术支撑体系，提升企业绿色转型参与意识；产业主体角度，明确资源型城市产业体系绿色重构原则，构建绿色产业体系，分类开展产业体系绿色重构示范试点；政府主体角度，构建全面而动态的资源型城市绿色转型治理体系，完善推动资源型城市绿色转型的政策支持体系，强化保障资源型城市绿色转型的监督管理体系。

第八章 总结

本书在山西省太原市绿色转型的启发下，结合太原市绿色转型实践情况，并以太原市为实证研究对象，以复杂系统为主要研究方法分析了资源型城市绿色转型问题。通过对资源型城市转型问题的研究，在理论上和实践上有如下收获。

一是明确了资源型城市，尤其是资源未枯竭型城市在我国经济社会发展中的重要地位和作用。资源型城市是我国城市经济乃至整个国民经济的重要"增长极"，是国家经济建设所需能源和原材料的主要供应基地。但是随着时间的推移，我国资源型城市中一些城市资源已经趋向萎缩，还有一些已经演化为资源枯竭城市。各国政府及学术界都对资源枯竭型城市给予了高度重视。当前，我国中年期、幼年期的资源型城市即资源未枯竭型城市在资源型城市中占有绝对多数比重，即我国资源在资源未枯竭型城市的集中度是相当高的，对全国经济社会的稳定和发展具有举足轻重的作用。然而长期以来，国内外政府、专家学者对资源枯竭型城市都关注较多，但对资源尚未枯竭、主导产业对城市发展仍具有较强拉动作用的资源未枯竭型城市却关注不够。资源型城市若全部等待资源枯竭后获取政府财政援助，不仅将为国家带来沉重负担，而且资源濒枯的状况也会使城市的转型及发展陷入被动。为避免矿竭城衰，资源型城市应结合自身实际，在资源尚未枯竭时积极进行经济增长方式的转变。正是基于此动机，本书重点研究了资源尚未枯竭的资源型城市的绿色转型问题。

二是对资源型城市绿色转型内涵进行界定，明确了资源型城市的转型目标及方向。绿色转型是指以绿色发展理念为指导，立足于当前经济社会发展情况和资源环境承受能力，通过改变企业运营方法、产业构成方式、政府管理手段，实现企业绿色运营、产业绿色重构和政府绿色管理，使传统黑色经济转化为绿色经济，形成经济发展、社会和谐、资源节约、环境友好的科学发展模式。它与一般经济转型并非简单的被包含与包含关系。绿色转型改变了资源型城市一般经济转型中彻底脱资源化的转型理论，强调要用发展的办法解决发展中的问题，对资源濒临枯竭的城市和资源尚充足的城市，要分情况处理资源的使用及主导产业的选择，同时特别强调转型过程中的可持续发展，注重循环经济技术的使用及生态环境的保护。如果说一般经济转型探讨的是资源型城市如何有效"脱资源发展"的问题，那么绿色转型则是在探讨资源型城市如何有效"利用资源可持续发展"的问题。总之，绿色转型是比一般经济转型更加切合实际的健康先进的转型模式，它突出了转型的目标及方向，比一般经济转型具有更高层面的追求，值得我国资源型城市参考并推广。

三是分析了资源型城市绿色转型中特有的内化成本，并在此基础上界定了绿色转型的最佳时机及最优模式。转型成本、转型时机及转型模式意义重大，它直接决定着资源型城市绿色转型的难度及转型后的发展潜力。资源型城市绿色转型中的生态环境保护成本和人力资本提升成本是其特有的内化成本。资源型城市绿色转型成本内化"一举"实现了公平与效率的"两得"：公平方面，与传统产业生产模式相比，绿色转型实现了外部成本向企业内化，有效解决私人成本的社会化问题，减轻社会负担；效率方面，与一般经济转型相比，绿色转型实现了外部成本向生产系统内化，有利于营造更加和谐的生产氛围，使绿色转型从长远上比一般经济转型具有更先进的产业结构体系、更优良的生态环境系统和更高素质的人力资本储备。结合成本分析及生命周期理论，进一步对资源型产业进行成本、收益、利润的微观经济学研究，得出结论：资源型城市应选择在资源型产业成长期、成熟期和衰退前期进行绿色转型；绿色转型的最优模式为产业延伸模式。

四是建立了资源型城市绿色转型复合系统模型。绿色转型复合系统模型由动力系统、操作系统、检测系统共同构成。动力系统回答资源型城市为什么要进行绿色转型的问题，它由四大因素经济子系统、社会子系统、资源子系统、环境子系统共同构成。操作系统回答资源型城市要如何进行绿色转型的问题，涉及企业、产业、政府三大主体。其中，企业作为基础子系统，从微观层面对操作系统进行研究；产业作为支撑子系统，从中观层面对操作系统进行研究；政府作为决策子系统，从宏观层面对操作系统进行研究。检测系统回答资源型城市进行绿色转型将如何评价的问题，是对四大因素、三大主体的综合考察。资源型城市绿色转型的顺利开展及实施离不开上述复合系统的互动协作。

五是对绿色转型中的企业运营发展模式进行了初步探索。企业绿色运营是一个整体、系统的概念，它以技术、竞争为驱动，力图通过自身在生产、监控等环节全方位"绿化"变革，实现企业绿色转型，形成三大基本梯度发展运营模式，即基于废弃物企业内流动的绿色生产链、基于副产品区域内流动的生态工业链、基于主产品跨区域流动的绿色供应链。绿色运营的梯度发展模式要求资源型城市企业在绿色转型中对资源进行梯级循环利用，最终实现绿色生产链、生态工业链、绿色供应链相结合的线环架构运营模式。企业绿色运营的三大基本梯度，分别从微观、中观、宏观层面探讨了企业可持续发展的运营模式。个体企业绿色生产链层级嵌套于生态工业链，又嵌套于绿色供应链之中，高梯度模式不仅包含着低梯度的内容，更实现了在低梯度基础上的跨越升级。绿色运营模式既降低了资源消耗，减少了对环境的污染，又提高了资源利用效率，进一步凸显了成本领先优势，使资源型城市企业在取得巨大经济、社会、资源、环境综合效益的同时，获得可持续的绿色运营能力。

六是建立了资源型城市产业体系绿色重构的初步理论构想。资源型城市产业体系绿色重构打破了传统三次产业的划分方法，将产业体系划分为七次产业，其中，一、二、三次产业是绿色产业体系的物质生产主体，四、五次产业为绿色产业体系提供技术渗透与支持，六、七次产业是维护绿色产业体系减量循环高效运营的有力保障。资源型城市绿色产业体系是以物质产业群为主体，技术产业群、生态产业群为两翼的创新型绿色产业体系，其本质上是一种循环经济产业体系，其目标就是要实现产业结构的软化与绿化，即实现产业结构技术化与生态化的相互协调与融合发展。资源型城市在产业体系绿色重构前首先要正确把握地区产业优势，正确把握产业优势是创新产业体系最重要、最基本的条件。资源型城市的立市之本是资源，对于资源型城市尤其是资源未枯竭型城市而言，矿产资源比较丰富，这不仅是城市产业发展的基础，也是保持城市竞争力的关键。如果在绿色转型的早期阶段，便不切实际地将传统优势产业摒弃，仅将相关资源集中在低消耗、低污染的新型产业领域，极有可能加大绿色转型的难度，欲速则不达，也背离了因地制宜、实事求是的原则。从我国资源未枯竭型城市实际来看，实现产业体系绿色重构必须遵循循序渐进的规律。更为现实和可行的选择是：一方面，依托成熟期的资源产业缓冲转型冲击，以优势资源产业为依托，立足资源型城市的比较优势，不断做大做强资源及深加工产业，巩固提升资源型产业的资本积累地位。另一方面，强调新兴非资源型产业的培育壮大，积极培育新兴产业，降低对资源的依赖程度，通过传统产业的转型升级，最终完成绿色产业体系的构建，形成兼顾传统资源优势产业和新兴绿色产业的新型生态产业系统。总之，资源型城市在产业体系重构过程中应正确处理"绿色""经济"与"资源"的关系：探索"绿色"发展模式，并不代表要放弃"资源"；追求"经济"的快速增长，也不意味着要依赖"资源"；"绿色"与"经济"并不因"资源"而矛盾，二者是对立统一的整体。

七是强调了资源型城市绿色转型中政府角色向"局内人"转变。国外资源型城市转型的成功实践几乎都是政府主导的，基于中国国情，中国资源型城市转型也必然是政府主导型。然而，在资源型城市一般经济转型过程中，政府较多地注重了对外的管理，尽管这些政府职能的行使对推动资源型城市转型发挥了强有力的保障作用，但在一般经济转型过程中仍只是扮演着"局外人"的角色，从某种程度上讲，较多注重了监管"别人"的职责，而忽略了本身的自我完善。在资源型城市绿色转型中，政府弥补了这一缺陷，转换了角色，从小事做起，从自我做起，成为绿色转型中的"局内人"。因此，在绿色转型过程中，政府应做到对外管理及对内管理的结合：一方面，合理加强宏观调控，促进资源型城市地方经济发展。另一方面，在绿色转型中发挥表率作用，完善部门预算编制，严格控制一般性财政支出，杜绝办公浪费。

八是建立资源型城市绿色发展能力评价指标体系，对太原市绿色转型情况及绿色发展潜力进行定量考察与实证分析。资源型城市绿色发展能力评价指标体系所反映的应当是经济建设、社会发展、资源使用、环境保护、企业运营、产业重构、政府管理七大子系统的整体趋势及发展情况，并对七大子系统的协调状态进行合理评价。在指标体系的建设过程中，不但需要坚持一般性原则，还需要贯彻实施可持续发展的基本导向，突出体现资源型城市的基本特征。基于此思想和原则，本书初步确定了资源型城市绿色发展能力评价指标体系，由 1 个一级指标，7 个二级指标，17 个三级指标，103 个四级指标构成。对太原市绿色发展能力进行实证分析，评价结果显示，2008—2018 年太原市绿色发展能力呈上升趋势，实现绿色发展能力逐年向高层次跨越升级。太原作为一个资源型城市，并没有出现因资源匮乏而阻碍经济社会发展的问题，也没有等待矿竭城衰时才进行转型，而是未雨绸缪，选择在其城市发展的成熟期及早着手绿色转型。太原市绿色发展能力的逐步提升与其 2018 年获批创建国家可持续发展议程创新示范区形成有力的呼应。国务院同意太原市以资源型城市转型升级为主题建设创新示范区，充分体现了党中央、国务院对资源型城市转型发展的高度重视，这既是对太原市多年来坚定不移推动绿色转型成果的肯定，也是对山西未来建设资源型经济转型发展示范区、打造能源革命排头兵、构建内陆地区对外开放新高地的重要抓手。太原市将突出在绿色经济、协同生态、创新发展、开放共享等领域创新试验，为全国及世界资源型经济体提供了典型案例和实践经验。

附　　录

附录A　　我国资源型城市一览

编号	城市名称	行政级别	发展阶段	入选条件	主要矿业类型
北京 1					
101	门头沟区	地级	中年	CBR	煤炭
102	房山区	地级	中年	CBR	非金属
103	密云县	县城	老年	C	冶金
天津 2					
201	大港区	地级	中年	CBR	油气
河北 3					
301	唐山市	地级市	中年	CR	综合
302	邯郸市	地级市	中年	CBR	冶金
303	邢台市	地级市	中年	CBR	煤炭
304	张家口市	地级市	中年	CR	黄金
305	承德市	地级市	中年	CBR	黄金
306	任丘市	县级市	中年	CBR	油气
307	武安市	县级市	中年	CBR	冶金
308	沙河市	县级市	中年	CBR	冶金
309	迁安市	县级市	中年	CR	冶金
310	峰峰矿区	县级	老年	CBR	煤炭
311	井陉县	县城	老年	L	煤炭
312	宣化县、区	县级	中年	CBR	黄金
313	迁西县	县城	中年	CBR	黄金
314	涞源县	县城	中年	CBR	冶金
315	易县	县城	中年	CBR	黄金
316	青龙县	县城	幼年	C	黄金
317	曲阳县	县城	幼年	CBR	非金属

续表

编号	城市名称	行政级别	发展阶段	入选条件	主要矿业类型
319	抚宁县	县城	老年	CBR	煤炭
320	丰润县	县城	中年	C	非金属
321	磁县	县城	老年	CBR	煤炭
322	涉县	县城	老年	CBR	冶金
323	邯郸县	县城	老年	CR	煤炭
324	赤城县	县城	中年	CB	黄金
325	蔚县	县城	中年	CBR	煤炭
326	鹿泉市	县级市	中年	CBR	非金属
327	隆尧县	县城	中年	CBR	非金属
328	内丘县	县城	中年	CBR	化工
329	临城县	县城	中年	CBR	冶金
330	邢台县	县城	中年	CBR	煤炭
331	兴隆县	县城	老年	CBR	冶金
332	宽城县	县城	中年	CBR	黄金
333	隆化县	县城	老年	CBR	黄金
334	承德县	县城	中年	CR	有色
山西 4					
401	大同市	地级市	老年	CBR	煤炭
402	朔州市	地级市	幼年	CBR	煤炭
403	阳泉市	地级市	中年	CBR	煤炭
404	晋城市	地级市	中年	CBR	煤炭
405	太原市	地级市	中年	CR	煤炭
406	临汾市	地级市	老年	CBR	冶金
407	原平市	县级市	中年	C	有色
408	古交市	县级市	中年	CBR	煤炭
409	孝义市	县级市	中年	CBR	有色
410	霍州市	县级市	中年	W	煤炭
411	高平市	县级市	中年	CBR	煤炭
412	离石市	县级市	幼年	CB	煤炭
413	河津市	县级市	幼年	CB	有色
414	平鲁区	县级	中年	CBR	煤炭
415	左云县	县城	中年	CBR	煤炭

续表

编号	城市名称	行政级别	发展阶段	入选条件	主要矿业类型
416	灵丘县	县城	幼年	CB	有色
417	阳城县	县城	中年	CBR	煤炭
418	繁峙县	县城	幼年	CB	黄金
419	宁武县	县城	中年	CBR	煤炭
420	柳林县	县城	中年	CBR	煤炭
421	交口县	县城	中年	B	煤炭
422	乡宁县	县城	中年	CBR	煤炭
423	浑沅县	县城	幼年	CB	非金属
424	垣曲县	县城	中年	CBR	有色
426	灵石县	县城	中年	CBR	煤炭
内蒙古 5					
501	乌海市	地级市	中年	CBR	煤炭
502	包头市	地级市	中年	CR	冶金
503	东胜市	地级	中年	CR	煤炭
504	霍林郭勒市	县级市	中年	CBR	煤炭
505	白云矿区	县级	中年	CBR	冶金
506	石拐区	县级	老年	CB	煤炭
507	元宝山区	县级	幼年	CBR	煤炭
508	薛家湾镇	建制镇	中年	C	煤炭
509	乌兰木龙	建制镇	幼年	CBR	煤炭
510	锡林浩特市	地级	幼年	CBR	油气
511	准格尔旗	县城	幼年	CBR	煤炭
512	伊金霍洛旗	县城	幼年	CBR	煤炭
辽宁 6					
601	抚顺市	地级市	老年	CBR	煤炭
602	阜新市	地级市	老年	CBR	煤炭
603	鞍山市	地级市	中年	CR	冶金
604	本溪市	地级市	中年	CBR	冶金
605	葫芦岛市	地级市	中年	CR	有色
606	盘锦市	地级市	中年	C	油气
607	大石桥市	县级市	中年	CR	非金属
608	海城市	县级市	中年	CR	非金属

续表

编号	城市名称	行政级别	发展阶段	入选条件	主要矿业类型
610	铁法市	县级市	幼年	CBR	煤炭
611	瓦房店市	县级市	中年	C	非金属
612	南票区	县级	老年	CBR	煤炭
613	北票市	县级市	老年	CBR	煤炭
614	清原县	县城	老年	CBR	黄金
615	宽甸县	县城	中年	CR	化工
616	凤城市	县级市	中年	CBR	化工
吉林 7					
701	白山市	地级市	中年	CBR	综合
702	松原市	地级市	幼年	CBR	油气
703	辽源市	地级市	中年	CBR	综合
704	磐石市	县级市	中年	CBR	有色
705	桦甸市	县级市	中年	CBR	黄金
706	舒兰市	县级市	中年	CR	煤炭
707	珲春市	县级市	中年	CBR	煤炭
708	蛟河市	县级市	中年	CR	非金属
709	九台市	县级市	中年	CBR	非金属
710	通化县	县城	中年	CB	有色
714	八道沟镇	建制镇	幼年	CB	非金属
715	郭家店镇	建制镇	中年	CB	非金属
717	刘房子镇	建制镇	幼年	B	非金属
718	红旗岭镇	建制镇	中年	CB	有色
黑龙江 8					
801	大庆市	地级市	中年	CBR	油气
802	鹤岗市	地级市	老年	CBR	煤炭
803	七台河市	地级市	幼年	CBR	煤炭
804	双鸭山市	地级市	中年	CBR	煤炭
805	鸡西市	地级市	老年	CBR	煤炭
806	阿城市	县级市	中年	CBR	非金属
807	嫩江县	县城	中年	C	有色
810	呼玛县	县城	老年	L	黄金

续表

编号	城市名称	行政级别	发展阶段	入选条件	主要矿业类型
上海 9（无）					
江苏 10					
1001	徐州市	地级市	中年	CBR	煤炭
1002	吴县市	县级市	中年	CR	非金属
1003	淮阴市	县级市	幼年	CR	化工
1004	栖霞区	县级	中年	CB	有色
1005	雨花台区	县级	中年	CBR	冶金
1006	江都市	县级市	幼年	CBR	油气
1007	丹徒县	县城	中年	C	非金属
浙江 11					
1101	青田县	县城	中年	CBR	非金属
1102	武义县	县城	中年	CB	非金属
1103	矾山镇	建制镇	幼年	B	化工
1104	新安江镇	建制镇	中年	C	有色
1105	平水镇	建制镇	中年	CB	有色
1106	璜山镇	建制镇	中年	R	有色
1107	煤山镇	建制镇	中年	CBR	非金属
安徽 12					
1201	铜陵市	地级市	中年	CBR	有色
1202	马鞍山市	地级市	中年	CBR	冶金
1203	淮南市	地级市	中年	CBR	煤炭
1204	淮北市	地级市	中年	CBR	煤炭
1205	滁州市	地级市	中年	CR	有色
1206	宿州市	地级市	中年	CR	煤炭
1207	铜陵县	县城	中年	CBR	有色
1208	当涂县	县城	中年	R	冶金
1209	凤台县	县城	中年	CBR	煤炭
1211	凤阳县	县城	中年	CBR	非金属
1212	定远县	县城	中年	CR	化工
1213	颖上县	县城	幼年	CBR	煤炭
福建 13					
1301	龙岩市	地级市	中年	CR	煤炭

续表

编号	城市名称	行政级别	发展阶段	入选条件	主要矿业类型
1302	南平市	地级市	幼年	X	有色
1305	邵武市	县级市	老年	C	煤炭
1306	福鼎市	县级市	幼年	C	非金属
1307	晋江市	县级市	幼年	W	非金属
1308	南安市	县级市	幼年	W	非金属
1309	上杭县	县城	幼年	CB	黄金
1310	永定县	县城	中年	CR	非金属
1311	大田县	县城	中年	CBR	冶金
1312	永安市	县级市	中年	CR	非金属
1314	平潭县	县城	中年	C	非金属
1315	永春县	县城	中年	C	煤炭
1316	德化县	县城	幼年	C	黄金
1317	惠安县	县城	幼年	W	非金属
1318	东山县	县城	幼年	X	非金属
1320	龙海市	县级市	幼年	C	非金属
1321	漳平市	县级市	中年	CB	冶金
1322	尤溪县	县城	幼年	C	有色
1323	顺昌县	县城	中年	C	非金属
江西 14					
1401	景德镇市	地级市	中年	CR	非金属
1402	新余市	地级市	中年	CR	冶金
1403	萍乡市	地级市	老年	CBR	煤炭
1404	德兴市	县级市	中年	CBR	有色
1405	乐平市	县级市	中年	CR	煤炭
1406	贵溪市	县级市	中年	W	有色
1407	瑞昌市	县级市	中年	CBR	有色
1408	高安市	县级市	中年	CR	综合
1409	丰城市	县级市	中年	CBR	煤炭
1410	樟树市	县级市	中年	CB	化工
1411	万年县	县城	中年	W	非金属
1412	星子县	县城	幼年	WX	非金属

续表

编号	城市名称	行政级别	发展阶段	入选条件	主要矿业类型
1413	大余县	县城	老年	CBR	有色
1415	崇义县	县城	老年	CB	有色
1416	龙南县	县城	中年	CB	有色
1417	全南县	县城	老年	B	有色
1418	会昌县	县城	幼年	X	有色
1419	永平镇	建制镇	中年	CB	有色
1420	于都县	县城	老年	CBR	有色
1421	赣州市	地级市	中年	CR	有色

山东 15

编号	城市名称	行政级别	发展阶段	入选条件	主要矿业类型
1501	东营市	地级市	中年	CBR	油气
1502	济宁市	地级市	中年	CBR	煤炭
1503	临沂市	地级市	中年	CR	煤炭
1504	淄博市	地级市	老年	CR	煤炭
1505	兖州市	县级市	中年	CBR	煤炭
1506	招远市	县级市	中年	CBR	黄金
1508	莱州市	县级市	中年	CBR	黄金
1509	枣庄市	地级市	中年	CBR	煤炭
1510	邹城市	县级市	中年	CBR	煤炭
1511	莱芜市	地级市	中年	CBR	冶金
1512	肥城市	县级市	中年	CBR	煤炭
1513	新泰市	县级市	中年	CBR	煤炭
1514	龙口市	县级市	中年	CBR	煤炭
1516	寿光市	县级市	幼年	C	化工
1517	平度市	县级市	幼年	CR	非金属
1518	昌乐县	县城	幼年	C	非金属

河南 16

编号	城市名称	行政级别	发展阶段	入选条件	主要矿业类型
1601	平顶山市	地级市	中年	CBR	煤炭
1602	濮阳市	地级市	中年	CBR	油气
1603	焦作市	地级市	老年	CBR	煤炭
1604	鹤壁市	地级市	老年	CBR	煤炭
1605	三门峡市	地级市	中年	CBR	黄金

续表

编号	城市名称	行政级别	发展阶段	入选条件	主要矿业类型
1606	郑州市	地级市	中年	CBR	综合
1607	南阳市	地级市	中年	CR	油气
1608	永城市	县级市	幼年	CBR	煤炭
1609	义马市	县级市	中年	CBR	煤炭
1610	灵宝市	县级市	中年	CBR	黄金
1611	汝州市	县级市	中年	CR	煤炭
1613	石龙区	县级	中年	CBR	煤炭
1614	新华区	县级	中年	CBR	煤炭
1616	新密市	县级市	中年	CBR	煤炭
1617	登丰市	县级市	中年	CBR	煤炭
1618	巩义市	县级市	中年	CBR	有色
1619	荥阳市	县级市	中年	CBR	煤炭
1620	禹州市	县级市	中年	CBR	煤炭
1621	上天梯区	县级	幼年	CBR	非金属
1623	渑池县	县城	中年	R	有色
1624	陕县	县城	中年	CBR	煤炭
1626	鲁山县	县城	中年	C	煤炭
1628	新安县	县城	中年	CBR	煤炭
1629	栾川县	县城	幼年	CBR	有色
1630	伊川县	县城	幼年	CBR	煤炭
1631	宜阳县	县城	中年	CBR	煤炭
1632	桐柏县	县城	幼年	CBR	化工
1633	修武县	县城	中年	CBR	煤炭
1634	安阳县	县城	老年	CBR	冶金
1635	卫东区	县级	中年	CBR	煤炭
湖北 17					
1701	黄石市	地级市	中年	CBR	冶金
1702	荆门市	地级市	中年	CR	煤炭
1703	鄂州市	地级市	中年	CR	有色
1704	应城市	县级市	中年	CBR	化工
1705	大冶市	县级市	中年	CBR	冶金

续表

编号	城市名称	行政级别	发展阶段	入选条件	主要矿业类型
1706	钟祥市	县级市	老年	CBR	化工
1707	铁山区	县级	中年	CBR	冶金
1708	阳新县	县城	中年	CBR	有色
1709	宜昌县	县城	中年	CBR	非金属
1711	保康县	县城	中年	CB	化工
1712	陈贵镇	建制镇	中年	CB	黄金
1713	铜绿山镇	建制镇	中年	CB	有色
1714	灵乡镇	建制镇	中年	B	有色
1715	富池镇	建制镇	中年	CB	黄金
1716	樟村坪镇	建制镇	中年	CB	化工
1718	胡集镇	建制镇	老年	CBR	化工
1719	马河镇	建制镇	中年	CB	煤炭
湖南 18					
1801	郴州市	地级市	中年	CBR	有色
1803	冷水江市	县级市	中年	CBR	有色
1804	桃江县	县城	幼年	R	冶金
1805	常宁市	县级市	中年	CR	有色
1806	涟源市	县级市	中年	CBR	煤炭
1807	宁乡县	县城	中年	CR	煤炭
1808	临湘市	县级市	老年	L	有色
1809	临武县	县城	中年	BR	有色
1810	花垣县	县城	幼年	CBR	有色
1811	浏阳市	县级市	中年	CR	化工
1812	娄底市	地级市	中年	CBR	煤炭
1813	苏仙区	县级	中年	CBR	有色
1814	资兴市	县级市	中年	CBR	煤炭
1815	桂阳县	县城	中年	CBR	有色
1816	邵东县	县城	老年	CR	非金属
1817	双峰县	县城	中年	CR	煤炭
1818	永兴县	县城	中年	CR	煤炭
1819	宜章县	县城	中年	CBR	煤炭

续表

编号	城市名称	行政级别	发展阶段	入选条件	主要矿业类型
广东 19					
1901	茂名市	地级市	中年	CR	油气
1902	云浮市	地级市	中年	CBR	化工
1903	韶关市	地级市	老年	CBR	综合
1904	高要市	县级市	幼年	C	黄金
1905	连平县	县城	中年	CB	冶金
1906	曲江县	县城	中年	CBR	冶金
1907	仁化县	县城	中年	CBR	有色
广西 20					
2001	柳州市	地级市	中年	R	非金属
2002	河池市	县级市	中年	C	有色
2004	象州县	县城	中年	W	非金属
2005	合山市	县级市	老年	CBR	煤炭
2006	岑溪市	县级市	幼年	X	非金属
2007	环江县	县城	中年	CBR	有色
2008	南丹县	县城	幼年	CBR	有色
2009	大新县	县城	中年	CB	冶金
2010	天等县	县城	幼年	X	冶金
2011	隆安县	县城	幼年	X	黄金
2012	横县	县城	中年	C	黄金
2013	龙胜县	县城	幼年	CB	非金属
2014	平果县	县城	幼年	CB	有色
2015	桂林市	地级市	中年	CR	综合
2017	南宁市	地级市	中年	R	煤炭
2018	百色市	县级市	幼年	X	煤炭
2019	贺州市	县级市	幼年	C	黄金
2021	田林县	县城	幼年	CB	黄金
2022	钟山县	县城	老年	C	有色
2023	藤县	县城	中年	W	化工
海南 21					
2101	东方市	县级市	幼年	CB	油气

续表

编号	城市名称	行政级别	发展阶段	入选条件	主要矿业类型
2102	昌江县	县城	中年	CBR	冶金
重庆 22					
2201	万盛区	地级	老年	R	煤炭
2202	北碚区	地级	老年	R	煤炭
2203	南川市	县级市	幼年	CR	有色
2204	云阳县	县城	老年	CB	化工
2206	荣昌县	县城	中年	CR	煤炭
2207	城口县	县城	幼年	CB	冶金
2208	长寿县	县城	中年	CB	煤炭
2209	奉节县	县城	中年	CBR	煤炭
2210	铜梁县	县城	中年	CBR	化工
2212	江津市	县级市	中年	CBR	非金属
四川 23					
2301	德阳市	地级市	中年	CR	化工
2302	攀枝花市	地级市	中年	CBR	冶金
2303	自贡市	地级市	中年	CR	化工
2305	凉山州	地级	中年	CBR	有色
2306	旌阳区	县级	幼年	C	油气
2309	米易县	县城	中年	CB	冶金
2310	盐边县	县城	中年	CB	煤炭
2311	荣县	县城	老年	CB	煤炭
2313	宝兴县	县城	中年	CB	非金属
2314	汉源县	县城	中年	CBR	有色
2315	石棉县	县城	老年	CBR	非金属
2316	荥经县	县城	中年	CBR	非金属
2317	天全县	县城	中年	CB	化工
2318	芦山县	县城	中年	CBR	非金属
2319	会理县	县城	幼年	CBR	有色
2320	冕宁县	县城	中年	CB	有色
2321	会东县	县城	中年	CBR	有色
2322	甘洛县	县城	老年	CBR	有色

续表

编号	城市名称	行政级别	发展阶段	入选条件	主要矿业类型
2325	乌斯河镇	建制镇	中年	B	有色
2326	绵竹市	县级市	中年	CR	综合

贵州 24

编号	城市名称	行政级别	发展阶段	入选条件	主要矿业类型
2402	六盘水市	地级市	中年	CBR	煤炭
2403	贵阳市	地级市	中年	CBR	综合
2404	盘县	县城	中年	CBR	煤炭
2405	水城县	县城	中年	CBR	煤炭
2406	开阳县	县城	中年	CBR	化工
2407	清镇市	县级市	中年	CBR	有色
2408	福泉市	县级市	中年	CB	化工
2410	纳雍县	县城	中年	CB	煤炭
2411	织金县	县城	幼年	C	煤炭
2412	修文县	县城	幼年	CB	有色
2413	大方县	县城	中年	C	煤炭
2415	晴隆县	县城	中年	CB	黄金
2419	毕节市	县级市	中年	C	煤炭
2420	安顺市	县级市	中年	CR	煤炭
2421	平坝县	县城	中年	CB	煤炭
2422	都匀市	县级市	中年	C	煤炭
2423	瓮安县	县城	中年	CB	化工
2424	花溪区	县级	中年	C	煤炭
2425	乌当区	县级	中年	C	有色
2426	钟山区	县级	中年	CBR	煤炭
2427	六枝特区	县级	中年	CBR	煤炭
2428	遵义县	县城	中年	C	冶金
2429	普安县	县城	中年	CB	综合
2430	黔西县	县城	中年	CB	煤炭
2431	金沙县	县城	中年	C	煤炭
2432	万山特区	县级	老年		有色

云南 25

编号	城市名称	行政级别	发展阶段	入选条件	主要矿业类型
2501	个旧市	县级市	中年	CBR	有色

续表

编号	城市名称	行政级别	发展阶段	入选条件	主要矿业类型
2502	安宁市	县级市	中年	C	化工
2503	东川区	县级	老年	CBR	有色
2504	兰坪县	县城	幼年	CB	有色
2505	富源县	县城	中年	CBR	煤炭
2506	牟定县	县城	老年	B	有色
2507	禄汁镇	建制镇	老年	CB	有色
2508	六苴镇	建制镇	中年	CB	有色
2509	矿山镇	建制镇	中年	C	有色
2511	塔甸镇	建制镇	老年	CB	煤炭
2512	昆阳镇	建制镇	中年	CB	化工
2515	都龙镇	建制镇	中年	CBR	有色
2516	小龙潭镇	建制镇	中年	CB	煤炭

西藏 26

2601	曲松县	县城	中年	CB	冶金
2602	申扎县	县城	幼年	CB	黄金
2603	羊八井镇	建制镇	中年	B	油气

陕西 27

2701	铜川市	地级市	中年	CBR	煤炭
2702	渭南市	地级市	中年	CBR	有色
2703	榆林市	地级市	幼年	B	综合
2704	商州市	县级市	幼年		有色
2705	韩城市	县级市	中年	CBR	煤炭
2706	澄城县	县城	中年	CR	煤炭
2707	太白县	县城	中年	CB	黄金
2708	白水县	县城	中年	CBR	煤炭
2709	略阳县	县城	幼年	CB	黄金
2710	志丹县	县城	幼年	CB	油气
2711	合阳县	县城	中年	CB	煤炭
2712	潼关县	县城	老年	CB	黄金
2713	黄陵县	县城	中年	CBR	煤炭
2714	吴旗县	县城	幼年	CB	油气

续表

编号	城市名称	行政级别	发展阶段	入选条件	主要矿业类型
2715	子长县	县城	幼年	CB	油气
2716	延川县	县城	中年	B	油气
2717	靖边县	县城	幼年	CB	油气
2718	横山县	县城	幼年	CB	煤炭
2719	神木县	县城	幼年	CBR	煤炭
2720	洛南县	县城	中年	CB	黄金
2721	大柳塔镇	建制镇	幼年	CB	煤炭
2722	金堆城镇	建制镇	中年	CBR	有色

甘肃 28

编号	城市名称	行政级别	发展阶段	入选条件	主要矿业类型
2801	金昌市	地级市	中年	CBR	有色
2802	白银市	地级市	中年	CBR	有色
2803	嘉峪关市	地级市	中年	CBR	冶金
2804	玉门市	县级市	老年	R	油气
2805	平川区	县级	中年	CBR	煤炭
2806	庆阳县	县城	幼年	R	油气
2807	华亭县	县城	中年	CBR	煤炭
2808	成县	县城	中年	CBR	有色
2809	玛曲县	县城	中年	CB	黄金
2810	张掖市	县级市	老年	R	有色

宁夏 29

编号	城市名称	行政级别	发展阶段	入选条件	主要矿业类型
2901	石嘴山市	地级市	中年	CBR	煤炭
2902	青铜峡市	县级市	中年	W	非金属
2903	平罗县	县城	中年	CBR	冶金
2904	中宁县	县城	中年	W	非金属
2905	盐池县	县城	幼年	CB	油气
2906	灵武市	县级市	中年	CBR	煤炭

青海 30

编号	城市名称	行政级别	发展阶段	入选条件	主要矿业类型
3001	格尔木市	县级市	幼年	CBR	化工
3002	大通县	县城	老年	CBR	煤炭
3003	花土沟镇	建制镇	中年	CB	油气
3004	芒崖镇	建制镇	中年	CB	非金属
3005	锡铁山镇	建制镇	中年	CB	有色

续表

编号	城市名称	行政级别	发展阶段	入选条件	主要矿业类型
3006	冷湖镇	建制镇	中年	B	非金属
3007	大柴旦镇	建制镇	幼年	CB	综合
3008	桥头镇	建制镇	老年	L	煤炭
新疆 31					
3101	乌鲁木齐市	地级市	中年	CR	煤炭
3103	哈密市	县级市	幼年	CBR	综合
3104	阿勒泰市	县级市	幼年	X	黄金
3105	库尔勒市	县级市	幼年	C	油气
3106	克拉玛依市	地级市	中年	CB	油气
3107	水磨沟区	县级	中年	CBR	煤炭
3108	南山矿区	县级	中年	CB	煤炭
3109	东山区	县级	中年	CB	煤炭
3110	轮台县	县城	中年	CB	煤炭
3111	拜城县	县城	中年	CB	煤炭
3112	鄯善县	县城	幼年	C	综合
3113	伊宁县	县城	中年	CB	黄金
3114	察布查尔县	县城	中年	B	煤炭
3115	霍城县	县城	中年	CB	煤炭
3116	巩留县	县城	中年	B	有色
3117	尼勒克县	县城	中年	B	煤炭
3119	富蕴县	县城	老年	CB	黄金
3120	哈巴河县	县城	幼年	B	黄金
3121	托里县	县城	中年	CB	非金属
3122	和布克赛尔	县城	中年	CB	煤炭
3123	若羌县	县城	中年	CB	非金属
3124	和田市、县	县级市	中年	B	煤炭

注：（1）矿业产值地级大于 1 亿元，县级镇级大于 4500 万元（入选代号 C）；（2）矿业产值占国内生产总值的比重大于 5%（入选代号 B）；（3）矿业从业人数大于 6000 人（入选代号 R）；符合上述指标之一即入选；（4）此外，著名的老矿业城市（入选代号 L）、发展势头迅猛的新型矿业城市（入选代号 X）、统计数据明显漏列大数（入选代号 W）的矿业城市，虽然低于前三项指标，也予以特别保留。

资料来源：中国矿业联合会、矿业城市工作委员会：中国矿业城市基础数据库。

附录 B 全国与太原市 GDP 与产业发展数据

年份	全国 GDP 总值（亿元）	全国 GDP 增长率（%）	太原市 GDP 总值（亿元）	太原市 GDP 增长率（%）	三次产业比重（%）第一产业	三次产业比重（%）第二产业	三次产业比重（%）第三产业	三次产业增长率（%）第一产业	三次产业增长率（%）第二产业	三次产业增长率（%）第三产业
1980	4587.6	7.8	22.3	6.5	6.4	70.4	23.2	17.88	18.75	29.75
1981	4935.8	5.1	26.54	1.0	6.0	69.1	24.9	16.57	19.52	31.82
1982	5373.4	9.0	30.21	12.2	6.4	69.8	23.8	11.52	14.23	24.89
1983	6020.9	10.8	34.44	18.7	6.3	70.7	23.0	11.00	14.72	25.87
1984	7278.5	15.2	39.02	14.1	6.0	69.2	24.8	10.65	13.69	23.45
1985	9098.9	13.4	44.21	5.0	6.6	67.7	25.7	11.08	13.69	20.67
1986	10376.2	8.9	52.76	7.7	6.4	66.0	27.6	16.45	19.58	29.04
1987	12174.6	11.7	57.97	10.8	6.3	63.1	30.6	5.14	12.28	17.72
1988	15180.4	11.2	69.98	8.4	5.7	62.9	31.4	15.28	21.92	32.98
1989	17179.7	4.2	80.86	7.4	5.4	57.5	37.1	12.98	15.62	21.88
1990	18872.9	3.9	93.92	8.9	6.4	57.0	36.6	10.55	18.64	22.74
1991	22005.6	9.3	117.92	7.8	5.2	56.9	37.9	19.20	26.57	36.65
1992	27194.5	14.2	147.92	14.6	4.6	56.2	39.2	21.83	25.87	31.04
1993	35673.2	13.9	177.92	13.7	4.2	55.2	40.6	16.72	20.70	25.42

续表

项目 年份	全国 GDP 总值（亿元）	全国 GDP 增长率（%）	太原市 GDP 总值（亿元）	太原市 GDP 增长率（%）	三次产业比重（%）第一产业	三次产业比重（%）第二产业	三次产业比重（%）第三产业	三次产业增长率（%）第一产业	三次产业增长率（%）第二产业	三次产业增长率（%）第三产业
1994	48637.5	13.0	202.92	11.4	5.6	52.8	41.6	9.88	14.40	19.88
1995	61339.9	11.0	233.03	12.4	5.5	50.9	43.6	8.34	15.19	23.62
1996	71813.6	9.9	281.65	11.6	6.1	50.2	43.7	12.82	18.61	35.66
1997	79715.0	9.2	327.07	9.5	5.3	49.4	45.3	11.13	14.02	25.06
1998	85195.5	7.8	350.79	7.7	5.2	49.1	45.7	-5.49	10.15	14.83
1999	90564.4	7.7	364.56	7.7	4.0	42.7	53.3	-10.08	4.24	14.41
2000	100280.1	8.5	396.27	9.0	3.9	41.8	54.3	-10.39	10.17	18.43
2001	110863.1	8.3	386.34	10.5	3.2	42.5	54.3	-10.39	13.50	25.62
2002	121717.4	9.1	433.64	13.5	3.5	41.4	55.1	-26.99	9.80	26.28
2003	137422.0	10.0	515.59	15.5	2.9	43.6	53.5	-14.57	22.24	28.69
2004	161840.2	10.1	643.09	15.7	2.7	46.3	51.0	-28.77	26.81	29.02
2005	187318.9	11.4	895.49	14.7	2.2	49.7	48.1	-24.77	17.97	18.93
2006	219438.5	12.7	1013.38	11.5	1.9	46.9	51.2	-3.76	13.64	14.11
2007	270092.3	14.2	1254.95	16.4	1.6	50.9	47.5	0.92	35.12	14.28

续表

年份	全国 GDP 总值(亿元)	全国 GDP 增长率(%)	太原市 GDP 总值(亿元)	太原市 GDP 增长率(%)	三次产业比重(%) 第一产业	三次产业比重(%) 第二产业	三次产业比重(%) 第三产业	三次产业增长率(%) 第一产业	三次产业增长率(%) 第二产业	三次产业增长率(%) 第三产业
2008	319244.6	9.7	1468.09	8.1	1.4	50.5	48.1	17.01	14.99	19.14
2009	348517.7	9.4	1545.24	2.6	2.0	43.7	54.3	24.28	-8.59	19.13
2010	412119.3	10.6	1778.05	11.0	1.8	44.9	53.3	6.02	18.20	12.86
2011	487940.2	9.5	2080.12	9.9	1.6	45.6	52.8	11.79	18.87	15.57
2012	538580.0	7.9	2311.43	10.5	1.6	44.8	53.6	6.41	9.10	13.01
2013	592963.2	7.8	2412.87	8.1	1.6	43.6	54.8	7.19	1.59	6.64
2014	641280.6	7.3	2531.09	3.3	1.5	40.0	58.5	0.65	-3.78	11.93
2015	685992.9	6.9	2735.34	8.9	1.4	37.3	61.3	-3.76	0.78	13.37
2016	740060.8	6.7	2955.60	7.5	1.3	36.1	62.6	2.19	4.69	10.23
2017	820754.3	6.8	3382.18	7.5	1.2	37.6	61.2	6.80	19.04	11.93
2018	900309.5	6.6	3884.48	9.2	1.1	37.0	61.9	0.56	13.19	16.15

资料来源：全国数据来自国家统计局《中国统计年鉴2019》，中国统计出版社；1999—2000年数据来自太原市统计局《太原社会经济统计年鉴2000—2001》，中国统计出版社；太原1980—1998年数据来自太原市统计局《太原五十年》，中国统计出版社；2001—2018年数据来自太原市历年国民经济与社会发展统计公报，太原市统计局。

附录 C　太原市绿色发展能力评价指标体系原始数据

二级指标	三级指标	四级指标	2008 年	2009 年	2010 年	2011 年	2012 年	2013 年
经济	经济规模	GDP（亿元）	1468.09	1545.24	1778.05	2080.12	2311.43	2412.87
		社会固定资产投资额（亿元）	702.64	782.02	916.48	1024.14	1320.63	1670.74
		外商直接投资（亿美元）	3.12	2.62	2.83	6.79	7.82	9.44
	经济效益	GDP 增长率（%）	8.1	2.6	11.0	9.9	10.5	8.1
		人均 GDP（元）	44687	44912	46883	50111	55732	58638
		社会消费品人均零售额（元）	17859	20609	22595	22980	26537	29957
		社会劳动生产率（万元/人）	8.61	9.23	10.10	11.73	11.45	12.00
社会	人口与城市化	人口密度（人/平方千米）	497	501	601	606	609	612
		人口自然增长率（‰）	4.15	4.42	5.77	5.14	4.94	5.01
		城市化率（%）	72.36	72.22	71.96	71.7	71.53	71.88
	收入与消费	在岗职工平均工资（元）	29589	33141	38838	44372	48102	51035
		城镇居民人均可支配收入（元）	15230	15607	17258	20149	22587	23873
		农民人均纯收入（元）	6355	6828	7611	8888	10079	11288
		城镇居民人均生活消费支出（元）	10799	11708	12106	13111	13970	14338
		农民人均生活消费支出（元）	3608	3687	3879	5824	6550	7407
		城镇居民家庭恩格尔系数（%）	34.65	32.15	30.65	32.69	33.30	32.08
		农村居民家庭恩格尔系数（%）	35.50	32.60	33.80	31.10	33.90	30.60
	社会和谐与稳定	社会从业人员（万人）	170.54	167.33	176.05	177.26	201.93	200.96
		年末城镇登记失业率（%）	3.30	3.40	3.40	3.00	3.38	3.35
		刑事案件立案数（起/万人）	81.88	81.72	91.6	112.82	101.47	85.98
		生产安全事故下降率（%）	13.0	15.0	11.8	9.3	13.3	3.8

续表

二级指标	三级指标	四级指标	2014年	2015年	2016年	2017年	2018年
经济	经济规模	GDP（亿元）	2531.09	2735.34	2955.60	3382.18	3884.48
		社会固定资产投资额（亿元）	1746.09	2025.61	2027.71	964.86	1217.82
		外商直接投资（亿美元）	10.77	8.50	4.62	1.07	0.09
	经济效益	GDP增长率（%）	3.3	8.9	7.5	7.5	9.2
		人均GDP（元）	59980	64521	69327	77536	88272
		社会消费品人均零售额（元）	32825	35677	38354	40364	40979
		社会劳动生产率（万元/人）	11.64	12.28	12.73	14.26	15.69
社会	人口与城市化	人口密度（人/平方千米）	615	618	622	627	633
		人口自然增长率（‰）	4.95	4.59	5.95	8.09	6.66
		城市化率（%）	71.58	79.46	79.54	79.25	79.33
	收入与消费	在岗职工平均工资（元）	56885	60515	64820	72114	80827
		城镇居民人均可支配收入（元）	25768	27727	29632	31469	33672
		农村居民人均可支配收入（元）	12616	13626	14591	15595	16860
		城镇居民人均消费支出（元）	14430	15455	16775	18234	19912
		农民人均生活消费支出（元）	9444	10124	10929	11546	12365
		城市居民家庭恩格尔系数（%）	23.20	21.09	20.75	21.24	23.20
		农村居民家庭恩格尔系数（%）	25.94	25.46	24.94	24.33	25.11
	社会和谐与稳定	社会从业人员（万人）	217.47	222.75	232.22	237.12	247.56
		年末城镇登记失业率（%）	3.40	3.43	3.46	3.41	3.33
		刑事案件立案数（起/万人）	78.78	93.06	89.31	70.74	65.28
		生产安全事故下降率（%）	4.2*	4.5	1.8	9.9	31.6

续表

二级指标	三级指标	四级指标	2008年	2009年	2010年	2011年	2012年	2013年
资源	核心资源潜力	一次能源产量（万吨标准煤）	2893.21	2501.97	2696.33	2810.96	2564.72	2651.1
		二次能源产量（万吨标准煤）	5132.83	4170.71	4604.28	4838.75	4336.44	4368.20
		人均原煤产量（吨）	11.95	10.05	9.8	9.34	8.54	8.70
	能源消耗	万元GDP能耗（吨标准煤）	1.96	1.83	1.71	1.18	1.13	1.08
		万元GDP用水量（立方米）	38.97	34.31	31.82	30.66	26.70	31.06
		万元GDP主要能源消费量（吨标准煤）	5.72	4.62	4.23	3.89	3.17	3.01
		万元GDP全行业用电量（千瓦小时）	1104.15	960.08	971.29	898.60	815.85	773.26
		人均生活用水量（立方米）	62.64	41.29	36.44	33.07	37.42	45.46
		人均主要能源消费量（吨标准煤）	24.17	20.38	20.58	19.09	17.21	16.99
		城乡居民人均用电量（千瓦小时）	439.87	504.55	577.55	556.75	604.70	667.55
		化肥施用量（折纯）（吨）	26626	27274	26470	27655	29054	28966
		农药使用量（吨）	776	760.1	739.9	854	859	851
环境	废物排放与处理	万元GDP污水排放量（立方米）	15.16*	14.50*	12.69	10.92	10.50	10.42
		万元GDP污水利用量（立方米）	11.15	11.59	5.45	4.17	3.55	3.08
		工业固体废物排放量（万吨）	19.44	9.29	7.88	1.34	10.36	6.91*
		工业固体废物综合利用率（%）	47.44	48.57	52.27*	53.02	53.79	54.55*
		工业危险废物综合利用率（%）	93.00	98.75	69.39	40.03	42.64	37.53*
		生活垃圾产生量（万吨）	84.69	104.24	116.00#	147.14	158.00	171.00#
		生活垃圾无害化处理率（%）	90.00	98.83	94.80	99.00	94.30	96.03*

续表

二级指标	三级指标	四级指标	2014年	2015年	2016年	2017年	2018年
资源	核心资源潜力	一次能源产量（万吨标准煤）	2603.71	2849.26	2041.59	2026.55	2389.88
		二次能源产量（万吨标准煤）	4165.95	4143.87	3823.49	3736.81	4066.30
		人均原煤产量（吨）	8.50	9.26	6.6	6.5	7.6
		万元GDP能耗（吨标准煤）	1.05	0.99	0.91	0.86	0.83
		万元GDP用水量（立方米）	28.80	27.29	26.26	22.98	20.14
		万元GDP主要能源消费量（吨标准煤）	2.68	2.44	2.05	1.76	1.77
		万元GDP全行业用电量（千瓦小时）	758.65	657.15	627.77	607.27	573.40
	能源消耗	人均生活用水量（立方米）	45.18	47.04	50.26	49.81	52.01
		人均主要能源消费量（吨标准煤）	15.81	15.43	13.98	13.62	15.54
		城乡居民人均用电量（千瓦小时）	704.52	743.18	786.16	831.43	911.59
		化肥施用量（折纯）（吨）	29037	28967	28719	28281	25527
		农药使用量（吨）	878.67	872.59	863.06	844.37	640.1
环境	废物排放与处理	万元GDP污水排放量（立方米）	11.23	10.39	9.51	9.13	7.95*
		万元GDP污水利用量（立方米）	3.30	3.40	4.03	3.82	3.47
		工业固体废物排放量（万吨）	3.45*	0.00	0.00	0.00	0.00
		工业固体废物综合利用率（%）	55.30*	56.06	51.40	42.70	35.70
		工业危险废物综合利用率（%）	32.43*	27.32	30.50	26.73	62.20
		生活垃圾产生量（万吨）	184.00#	159.20	168.50	183.59	163.97
		生活垃圾无害化处理率（%）	97.77*	99.50	98.20	100.00	100.00

续表

二级指标	三级指标	四级指标	2008 年	2009 年	2010 年	2011 年	2012 年	2013 年
	城市绿化与生态投入	市区二级以上空气质量天数（天）	302	296	304	308	324	162
		空气污染综合指数（%）	2.42	2.35*	2.27	2.19	2.06	8.73
		道路清扫保洁面积（万平方米）	3250	3550	3551	3968	4027	4882
		市容环境专用车（辆）	566	1844	1915	1936	725	2067
		公共厕所（个）	624	476	546	574	643	670
		建成区绿化覆盖面积（公顷）	8850	8519	8759	11403	12112	12762
		建成区绿化覆盖率（%）	34.60	35.80	36.80	38.01	39.07	36.04
		绿地率（%）	29.80	31.00	32.00	33.16	34.18	31.61
		人均公共绿地面积（平方米）	9.60	9.09	9.59	10.09	10.66	10.96*
企业	生产技术水平	申请专利数（项）	3012	4011	5019	6525	8500	7926
		技术市场登记技术合同（项）	252	516	577	610	720	452
		技术市场登记技术合同成交金额（亿元）	2.03	7.87	7.65	10.09	12.30	15.20
		规模以上工业企业原煤生产能力（万吨）	4617	4620	4569	4695	4761	5085
		规模以上工业企业原煤生产量（万吨）	4147.80	3502.70	3774.80	3942.63	3626.26	3711.47
		规模以上工业企业 R&D 人员数（人）	21807	13207	13138	15544	16471	16192
		规模以上工业企业 R&D 人员折合全时当量（人年）	10821.1*	10821.1	10957.5	12803.3	12676.9	12763.2
	科技研发投入	规模以上工业企业 R&D 经费内部支出（万元）	793271.5	568969.8*	344668.0	414045.7	485684.4	596814.2
		规模以上工业企业 R&D 经费外部支出（万元）	13652.3	8750.0*	3847.7	4864.8	8712.8	9599.2
		规模以上采矿业企业 R&D 人员数（人）	8827	4327	4509	4369	3526	3988
		规模以上采矿业企业 R&D 人员折合全时当量（人年）	3826.1*	3826.1	3681.6	3862.9	2967.5	3440.6
		规模以上采矿业企业 R&D 经费内部支出（万元）	80090.8	51221.9*	22352.9	16868.1	23729.4	21940.3
		规模以上采矿业企业 R&D 经费外部支出（万元）	4391.4	2918.4*	1445.3	2280.2	2479.2	2053.7

续表

二级指标	三级指标	四级指标	2014年	2015年	2016年	2017年	2018年
	城市绿化与生态投入	市区二级以上空气质量天数（天）	197	230	232	175	170
		空气污染综合指数（%）	7.73	7.13	7.68	7.79	7.07
		道路清扫保洁面积（万平方米）	5331	5331	4653	4628	4628*
		市容环境专用车（辆）	2948	2439	2989	2994	2994*
		公共厕所（个）	701	713	769	775	775*
		建成区绿化覆盖面积（公顷）	13365	13940	14369	14767	15187
		建城区绿化覆盖率（%）	40.50	41.00	41.65	42.19	42.78
		绿地率（%）	35.57	36.07	36.68	37.18	37.74
		人均公共绿地面积（平方米）	11.26	11.56	11.88	12.18	12.48
	生产技术水平	申请专利数（项）	2613	2890	3511	3743	5087
		技术市场登记技术合同（项）	325	1422	1483	1665	1449
		技术市场登记技术合同成交金额（亿元）	13.80	52.99	119.50	105.49	143.22
		规模以上工业企业原煤生产能力（万吨）	4700	4670	4450	4851	4730
企业		规模以上工业企业原煤生产量（万吨）	3645.12	3988.88	2858.17	2837.11	3345.76
		规模以上工业企业R&D人员数（人）	16214	11862	12359	12856	12856*
	科技研发投入	规模以上工业企业R&D人员折合全时当量（人年）	12082.2	8446.0	8478.0	8800.0	8800.0*
		规模以上工业企业R&D经费内部支出（万元）	608666.3	457135.9	394503.0	420913.0	420913.0*
		规模以上工业企业R&D经费外部支出（万元）	7045.5	92293.0	7585.0	11087.0	11087.0*
		规模以上采矿业企业R&D人员数（人）	3613	1054	858	554	554*
		规模以上采矿业企业R&D人员折合全时当量（人年）	3538.7	638.0	616.0	227.0	227.0*
		规模以上采矿业企业R&D经费内部支出（万元）	17895.1	15233.0	18083.0	11448.0	11448.0*
		规模以上采矿业企业R&D经费外部支出（万元）	942.4	1080.3	1099.0	737.0	737.0*

续表

二级指标	三级指标	四级指标	2008年	2009年	2010年	2011年	2012年	2013年
产业	产业与就业结构	第二产业产值占GDP比重（%）	50.5	43.7	44.9	45.6	44.8	43.6
		第三产业产值占GDP比重（%）	48.1	54.3	53.3	52.8	53.6	54.8
		第二产业从业人员比重（%）	32.66	31.52	32.34	31.87	36.23	33.82
		第三产业从业人员比重（%）	52.55	53.68	53.88	54.54	51.61	54.11
		规模以上工业企业单位数（个）	515	484	480	439	458	.440
		规模以上工业企业全部从业人员年平均人数（人）	334858	333793	335791	356398	355021	343246
	工业生产经营能力	规模以上工业亏损企业单位数（个）	151	165	128	119	150	153
		规模以上工业亏损企业亏损总额（万元）	230856.9	277104.0	201793.6	181343.0	394427.8	508029.6
		规模以上工业企业总产值（万元）	19207199.9	15668103.8	20003396.9	24274969.6	25887391.7	26488396.3
		规模以上工业企业销售产值（万元）	18744379.3	15472062.9	19758764.7	23740731.1	25617126.9	25721134.8
		规模以上工业企业利润总额（万元）	703094.7	544409.8	816091.2	716505.6	1032622.8	149767.2
		规模以上工业企业利税总额（万元）	1976070.3	1461009.7	1749298.9	1884786.0	2083605.5	1135710.0
	重工业生产经营能力	规模以上重工业企业单位数（个）	406	375	373	346	369	354
		规模以上重工业企业全部从业人员年平均人数（人）	310768	308730	310588	332295	332921	321712
		规模以上重工业亏损企业单位数（个）	119	136	109	104	128	132
		规模以上重工业亏损企业亏损总额（万元）	213703.4	266805.9	197570.9	162342.7	367128.8	486020.1
		规模以上重工业企业总产值（万元）	18168700.5	14574786.4	18602448.8	22528921.7	24316955.7	24910269.3
		规模以上重工业企业销售产值（万元）	17770665.2	14417975.7	18395805.6	22053101.8	24088084.5	24177133.3
		规模以上重工业企业利润总额（万元）	672054.0	499946.6	723540.9	614415.4	954131.1	36545.0
		规模以上重工业企业利税总额（万元）	1813829.3	1265116.1	1489269.2	1574907.8	1765867.4	760516.0

续表

二级指标	三级指标	四级指标	2014年	2015年	2016年	2017年	2018年
产业	产业与就业结构	第二产业产值占GDP比重（%）	40.0	37.3	36.1	37.6	37.0
		第三产业产值占GDP比重（%）	58.5	61.3	62.6	61.2	61.9
		第二产业从业人员比重（%）	31.11	29.14	28.17	27.78	26.02
		第三产业从业人员比重（%）	57.56	59.56	61.05	61.73	63.96
	工业生产经营能力	规模以上工业企业单位数（个）	404	408	355	376	436
		规模以上工业企业全部从业人员年平均人数（人）	318601	303687	306529	315336	309969
		规模以上工业亏损企业单位数（个）	149	165	113	104	105
		规模以上工业亏损企业亏损总额（万元）	498068.7	1115602.6	654745.0	565335.0	782590.0
		规模以上工业企业总产值（万元）	24310043.6	21592702.4	22074174	27114208	31270927
		规模以上工业企业销售产值（万元）	23746807.9	20993586.8	22112196.0	27600696.0	31112857.0
		规模以上工业企业利润总额（万元）	217580.3	-388202.5	174837.0	900374.0	899956.0
		规模以上工业企业利税总额（万元）	1126154.9	612508.5	1169419.0	2344281.0	2449863.0
	重工业生产经营能力	规模以上重工业企业单位数（个）	325	327	278	293	348
		规模以上重工业企业全部从业人员年平均人数（人）	298732	286925	288510	298197	293665
		规模以上重工业亏损企业单位数（个）	130	143	95	86	84
		规模以上重工业亏损企业亏损总额（万元）	467443.6	1085138.8	617990.0	558043.0	772534.0
		规模以上重工业企业总产值（万元）	22819259.4	20121948.3	20630204.0	25509601.0	29794827.0
		规模以上重工业企业销售产值（万元）	22290023.0	19548564.9	20717522.0	25969645.0	29969175.0
		规模以上重工业企业利润总额（万元）	126187.0	-481943.5	104771.0	797494.0	807667.0
		规模以上重工业企业利税总额（万元）	757446.1	221181.4	832561.0	1972092.0	2045847.0

续表

二级指标	三级指标	四级指标	2008年	2009年	2010年	2011年	2012年	2013年
	煤炭开采和洗选业生产经营能力	规模以上煤炭开采和洗选业企业单位数（个）	55	35	37	50	58	56
		规模以上煤炭开采和洗选业企业全部从业人员年均人数（人）	76513	83286	75488	84058	103205	102061
		规模以上煤炭开采和洗选业亏损企业单位数（个）	6	18	11	21	31	36
		规模以上煤炭开采和洗选业亏损企业企业亏损总额（万元）	881.7	6519.7	1256.4	3250.2	94875.5	176431.7
		规模以上煤炭开采和洗选业企业总产值（万元）	2496185.3	1937959.9	2714431.0	3408490.6	3978731.0	3290035.5
		规模以上煤炭开采和洗选业企业销售产值（万元）	2479502.8	1910507.5	2666618.8	3370371.5	3957867.1	3247770.1
		规模以上煤炭开采和洗选业企业利润总额（万元）	368508.0	289334.6	330596.4	144722.0	−74176.8	−167403.0
		规模以上煤炭开采和洗选业企业利税总额（万元）	688880.1	566791.1	641696.8	537826.1	302105.0	154293.5
政府	财政收入	一般公共预算收入（万元）	1169224	1175322	1384809	1747179	2156654	2473261
		企业所得税（万元）	157659	136181	164691	199917	250274	258351
		个人所得税（万元）	42605	48590	56221	71236	75082	86449
		资源税（万元）	30195	19713	17226	20132	20527	21426
	财政支出	一般公共预算支出（万元）	1528553	1599051	1896358	2393147	2774437	2886300
		一般公共服务支出（万元）	177452	185512	197546	209443	224998	232335
		公共安全（万元）	120730	121589	155123	160084	187891	202508
		社会保障和就业（万元）	304863	321352	296215	321451	334333	386625
		医疗卫生（万元）	73079	102674	101174	140771	171514	190480
		教育支出（万元）	259777	287394	359491	447751	550372	547273
		科学技术支出（万元）	41158	37219	47015	77561	95583	112969
		资源勘探信息等支出（万元）	23957*	23957	44968	57343	54220	90104
		节能环保支出（万元）	45966	51797	82217	62009	129985	80181

续表

二级指标	三级指标	四级指标	2014年	2015年	2016年	2017年	2018年
	煤炭开采和洗选业生产经营能力	规模以上煤炭开采和洗选业亏损企业单位数（个）	32	30	23	28	32
		规模以上煤炭开采和洗选业亏损企业全部从业人员年平均人数（人）	100357	98439	92807	91035	87808
		规模以上煤炭开采和洗选业亏损企业单位数（个）	24	24	15	10	12
		规模以上煤炭开采和洗选业亏损企业亏损总额（万元）	191556.0	369368.6	193136.0	350270.0	521883.0
		规模以上煤炭开采和洗选业企业总产值（万元）	2644560.7	2171046.3	1755735.0	2595572.0	3059480.0
		规模以上煤炭开采和洗选业企业销售产值（万元）	2602706.7	2119012.8	1714559.0	2650720.0	3124615.0
		规模以上煤炭开采和洗选业企业利润总额（万元）	-189181.2	-342148.6	-181679.0	-298318.0	-459309.0
		规模以上煤炭开采和洗选业企业利税总额（万元）	65181.5	-112011.3	30154.0	130407.0	43603.0
政府	财政收入	一般公共预算收入（万元）	2588527	2742403	2826893	3118503	3732275
		企业所得税（万元）	281816	294608	282243	378600	395638
		个人所得税（万元）	92640	84853	94157	378614	144288
		资源税（万元）	23274	29982	27041	121722	63164
	财政支出	一般公共预算支出（万元）	3226934	4199913	4240666	4790558	5424589
		一般公共服务支出（万元）	206292	243036	283833	391947	492748
		公共安全（万元）	221750	262727	323102	336542	359639
		社会保障和就业（万元）	410154	509441	532951	722360	723921
		医疗卫生（万元）	224800	270398	328275	336158	410207
		教育支出（万元）	527157	620878	703360	730005	808097

续表

二级指标	三级指标	四级指标	2014年	2015年	2016年	2017年	2018年
政府	财政支出	科学技术支出（万元）	141469	128030	83197	185297	250447
		资源勘探信息等支出（万元）	62361	148825	118837	115889	135149
		节能环保支出（万元）	127804	140039	205766	234296	190199

注：

1. 万元 GDP 综合能耗指标数据根据 2008 年 6 月 1 日正式实施的最新国家标准 GB/T 2589-2008《综合能耗计算通则》各种能源折标准煤参考系数计算得出，能源消费总量用煤炭、石油制品、焦炭消费量相加计算得出。

2. 2014 年，依据城乡住户一体化改革制度，原有指标"农村居民人均纯收入"和"城镇居民人均可支配收入"变更为"居民人均可支配收入"。"城镇居民人均可支配收入"和"农村居民人均可支配收入"。

3. 表中带 * 数据为缺失数据，为能顺利开展计算研究，本书依照以下原则进行填充：2008 年、2018 年的边缘数据分别采用 2009 年、2017 年相邻年份数据填充；2009—2017 年中间年度数据分别采用相邻年份数据的平均值进行填充。

4. 表中带 # 数据采用当年垃圾清运量数据替代。

资料来源：太原市统计局：《太原统计年鉴》（2009—2019 年），中国统计出版社；太原市统计局：《太原市国民经济与社会发展统计公报（2008—2018 年）》；太原市环境保护局：《太原市固体废物污染环境防治信息公告 2008—2018》。

附录 D 太原市绿色发展能力评价指标体系标准化数据

二级指标	三级指标	四级指标	2008年	2009年	2010年	2011年	2012年	2013年
经济	经济规模	GDP（亿元）	0.0000	0.0319	0.1283	0.2533	0.3490	0.3910
		社会固定资产投资额（亿元）	0.0000	0.0599	0.1614	0.2426	0.4664	0.7306
		外商直接投资（亿美元）	0.2837	0.2369	0.2566	0.6273	0.7238	0.8755
	经济效益	GDP增长率（%）	0.6548	0.0000	1.0000	0.8690	0.9405	0.6548
		人均GDP（元）	0.0000	0.0052	0.0504	0.1244	0.2534	0.3201
社会	人口与城市化	社会消费品人均零售额（元）	0.0000	0.1189	0.2048	0.2215	0.3753	0.5233
		社会劳动生产率（万元/人）	0.0000	0.0876	0.2105	0.4407	0.4011	0.4788
		人口密度（人·平方千米）	0.0000	0.0294	0.7647	0.8015	0.8235	0.8456
		人口自然增长率（‰）	0.0000	0.0685	0.4112	0.2513	0.2005	0.2183
		城市化率（%）	0.1036	0.0861	0.0537	0.0212	0.0000	0.0437
	收入与消费	在岗职工平均工资（元）	0.0000	0.0693	0.1805	0.2885	0.3613	0.4186
		城镇居民人均可支配收入（元）	0.0000	0.0204	0.1100	0.2667	0.3989	0.4687
		农民居民人均纯收入（元）	0.0000	0.0450	0.1196	0.2411	0.3545	0.4696
		城镇居民人均生活消费支出（元）	0.0000	0.0997	0.1434	0.2537	0.3480	0.3883
		农民居民人均生活消费支出（元）	0.0000	0.0090	0.0309	0.2531	0.3360	0.4338
		城市居民家庭恩格尔系数（%）	0.0000	0.1799	0.2878	0.1410	0.0971	0.1849
		农村居民家庭恩格尔系数（%）	0.0000	0.2596	0.1522	0.3939	0.1432	0.4387
	社会和谐与稳定	社会从业人员（万人）	0.0400	0.0000	0.1087	0.1238	0.4313	0.4192
		年末城镇登记失业率（%）	0.3478	0.1304	0.1304	1.0000	0.1739	0.2391
		刑事案件立案数（起/万人）	0.6508	0.6542	0.4464	0.0000	0.2387	0.5646
		生产安全事故下降率（%）	0.3758	0.4430	0.3356	0.2517	0.3859	0.0671

续表

二级指标	三级指标	四级指标	2014年	2015年	2016年	2017年	2018年
经济	经济规模	GDP（亿元）	0.4399	0.5244	0.6156	0.7921	1.0000
		社会固定资产投资额（亿元）	0.7875	0.9984	1.0000	0.1979	0.3888
		外商直接投资（亿美元）	1.0000	0.7875	0.4242	0.0918	0.0000
	经济效益	GDP增长率（%）	0.0833	0.7500	0.5833	0.5833	0.7857
		人均GDP（元）	0.3509	0.4551	0.5653	0.7537	1.0000
		社会消费品人均零售额（元）	0.6473	0.7707	0.8865	0.9734	1.0000
		社会劳动生产率（万元/人）	0.4280	0.5184	0.5819	0.7980	1.0000
社会	人口与城市化	人口密度（人/平方千米）	0.8676	0.8897	0.9191	0.9559	1.0000
		人口自然增长率（‰）	0.2030	0.1117	0.4569	1.0000	0.6371
		城市化率（%）	0.0062	0.9900	1.0000	0.9638	0.9738
	收入与消费	在岗职工平均工资（元）	0.5327	0.6036	0.6876	0.8300	1.0000
		城镇居民人均可支配收入（元）	0.5714	0.6776	0.7809	0.8805	1.0000
		农村居民人均可支配收入（元）	0.5960	0.6921	0.7840	0.8796	1.0000
		城镇居民人均消费支出（元）	0.3984	0.5109	0.6558	0.8159	1.0000
		农民人均生活消费支出（元）	0.6664	0.7441	0.8360	0.9065	1.0000
		城市居民家庭恩格尔系数（%）	0.8237	0.9755	1.0000	0.9647	0.8237
		农村居民家庭恩格尔系数（%）	0.8559	0.8988	0.9454	1.0000	0.9302
	社会和谐与稳定	社会从业人员（万人）	0.6250	0.6908	0.8088	0.8699	1.0000
		年末城镇登记失业率（%）	0.1304	0.0652	0.0000	0.1087	0.2826
		刑事案件立案数（起/万人）	0.7160	0.4156	0.4945	0.8851	1.0000
		生产安全事故下降率（%）	0.0805	0.0906	0.0000	0.2718	1.0000

续表

二级指标	三级指标	四级指标	2008 年	2009 年	2010 年	2011 年	2012 年	2013 年
资源	核心资源潜力	一次能源产量（万吨标准煤）	0.0000	0.4514	0.2272	0.0949	0.3790	0.2794
		二次能源产量（万吨标准煤）	0.0000	0.6892	0.3786	0.2107	0.5705	0.5477
		人均原煤产量（吨）	0.0000	0.3486	0.3945	0.4789	0.6257	0.5963
	能源消耗	万元 GDP 能耗（吨标准煤）	0.0000	0.1150	0.2212	0.6903	0.7345	0.7788
		万元 GDP 用水量（立方米）	0.0000	0.2475	0.3797	0.4413	0.6516	0.4201
		万元 GDP 主要能源消费量（吨标准煤）	0.0000	0.2778	0.3763	0.4621	0.6439	0.6843
		万元 GDP 全行业用电量（千瓦小时）	0.0000	0.2714	0.2503	0.3873	0.5432	0.6234
		人均生活用水量（立方米）	0.0000	0.7220	0.8860	1.0000	0.8529	0.5810
		人均主要能源消费量（吨标准煤）	0.0000	0.3592	0.3403	0.4815	0.6597	0.6806
		城乡居民人均用电量（千瓦小时）	1.0000	0.8629	0.7081	0.7522	0.6506	0.5173
		化肥施用量（折纯）（吨）	0.6884	0.5047	0.7326	0.3967	0.0000	0.0250
		农药使用量（吨）	0.4304	0.4970	0.5817	0.1034	0.0824	0.1160
环境	废物排放与处理	万元 GDP 污水排放量（立方米）	0.0000	0.0915	0.3426	0.5881	0.6463	0.6574
		万元 GDP 污水利用量（立方米）	0.9483	1.0000	0.2785	0.1281	0.0552	0.0000
		工业固体废物排放量（万吨）	0.0000	0.5221	0.5947	0.9311	0.4671	0.6445
		工业固体废物综合利用率（%）	0.5766	0.6321	0.8139	0.8507	0.8885	0.9258
		工业危险废物综合利用率（%）	0.9202	1.0000	0.5923	0.1847	0.2209	0.1500
		生活垃圾产生量（万吨）	1.0000	0.8031	0.6847	0.3712	0.2618	0.1309
		生活垃圾无害化处理率（%）	0.0000	0.8830	0.4800	0.9000	0.4300	0.6030

续表

二级指标	三级指标	四级指标	2014年	2015年	2016年	2017年	2018年
资源	核心资源潜力	一次能源产量（万吨标准煤）	0.3340	0.0507	0.9826	1.0000	0.5808
		二次能源产量（万吨标准煤）	0.6926	0.7084	0.9379	1.0000	0.7640
		人均原煤产量（吨）	0.6330	0.4936	0.9817	1.0000	0.7982
	能源消耗	万元GDP能耗（吨标准煤）	0.8053	0.8584	0.9292	0.9735	1.0000
		万元GDP用水量（立方米）	0.5401	0.6203	0.6750	0.8492	1.0000
		万元GDP主要能源消费量（吨标准煤）	0.7677	0.8283	0.9268	1.0000	0.9975
		万元GDP全行业用电量（千瓦小时）	0.6510	0.8422	0.8976	0.9362	1.0000
		人均生活用水量（立方米）	0.5905	0.5276	0.4187	0.4339	0.3595
		人均主要能源消费量（吨标准煤）	0.7924	0.8284	0.9659	1.0000	0.8180
		城乡居民人均用电量（千瓦小时）	0.4390	0.3570	0.2659	0.1699	0.0000
		化肥施用量（折纯）（吨）	0.0048	0.0247	0.0950	0.2192	1.0000
		农药使用量（吨）	0.0000	0.0255	0.0654	0.1438	1.0000
环境	废物排放与处理	万元GDP污水排放量（立方米）	0.5451	0.6616	0.7836	0.8363	1.0000
		万元GDP污水利用量（立方米）	0.0259	0.0376	0.1116	0.0870	0.0458
		工业固体废物排放量（万吨）	0.8225	1.0000	1.0000	1.0000	1.0000
		工业固体废物综合利用率（%）	0.9627	1.0000	0.7711	0.3438	0.0000
		工业危险废物综合利用率（%）	0.0791	0.0082	0.0523	0.0000	0.4925
		生活垃圾产生量（万吨）	0.0000	0.2497	0.1561	0.0041	0.2017
		生活垃圾无害化处理率（%）	0.7770	0.9500	0.8200	1.0000	1.0000

续表

二级指标	三级指标	四级指标	2008 年	2009 年	2010 年	2011 年	2012 年	2013 年
	城市绿化与生态投入	市区二级以上空气质量天数（天）	0.8642	0.8272	0.8765	0.9012	1.0000	0.0000
		空气污染综合指数（%）	0.9460	0.9565	0.9685	0.9805	1.0000	0.0000
		道路清扫保洁面积（万平方米）	0.0000	0.1442	0.1446	0.3450	0.3734	0.7842
		市容环境专用车（辆）	0.4950	0.5264	0.5556	0.5643	0.0655	0.6182
		公共厕所（个）	0.0496	0.0000	0.2341	0.3278	0.5585	0.6488
		建成区绿化覆盖面积（公顷）	0.0000	0.1467	0.0360	0.4325	0.5388	0.6363
		建成区绿化覆盖率（%）	0.0000	0.1511	0.2689	0.4169	0.5465	0.1760
		绿地率（%）	0.1504	0.0000	0.2771	0.4232	0.5516	0.2280
		人均公共绿地面积（平方米）	0.0678	0.2375	0.1475	0.2950	0.4631	0.5516
	生产技术水平	申请专利数（项）	0.0000	0.1868	0.4087	0.6645	1.0000	0.9025
		技术市场登记技术合同（项）	0.0000	0.0414	0.2300	0.2534	0.3312	0.1415
		技术市场登记技术合同成交金额（亿元）	0.7370	0.7323	0.0398	0.0571	0.0727	0.0933
企业		规模以上工业企业原煤生产能力（万吨）	0.0000	0.4922	0.8126	0.6142	0.5102	0.0000
		规模以上工业企业原煤生产量（万吨）	1.0000	0.1352	0.2846	0.1565	0.3979	0.3329
		规模以上工业企业 R&D 人员数（人）	0.5451	0.5451	0.1283	0.3702	0.4634	0.4354
		规模以上工业企业 R&D 人员折合全时当量（人年）	1.0000	0.5000	0.5764	1.0000	0.9710	0.9908
	科技研发投入	规模以上工业企业 R&D 经费内部支出（万元）	0.1109	0.0554	0.0000	0.1547	0.3143	0.5621
		规模以上工业企业 R&D 经费外部支出（万元）	1.0000	0.4561	0.0000	0.0115	0.0550	0.0650
		规模以上采矿业企业 R&D 人员数（人）	0.9899	0.9899	0.4781	0.4611	0.3592	0.4151
		规模以上采矿业企业 R&D 人员折合全时当量（人年）	1.0000	0.5794	0.9501	1.0000	0.7537	0.8839
		规模以上采矿业企业 R&D 经费内部支出（万元）	1.0000	0.5969	0.1589	0.0790	0.1789	0.1529
		规模以上采矿业企业 R&D 经费外部支出（万元）	1.0000	0.5969	0.1938	0.4223	0.4767	0.3603

续表

二级指标	三级指标	四级指标	2014 年	2015 年	2016 年	2017 年	2018 年
企业	城市绿化与生态投入	市区二级以上空气质量天数（天）	0.2160	0.4198	0.4321	0.0802	0.0494
		空气污染综合指数（%）	0.1499	0.2399	0.1574	0.1409	0.2489
		道路清扫保洁面积（万平方米）	1.0000	1.0000	0.6742	0.6622	0.6622
		市容环境专用车（辆）	0.9811	0.7714	0.9979	1.0000	1.0000
		公共厕所（个）	0.7525	0.7926	0.9799	1.0000	1.0000
		建成区绿化覆盖面积（公顷）	0.7268	0.8130	0.8773	0.9370	1.0000
		建成区绿化覆盖率（%）	0.7213	0.7824	0.8619	0.9279	1.0000
		绿地率（%）	0.7267	0.7897	0.8665	0.9295	1.0000
		人均公共绿地面积（平方米）	0.6401	0.7286	0.8230	0.9115	1.0000
	生产技术水平	申请专利数（项）	0.0000	0.0471	0.1525	0.1919	0.4202
		技术市场登记技术合同（项）	0.0517	0.8280	0.8712	1.0000	0.8471
		技术市场登记技术合同成交金额（亿元）	0.0834	0.3609	0.8320	0.7328	1.0000
		规模以上工业企业原煤生产能力（万吨）	0.6063	0.6535	1.0000	0.3685	0.5591
		规模以上工业企业原煤生产量（万吨）	0.3835	0.1212	0.9839	1.0000	0.6119
	科技研发投入	规模以上工业企业 R&D 人员数（人）	0.4376	0.0000	0.0500	0.0999	0.0999
		规模以上工业企业 R&D 人员折合全时当量（人年）	0.8345	0.0000	0.0073	0.0812	0.0812
		规模以上工业企业 R&D 经费内部支出（亿元）	0.5885	0.2507	0.1111	0.1700	0.1700
		规模以上工业企业 R&D 经费外部支出（万元）	0.0362	1.0000	0.0423	0.0819	0.0819
		规模以上采矿业企业 R&D 人员数（人）	0.3698	0.0604	0.0367	0.0000	0.0000
		规模以上采矿业企业 R&D 人员折合全时当量（人年）	0.9108	0.1130	0.1070	0.0000	0.0000
		规模以上采矿业企业 R&D 经费内部支出（万元）	0.0939	0.0551	0.0967	0.0000	0.0000
		规模以上采矿业企业 R&D 经费外部支出（万元）	0.0562	0.0939	0.0991	0.0000	0.0000

续表

二级指标	三级指标	四级指标	2008年	2009年	2010年	2011年	2012年	2013年
产业	产业与就业结构	第二产业产值占GDP比重（%）	0.0000	0.4722	0.3889	0.3403	0.3958	0.4792
		第三产业产值占GDP比重（%）	0.0000	0.4276	0.3586	0.3241	0.3793	0.4621
		第二产业从业人员比重（%）	0.3497	0.4613	0.3810	0.4270	0.0000	0.2360
		第三产业从业人员比重（%）	0.0761	0.1676	0.1838	0.2372	0.0000	0.2024
	工业生产经营能力	规模以上工业企业单位数（个）	0.0000	0.1938	0.2188	0.4750	0.3563	0.4688
		规模以上工业企业全部从业人员年平均人数（人）	0.4086	0.4288	0.3909	0.0000	0.0261	0.2495
		规模以上工业企业亏损企业单位数（个）	0.2295	0.0000	0.6066	0.7541	0.2459	0.1967
		规模以上工业企业亏损总额（万元）	0.9470	0.8975	0.9781	1.0000	0.7719	0.6503
		规模以上工业企业总产值（万元）	0.2268	0.0000	0.2779	0.5516	0.6550	0.6935
		规模以上工业企业销售产值（万元）	0.2092	0.0000	0.2741	0.5287	0.6486	0.6553
		规模以上工业企业利润总额（万元）	0.7681	0.6564	0.8476	0.7775	1.0000	0.3786
		规模以上工业企业利税总额（万元）	0.7421	0.4618	0.6187	0.6925	0.8007	0.2848
	重工业生产经营能力	规模以上重工业企业单位数（个）	0.0000	0.2422	0.2578	0.4688	0.2891	0.4063
		规模以上重工业企业全部从业人员年平均人数（人）	0.4816	0.5259	0.4855	0.0136	0.0000	0.2437
		规模以上重工业企业亏损企业单位数（个）	0.4068	0.1186	0.5763	0.6610	0.2542	0.1864
		规模以上重工业企业亏损总额（万元）	0.9443	0.8868	0.9618	1.0000	0.7781	0.6492
		规模以上重工业企业总产值（万元）	0.2361	0.0000	0.2646	0.5226	0.6401	0.6791
		规模以上重工业企业销售总值（万元）	0.2198	0.2608	0.2608	0.5006	0.6341	0.6399
		规模以上重工业企业利润总额（万元）	0.8036	0.6837	0.8394	0.7634	1.0000	0.3610
		规模以上重工业企业利税总额（万元）	0.8728	0.5721	0.6950	0.7419	0.8466	0.2956

续表

二级指标	三级指标	四级指标	2014 年	2015 年	2016 年	2017 年	2018 年
产业	产业与就业结构	第二产业产值占 GDP 比重（%）	0.7292	0.9167	1.0000	0.8958	0.9375
		第三产业产值占 GDP 比重（%）	0.7172	0.9103	1.0000	0.9034	0.9517
		第二产业从业人员比重（%）	0.5015	0.6944	0.7894	0.8276	1.0000
		第三产业从业人员比重（%）	0.4818	0.6437	0.7644	0.8194	1.0000
	工业生产经营能力	规模以上工业企业单位数（个）	0.6938	0.6688	1.0000	0.8688	0.4938
		规模以上工业企业全部从业人员年平均人数（人）	0.7171	1.0000	0.9461	0.7790	0.8808
		规模以上工业亏损企业单位数（个）	0.2623	0.0000	0.8525	1.0000	0.9836
		规模以上工业亏损企业亏损总额（万元）	0.6610	0.0000	0.4933	0.5890	0.3564
		规模以上工业企业总产值（万元）	0.5539	0.3797	0.4106	0.7358	1.0000
		规模以上工业企业销售总产值（万元）	0.5290	0.3530	0.4245	0.7754	1.0000
		规模以上工业企业利润总额（万元）	0.4264	0.0000	0.3963	0.9069	0.9066
		规模以上工业企业利税总额（万元）	0.2796	0.0000	0.3031	0.9425	1.0000
	重工业生产经营能力	规模以上重工业企业单位数（个）	0.6328	0.6172	1.0000	0.8828	0.4531
		规模以上重工业企业全部从业人员年平均人数（人）	0.7433	1.0000	0.9655	0.7549	0.8535
		规模以上重工业亏损企业单位数（个）	0.2203	0.0000	0.8136	0.9661	1.0000
		规模以上重工业亏损企业亏损总额（万元）	0.6694	0.0000	0.5062	0.5712	0.3388
		规模以上重工业企业总产值（万元）	0.5417	0.3645	0.3979	0.7184	1.0000
		规模以上重工业企业销售产值（万元）	0.5162	0.3364	0.4131	0.7574	1.0000
		规模以上重工业企业利润总额（万元）	0.4235	0.0000	0.4086	0.8909	0.8980
		规模以上重工业企业利税总额（万元）	0.2939	0.0000	0.3351	0.9596	1.0000

续表

二级指标	三级指标	四级指标	2008年	2009年	2010年	2011年	2012年	2013年
	煤炭开采和洗选业生产经营能力	规模以上煤炭开采和洗选业企业单位数（个）	0.0857	0.6571	0.6000	0.2286	0.0000	0.0571
		规模以上煤炭开采和洗选业企业全部从业人员年平均人数（人）	0.9630	0.7187	1.0000	0.6908	0.0000	0.0413
		规模以上煤炭开采和洗选业亏损企业单位数（个）	1.0000	0.6000	0.8333	0.5000	0.1667	0.0000
		规模以上煤炭开采和洗选业亏损企业亏损总额（万元）	1.0000	0.9892	0.9993	0.9955	0.8196	0.6631
		规模以上煤炭开采和洗选业企业总产值（万元）	0.3331	0.0820	0.4313	0.7435	1.0000	0.6902
		规模以上煤炭开采和洗选业企业销售产值（万元）	0.3410	0.0873	0.4244	0.7381	1.0000	0.6835
		规模以上煤炭开采和洗选业企业利润总额（万元）	1.0000	0.9044	0.9542	0.7297	0.4652	0.3526
		规模以上煤炭开采和洗选业企业利税总额（万元）	1.0000	0.8476	0.9411	0.8114	0.5171	0.3325
政府	财政收入	一般公共预算收入（万元）	0.0000	0.0024	0.0841	0.2255	0.3853	0.5088
		企业所得税（万元）	0.0828	0.0000	0.1099	0.2457	0.4397	0.4709
		个人所得税（万元）	0.0000	0.0178	0.0405	0.0852	0.0967	0.1305
		资源税（万元）	0.1241	0.0238	0.0000	0.0278	0.0316	0.0402
	财政支出	一般公共预算支出（万元）	0.0000	0.0181	0.0944	0.2219	0.3198	0.3485
		一般公共服务支出（万元）	0.0000	0.0256	0.0637	0.1015	0.1508	0.1741
		公共安全（万元）	0.0000	0.0036	0.1440	0.1647	0.2811	0.3423
		社会保障和就业（万元）	0.0202	0.0588	0.0000	0.0590	0.0891	0.2114
		医疗卫生（万元）	0.0000	0.0878	0.0833	0.2008	0.2920	0.3482
		教育支出（万元）	0.0000	0.0504	0.1819	0.3428	0.5300	0.5243
		科学技术支出（万元）	0.0185	0.0000	0.0459	0.1892	0.2737	0.3553
		资源勘探信息等支出（万元）	0.0000	0.0000	0.1683	0.2674	0.2424	0.5297
		节能环保支出（万元）	0.0000	0.0310	0.1925	0.0852	0.4461	0.1817

续表

二级指标	三级指标	四级指标	2014年	2015年	2016年	2017年	2018年
	煤炭开采和洗选业生产经营能力	规模以上煤炭开采和洗选业企业单位数（个）	0.0857	0.6571	0.6000	0.2286	0.0000
		规模以上煤炭开采和洗选业全部从业人员年平均人数（人）	0.9630	0.7187	1.0000	0.6908	0.0000
		规模以上煤炭开采和洗选业亏损企业单位数（个）	1.0000	0.6000	0.8333	0.5000	0.1667
		规模以上煤炭开采和洗选业亏损企业亏损总额（万元）	1.0000	0.9892	0.9993	0.9955	0.8196
		规模以上煤炭开采和洗选业企业总产值（万元）	0.3331	0.0820	0.4313	0.7435	1.0000
		规模以上煤炭开采和洗选业企业销售产值（万元）	0.3410	0.0873	0.4244	0.7381	1.0000
		规模以上煤炭开采和洗选业企业利润总额（万元）	1.0000	0.9044	0.9542	0.7297	0.4652
		规模以上煤炭开采和洗选业企业利税总额（万元）	1.0000	0.8476	0.9411	0.8114	0.5171
政府	财政收入	一般公共预算收入（万元）	0.0000	0.0024	0.0841	0.2255	0.3853
		企业所得税（万元）	0.0828	0.0000	0.1099	0.2457	0.4397
		个人所得税（万元）	0.0000	0.0178	0.0405	0.0852	0.0967
		资源税（万元）	0.1241	0.0238	0.0000	0.0278	0.0316
	财政支出	一般公共预算支出（万元）	0.0000	0.0181	0.0944	0.2219	0.3198
		一般公共服务支出（万元）	0.0000	0.0256	0.0637	0.1015	0.1508
		公共安全（万元）	0.0000	0.0036	0.1440	0.1647	0.2811
		社会保障和就业（万元）	0.0202	0.0588	0.0000	0.0590	0.0891
		医疗卫生（万元）	0.0000	0.0878	0.0833	0.2008	0.2920
		教育支出（万元）	0.0000	0.0504	0.1819	0.3428	0.5300
		科学技术支出（万元）	0.0185	0.0000	0.0459	0.1892	0.2737
		资源勘探信息等支出（万元）	0.0000	0.0000	0.1683	0.2674	0.2424
		节能环保支出（万元）	0.0000	0.0310	0.1925	0.0852	0.4461

资料来源：根据附录C太原市绿色发展能力评价指标体系原始数据，采用全距（极差）标准化法，消除各指标因量纲不同对评价结果带来的影响得来。

附录 E　太原市绿色发展能力评价指标体系指标权重

二级指标	权重	三级指标	权重	四级指标	权重
经济	1.818	经济规模	0.606	GDP（万元）	0.327
				社会固定资产投资额（亿元）	0.180
				外商直接投资（亿美元）	0.099
		经济效益	1.212	GDP 增长率（%）	0.213
				人均 GDP（元）	0.507
				社会消费品人均零售额（万元）	0.096
				社会劳动生产率（%）	0.396
社会	1.818	人口与城市化	0.297	人口密度（人/平方千米）	0.186
				人口自然增长率（%）	0.041
				城市化率（%）	0.071
		收入与消费	0.981	在岗职工平均工资（元）	0.127
				城镇居民人均可支配收入（元）	0.345
				农民人均纯收入（元）	0.192
				城镇居民人均消费支出（元）	0.120
				农民人均生活消费支出（元）	0.086
				城市居民家庭恩格尔系数（%）	0.061
				农村居民家庭恩格尔系数（%）	0.051
		社会和谐与稳定	0.540	社会从业人员（人）	0.298
				年末城镇登记失业率（%）	0.115
				刑事案件立案数（起/万人）	0.051
				生产安全事故下降率（%）	0.076
资源	1.818	核心资源产量	0.606	一次能源产量（万吨标准煤）	0.327
				二次能源产量（万吨标准煤）	0.180
				人均原煤产量（吨）	0.099
		能源消耗	1.212	万元 GDP 能耗（吨标准煤）	0.290
				万元 GDP 用水量（立方米）	0.175
				万元 GDP 能源消费量（吨标准煤）	0.175
				万元 GDP 全行业用电量（千瓦小时）	0.175
				人均生活用水量（立方米）	0.096
				人均能源消耗（吨标准煤）	0.096
				城乡居民人均用电量（千瓦小时）	0.096
				化肥施用量（吨）	0.055
				农药使用量（吨）	0.055

续表

二级指标	权重	三级指标	权重	四级指标	权重
环境	1.818	废物排放与处理	0.909	万元GDP污水排放量（立方米）	0.075
				万元GDP污水利用量（立方米）	0.146
				工业固体废物排放量（万吨）	0.071
				工业固体废物综合利用率（%）	0.234
				工业危险废物综合利用率（%）	0.212
				生活垃圾产生量（万吨）	0.053
				生活垃圾无害化处理率（%）	0.118
		城市绿化与生态投入	0.909	市区二级以上空气质量天数（天）	0.215
				空气污染综合指数（%）	0.287
				道路清扫街道面积（万平方米）	0.027
				市容环境专用车（辆）	0.027
				公共厕所（个）	0.027
				建成区绿化覆盖面积（公顷）	0.044
				建城区绿化覆盖率（%）	0.059
				绿地率（%）	0.111
				人均公共绿地面积（平方米）	0.111
企业	0.909	生产技术水平	0.455	申请专利数	0.066
				技术市场登记技术合同（项）	0.021
				技术市场登记技术合同成交金额（亿元）	0.035
				规模以上工业企业原煤生产能力（万吨）	0.209
				规模以上工业企业原煤生产量（万吨）	0.124
		科技研发投入（规模以上）	0.455	工业企业R&D人员数（人）	0.022
				工业企业R&D人员折合全时当量（人年）	0.022
				工业企业R&D经费内部支出（万元）	0.065
				工业企业R&D经费外部支出（万元）	0.035
				采矿业企业R&D人员数（人）	0.065
				采矿业企业R&D人员折合全时当量（人年）	0.071
				采矿业企业R&D经费内部支出（万元）	0.117
				采矿业企业R&D经费外部支出（万元）	0.059
产业	0.909	产业与就业结构	0.128	第二产业产值占GDP比重（%）	0.032
				第三产业产值占GDP比重（%）	0.032
				第二产业从业人员比重（%）	0.032
				第三产业从业人员比重（%）	0.032

续表

二级指标	权重	三级指标	权重	四级指标	权重
产业	0.909	工业生产经营能力（规模以上）	0.128	工业企业单位数（个）	0.009
				工业企业全部从业人员年平均人数（人）	0.009
				工业亏损企业单位数（个）	0.009
				工业亏损企业亏损总额（万元）	0.009
				工业企业总产值（万元）	0.017
				工业企业销售产值（万元）	0.017
				工业企业利润总额（万元）	0.029
				工业企业利税总额（万元）	0.029
		重工业生产经营能力（规模以上）	0.239	重工业企业单位数（个）	0.017
				重工业企业全部从业人员年平均人数（人）	0.017
				重工业亏损企业单位数（个）	0.017
				重工业亏损企业亏损总额（万元）	0.017
				重工业企业总产值（万元）	0.031
				重工业企业销售产值（万元）	0.031
				重工业企业利润总额（万元）	0.054
				重工业企业利税总额（万元）	0.054
		煤炭开采和洗选业生产经营能力（规模以上）	0.414	煤炭开采和洗选业企业单位数（个）	0.029
				煤炭开采和洗选业企业全部从业人员年平均人数（人）	0.029
				煤炭开采和洗选业亏损企业单位数（个）	0.029
				煤炭开采和洗选业亏损企业亏损总额（万元）	0.029
				煤炭开采和洗选业企业总产值（万元）	0.054
				煤炭开采和洗选业企业销售产值（万元）	0.054
				煤炭开采和洗选业企业利润总额（万元）	0.094
				煤炭开采和洗选业企业利税总额（万元）	0.094
政府	0.909	财政收入	0.303	一般公共预算收入（万元）	0.135
				企业所得税（万元）	0.067
				个人所得税（万元）	0.034
				资源税（万元）	0.067
		财政支出	0.606	一般公共预算支出（万元）	0.157
				一般公共服务支出（万元）	0.157
				公共安全（万元）	0.028
				社会保障和就业（万元）	0.028
				医疗卫生（万元）	0.028
				教育支出（万元）	0.048
				科学技术支出（万元）	0.048
				资源勘探信息等支出（万元）	0.028
				节能环保支出（万元）	0.085

资料来源：权重值根据指标相对重要性判断矩阵打分计算得来。

附录 F 太原市绿色考核指标体系（试行草案）

类别	序号	指标名称	单位	2005年实际	2006年计划	2006年实际	2006年增长(%)	2007年计划	2007年增长(%)	备注	落实部门
	1	人均地区生产总值	元	26107	29880	29497	11.1	33320	10.5	按总人口计算	市发改委 市统计局
	2	第三产业增加值占地区生产总值的比重	%	50.9		51.2		51.7			
		第三产业投资占城镇固定资产投资的比重	%	34.8		35.0		36.0			
		交通运输、仓储和邮政业占第三产业的比重	%	16.6		16.3		16.6			
经济结构与效益	3	金融保险业占第三产业的比重	%	11.7		11.8		12.0			发改委 市统计局
		信息传输、计算机服务和软件业占第三产业的比重	%	9.7		9.8（预计）		10.0			
	4	文化产业增加值占地区生产总值的比重	%	3		3.2（预计）		3.6			市文化局
	5	旅游收入与产业增加值占地区生产总值的比率	%	9.0		10.8		10.0			市旅游局
	6	高新技术产业增加值占地区生产总值比重	%			5.4		5.8			市统计局
	7	无公害蔬菜生产比重	%			11.4		13.0			市农业局
	8	龙头企业产值占农业总产值的比率	%	117.3		135.3		143.0			市农业局
	9	规模以上工业经济效益综合指数	%	142.45		155.55		160.0			市经委 市统计局
科技创新	10	研究开发经费占地区生产总值比重	%	0.9	1.05	1.05		1.25			市科技局
	11	专利申请量	项	1103	1100	1458	32.2	1895	30.0		
	12	科技成果转化率	%	25	30	32		35			

续表

类别	序号	指标名称	单位	2005年实际	2006年计划	2006年实际	增长(%)	2007年计划	增长(%)	备注	落实部门
社会发展	13	人口自然增长率	‰	4.27	4.5	4.12		4.3			市计生委
	14	城镇化率	%	14.2		81.1		82			市统计局
	15	城镇新增就业岗位	万		12	14		14			市劳动局
	16	城镇登记失业率	%	3.2	4	3.56		4			市劳动局
	17	高中阶段毛入学率	%	85.6	86.5	86.2		87			市教育局
	18	县乡村三级医疗卫生机构达标率	%			49		55			市卫生局
	19	城镇基本社会保障覆盖率	%	79	80	80		80.5			市劳动局
	20	新型农村合作医疗参合率	%	81.4	80	84.4		85			市卫生局
公共服务	21	每百平方公里公路密度	公里	45.33	46.1	45.42		46.7			市交通局
		城市人均道路面积	平方米	8.73	9.2	8.7		9.7			
	22	万人拥有公交车辆数	标台	7.43	7.72	7.26		8.02			市建管委
	23	城市集中供热普及率	%	73	76.4	80.7		86			
	24	城市燃气普及率	%	96.3	97.2	96.1		97.4			
	25	农村沼气使用率	%	0.6		2		5.5			市农业局
	26	人均公共体育场馆面积	平方米	0.86	0.91	0.91		0.96			市体育局

续表

类别	序号	指标名称	单位	2005年实际	2006年计划	2006年实际	2006年增长(%)	2007年计划	2007年增长(%)	备注	落实部门
生态环保	27	森林覆盖率	%	12	14	13					市林业局
	28	造林合格面积	万亩	5.85		23.32		21.9		年度用"造林合格面积"替代	
		建成区绿化覆盖率	%	36.1	37.1	37.3		38.3			市建管委
		建成区人均公共绿地面积	平方米	8.3	8.8	8.38		8.88			
	29	市区大气质量二级以上天数	天	245	260	261		267			市环保局
	30	二氧化硫排放量	万吨	18.45		16	-13.3	14	-12.5		
		化学需氧量排放量	万吨	3.23		3.14	-2.8	3.06	-2.5		
	31	城市污水处理率	%	63	65	64.3		65			市建管委
	32	城市生活垃圾无害化处理率	%	80	82	80		86			
	33	工业固体废物处理利用率	%	94.4		94.38		>90			
	34	区域环境噪声平均值	db(A)	53.8		53.1		<56			市环保局
		交通干线噪声平均值	db(A)	67.9		67.9		<68			
	35	机动车尾气监测率	%	80.2		78.0		80.0			
	36	环境保护投入占地区生产总值的比重	%	2.53		>2		>2			

续表

类别	序号	指标名称	单位	2005年实际	2006年计划	2006年实际	增长(%)	2007年计划	增长(%)	备注	落实部门
资源节约与利用	37	耕地保有量	万亩	197.81		191.19		191.19			市国土局
	38	水土流失治理度	%	46.2		49.1		51.5			市水务局
	39	农业灌溉水平均有效利用系数		0.45		0.46		0.47			市水务局
	40	矿区煤炭资源回采率（地方）	%	50.4	52.2	52.5		60			市煤管局
	41	焦炉煤气利用率	%	50	60	60	20	91			市经委
		煤焦油回收率	%	100		100		100			
	42	天然气供气量	亿立方米			1.14		2.6			市建管委
	43	全面推行节水设备和器具，推行"一户一表，分户计量"的用水制度								导向性要求	市墙改办
	44	新型墙体材料产量占墙体材料总量的比例	%	54	60	60		70			市建管委
		新型墙体材料建筑应用比例	%	55	60	60		70			
	45	宾馆、饭店、洗浴等商业服务单位一次性用品使用率不超过30%，禁止生产、经营、使用实心黏土砖								导向性要求	市商务局
	46	工业园区、太钢、太化煤气化、一电厂、二电厂和15个大型焦化企业实现废水零排放									市环保局 市经委
	47	全面推行钢铁、废纸、废塑料、废轮胎、废家电及包装废弃物的回收、再生和循环利用								导向性要求	市供销社

续表

类别	序号	指标名称	单位	2005年实际	2006年计划	2006年实际	增长(%)	2007年计划	增长(%)	备注	落实部门
节能降耗	48	万元地区生产总值综合能耗	吨标煤	2.67	2.45	2.49(预)	-6.6	2.31	-7.2		市经委
		万元地区生产总值平均耗水量	立方米	64.03	59.8	57.33	-10.5	53	-7.5		市水务局
	49	万元工业增加值综合能耗	吨标煤	5.54	5.95	5.41	-2.3	5.02	-7.2		市经委
		万元工业增加值取水量	立方米	49.29	47.29			45.29			
	50	新建建筑节能设计标准不低于50%								导向性要求	市节能办
	51	在公用设施、宾馆商厦、居民住宅中推广采用高效节能照明产品									
	52	对公用照明设施进行节能改造，尽量采用自然照明，实行"绿色照明"									
	53	公共建筑空调室内温度设置标准夏季不低于26度，冬季不高于20度									
	54	各类园区全部实施清洁生产和循环经济运行模式									市经委 市环保局
人民生活	55	城镇居民人均可支配收入	元	10476	11630	11741	12.1	13030	11.0		市统计局
			元	4402	4885	4917	11.7	5460	11.0		
	56	城镇居民人均住宅建筑面积	平方米	23.2	24	23.6		24.4			市建管委
			平方米	28.6	29.4	29.6		30.2			
	57	解决农村饮水困难和水质不安全人数	万人			9.26		10			市水务局
	58	食品卫生检测合格率	%	94.36		94.2		94.5			市卫生局
	59	每千人拥有医生数（职业医师）	人	4	4.2	4		4.3			市卫生局
	60	人均期望寿命	岁	75.24	75.4	75.4(预)		75.65			市卫生局 市统计局

资料来源：姜艳生等：《太原市绿色转型年度报告（2007年）》，山西出版社集团、山西人民出版社2009年版。

参考文献

安果：《新型工业化的现实基础：用信息技术改造传统产业》，《经济与管理研究》2004年第2期。

曹曼、叶文虎：《循环经济产业体系论纲》，《中国人口·资源与环境》2006年第3期。

曾贤刚、段存儒：《煤炭资源枯竭型城市绿色转型绩效评价与区域差异研究》，《中国人口·资源与环境》2018年第7期。

陈傲：《循环经济技术范式变革与企业技术创新的生态化转向》，《科学学与科学技术管理》2007年第5期。

陈耀：《煤炭资源型城市产业结构调整研究》，《中国社会科学院工业经济研究所研究报告》2001年第2期。

陈忠祥：《资源衰退型城市产业结构调整及空间结构优化研究——以宁夏石嘴山市为例》，《经济地理》2006年第1期。

成思危：《复杂科学与管理》，《南昌大学学报》2000年第3期。

崔树民、姜艳生：《太原市绿色转型年度报告（2007年）》，山西人民出版社2009年版。

［苏］Г.С.霍津：《当代全球问题》，刘仲亨等译，社会科学文献出版社1989年版。

［美］大卫·N.海曼：《公共财政：现代理论在政策中的应用》，章彤译，中国财政经济出版社2001年版。

戴伯勋、沈宏达：《现代产业经济学》，经济管理出版社2001年版。

［德］迪特尔·格罗塞尔：《德意志联邦共和国经济政策及实践》，晏小宝等译，上海翻译出版公司1992年版。

丁宪浩：《21世纪的朝阳产业——生态资源培育维护业》，《北京师范大学学报》（社会科学版）2004年第5期。

丁祖荣、陈舜友、李娟：《绿色管理内涵拓展及其构建》，《科技进步与对策》2008 年第 9 期。

董锁成、李泽红、李斌等：《中国资源型城市经济转型问题与战略探索》，《中国人口·资源与环境》2007 年第 5 期。

杜宝贵：《资源型地区转型发展的几个重要关系》，《国家治理》2018 年第 24 期。

杜辉：《资源型城市可持续发展保障的策略转换与制度构造》，《中国人口·资源与环境》2013 年第 2 期。

[德] 厄恩斯特·冯·魏茨察克、[美] 艾默里·B. 洛文斯、[美] L. 亨特·洛文斯：《四倍跃进：一半的资源消耗创造双倍的财富》，中华工商联合出版社 2001 年版。

樊杰：《我国煤矿城市产业结构转换问题研究》，《地理学报》1993 年第 3 期。

范富：《从战略学的视角看绿色转型——坚持科学发展推进绿色转型的战略思考》，《太原科技》2008 年第 3 期。

方甲：《产业结构问题研究》，中国人民大学出版社 1997 年版。

龚建文：《低碳经济：中国的现实选择》，《江西社会科学》2009 年第 7 期。

辜秋琴、恩佳、朱方明：《论企业循环经济行为的层次性和策略性》，《生态经济》2006 年第 12 期。

顾培亮：《系统分析与协调》，天津大学出版社 1998 年版。

郭丕斌：《基于生态城市建设的产业转型理论与方法研究》，博士学位论文，天津大学，2004 年。

国家行政学院经济学教研部：《中国经济新方位》，人民出版社 2017 年版。

国务院：《全国资源型城市可持续发展规划（2013—2020 年）》，中央政府门户网站。

韩东娥：《完善流域生态补偿机制与推进汾河流域绿色转型》，《经济问题》2008 年第 1 期。

韩民青：《文明的演进与新工业革命》，《光明日报》2002 年 4 月 11 日。

[美] 赫尔曼·E. 戴利：《超越增长——可持续发展的经济学》，诸大建等译，上海译文出版社 2001 年版。

胡宝清、严志强、廖赤眉：《区域生态经济学理论、方法与实践》，中国环境科学出版社 2006 年版。

黄爱宝：《政府绿色管理能力建设：内涵、动因与任务剖析》，《云南社会科学》2008 年第 4 期。

黄金川：《城市化与生态环境耦合关系理论与方法研究》，博士学位论文，中国科学院，2003 年。

黄溶冰、王跃堂：《我国资源型城市经济转型模式的选择》，《经济纵横》2008 年第 2 期。

［美］加西里埃尔·A. 阿尔蒙德、G. 宾厄姆·鲍威尔：《比较政治学》，上海译文出版社 1987 年版。

《简明物理学词典》，上海辞书出版社 1987 年版。

姜艳生：《关于推动绿色转型的理论和实践问题的探讨》，《太原科技》2007 年第 6 期。

焦华富、路建涛、韩世君：《德国鲁尔区工矿城市经济结构的转变》，《经济地理》1997 年第 2 期。

金建国、李玉辉：《资源型城市转型中的政府管理创新》，《经济社会体制比较》2005 年第 5 期。

景普秋、张复明：《资源型地区工业化与城市化的偏差与整合——以山西省为例》，《人文地理》2005 年第 6 期。

匡后权、邓玲：《现代服务业与我国生态文明建设的互动效应》，《上海经济研究》2008 年第 5 期。

李成军：《煤矿城市经济转型研究》，博士学位论文，辽宁工程技术大学，2005 年。

李德、钱颂迪编：《运筹学》，清华大学出版社 1982 年版。

李东序：《城市综合承载力理论与实证研究》，博士学位论文，武汉理工大学，2008 年。

李国平、张洋：《抚顺煤田区域的工业化与城市形态及结构演化研究》，《地理科学》2001 年第 6 期。

李虹：《新动能培育与资源型城市转型》，环球网站。

李虹：《中西部和东部地区资源型城市转型与发展新动能的培育》，《改革》2017 年第 7 期。

李虹：《资源型城市转型新动能——基于内生增长理论的经济发展模

式与政策》，商务印书馆 2018 年版。

李健：《不可再生资源型城市产业经济一定要推进延续性转型吗？——一个简单的理论分析框架》，《生态经济》2007 年第 12 期。

李育冬：《生态工业城市建设的清洁生产与治理》，《新疆大学学报》（哲学人文社会科学版）2005 年第 4 期。

刘光岭：《绿色农业产业集群的生态属性及发展研究》，《经济问题》2007 年第 7 期。

刘继同：《生态运动与绿色主义福利思想：生态健康科学与新型公共卫生框架》，《科技大学学报》2005 年第 3 期。

刘云刚：《中国资源型城市的发展机制及其调控对策研究》，博士学位论文，东北师范大学，2002 年。

柳泽、周文生、姚涵：《国外资源型城市发展与转型研究综述》，《中国人口·资源与环境》2011 年第 11 期。

路建涛：《工矿城市发展模式比较研究》，《经济地理》1997 年第 3 期。

路卓铭、于蕾、沈桂龙：《我国资源型城市经济转型的理论时机选择与现实操作模式》，《财经理论与实践》2007 年第 5 期。

［美］罗伯特·A. 达尔：《现代政治分析》，上海译文出版社 1987 年版。

苗东升：《复杂性研究的现状与展望》，《系统辩证学学报》2001 年第 4 期。

潘惠正、汪道温、徐启敏：《日本煤炭工业结构调整与政府的支持政策》，《中国煤炭》1995 年第 11、第 12 期。

齐建珍：《资源型城市转型学》，人民出版社 2004 年版。

钱学森、于景元、戴汝为：《一个科学新领域——开放的复杂巨系统及其方法论》，《自然杂志》1990 年第 1 期。

曲建升、高峰、张旺锋等：《不同资源类型的资源型城市经济转型基础与模式比较——以典型资源型城市为例》，《干旱区资源与环境》2007 年第 2 期。

任建雄：《资源型城市产业转型的有序演化与治理对策》，《生态经济》2008 年第 7 期。

沈镭、万会：《试论资源型城市的再城市化与转型》，《资源产业》

2003 年第 6 期。

沈镭:《我国资源型城市转型的理论与案例研究》,博士学位论文,中国科学院,2005 年。

沈萍、周勇:《绿色供应链与生态工业链异同之比较》,《沿海企业与科技》2005 年第 7 期。

孙雅静:《资源型城市转型过程中政府职能转型研究》,《中国矿业》2007 年第 5 期。

孙雅静:《资源型城市转型与发展出路研究》,中国经济出版社 2006 年版。

孙毅:《资源型区域绿色转型的理论与实践研究》,博士学位论文,东北师范大学,2012 年。

太原市环境保护局:《太原市固体废物污染环境防治信息公告(2008—2018)》,太原市环境保护局网站。

太原市环境保护局:《与时俱进　开拓创新　做绿色转型的开拓者和实践者》,《太原市人民政府公报》2008 年第 11 期。

太原市人大及其常委会:《太原市绿色转型促进条例》。

太原市人民政府:《太原市 2019 年政府工作报告》,太原市人民政府网站。

太原市人民政府:《太原市促进绿色转型专项资金使用管理办法》(并政发〔2010〕21 号)。

太原市人民政府:《太原市绿色转型促进条例实施办法》(2009 年第 71 号令)。

太原市生态环境局:《不平凡的 2018 持续向污染宣战:太原环境保护力度空前的一年》,太原市生态环境局网站。

太原市统计局:《太原市国民经济和社会发展统计公报》(2008—2018 年),太原市人民政府网站。

太原市统计局:《太原统计年鉴》(2009—2019 年),中国统计出版社。

谭旭红、李芊霖:《资源型城市绿色转型评价研究——以黑龙江省为例》,《煤炭经济研究》2018 年第 12 期。

汪应洛:《系统、管理、战略研究》,中国统计出版社 1992 年版。

王关区:《产业结构调整与生态环境治理相结合的思考》,《内蒙古社会科学》2004 年第 3 期。

王虹、张巍、朱远程：《资源约束条件下构建工业园区生态产业链的分析》，《科学管理研究》2006 年第 1 期。

王洪刚、韩秀文：《绿色供应链管理及实施策略》，《天津大学学报》（社会科学版）2002 年第 2 期。

王慧敏、仇蕾：《资源—环境—经济复合系统诊断预警方法与应用》，科学出版社 2007 年版。

王茂林：《全力推进城市实现"绿色转型"》，《中国城市经济》2008 年第 3 期。

王奇、叶文虎、邓文碧：《信息产业与可持续发展》，《中国人口·资源与环境》2001 年第 3 期。

王青云："资源型城市经济结构转型"，国家发改委课题，2003 年。

王寿云：《开放的复杂巨系统》，浙江科学技术出版社 1996 年版。

王顺华：《众说纷纭 GDP》，《经济日报》2004 年 5 月 11 日。

王晓岭、丁相安、秦曦：《异质性视角下绿色转型绩效评价与提升研究》，《大连理工大学学报》（社会科学版）2018 年第 2 期。

王永利：《推动经济绿色转型的重要环节》，《山西日报》2007 年 10 月 8 日。

王元：《重视单一性城市的可持续发展》，《人民日报》2000 年 1 月 11 日。

王著、吴栋：《对煤炭资源型城市产业转型的深层次思考》，《经济经纬》2007 年第 6 期。

魏宏森：《系统论——系统科学哲学》，清华大学出版社 1995 年版。

毋青松：《加快推进绿色转型努力实现又好又快发展》，《太原科技》2007 年第 8 期。

吴一平、段宁、乔琦等：《全新型生态工业园区的工业共生链网结构研究》，《中国人口·资源与环境》2004 年第 2 期。

吴志军：《我国生态工业园区发展研究》，《当代财经》2007 年第 11 期。

伍新木、杨莹：《政府对资源型城市发展的影响和作用》，《经济评论》2004 年第 3 期。

夏永祥、沈滨：《我国资源开发性企业和城市可持续发展的问题与对策》,《中国软科学》1998年第7期。

徐琤、权衡:《中国转型经济及其政治经济学意义——中国转型的经验与理论分析》,《学术月刊》2003年第3期。

徐君、高厚宾、王育红:《生态文明视域下资源型城市低碳转型战略框架及路径设计》,《管理世界》2014年第6期。

徐君、李巧辉、王育红:《供给侧改革驱动资源型城市转型的机制分析》,《中国人口·资源与环境》2016年第10期。

许国志:《系统科学》,上海科技教育出版社2000年版。

颜京松、王如松:《产业转型的生态系统工程》,《农村生态环境》2003年第1期。

颜京松、王如松:《近十年生态工程在中国的进展》,《农村生态环境》2001年第1期。

颜泽贤:《复杂系统演化论》,人民出版社1993年版。

杨波:《资源型城市转型系统与评价研究》,博士学位论文,天津大学,2013年。

杨多贵、高飞鹏:《"绿色"发展道路的理论解析》,《科学管理研究》2006年第5期。

杨茂林:《绿色经济学若干基本理论问题研究——对绿色转型的理论基础和理论条件的探索》,载《太原市绿色转型年度报告(2007年)》,山西出版集团、山西人民出版社2009年版。

杨秀虹、李适宇:《耗散结构理论在环境承受阈研究中的应用初探》,《环境科学学报》2000年第6期。

杨漾:《推进绿色转型是建设新太原的必然选择》,《中共太原市委党校学报》2008年第6期。

叶生洪、杨宇峰、张传忠:《绿色生产探源》,《科技管理研究》2006年第7期。

叶雪洁、吕莉、王晓蕾:《经济地质学视角下的资源型城市产业转型路径研究——以淮南市为例》,《中国软科学》2018年第2期。

易成栋、谢海燕:《建设中国工业生态园的必要性分析》,《中国资源综合利用》2002年第4期。

尹艳冰:《面向循环经济的生态化技术创新体系构建及其测试研究》,博士学位论文,天津大学,2008年。

于光：《矿业城市经济转型理论与评价方法研究》，博士学位论文，中国地质大学，2007年。

于光、周进生、董铁柱：《矿业城市经济转型成本分析与始点选择》，《中国矿业》2007年第10期。

于言良：《资源型城市经济转型研究——以阜新经济转型试点市为例演绎"一转三重"转型理论》，博士学位论文，辽宁工程技术大学，2006年。

余建辉、李佳洺、张文忠：《中国资源型城市识别与综合类型划分》，《地理学报》2018年第4期。

袁增伟：《中部地区资源型城市产业转型与产业升级实证研究》，科学出版社2009年版。

张兵生：《开拓落实科学发展观的新途径——绿色经济学与经济转型》，《中国井冈山干部学院学报》2006年第1期。

张兵生：《绿色经济学探索》，中国环境科学出版社2005年版。

张兵生：《全力推进资源型城市绿色转型》，《太原日报》2007年4月4日。

张兵生：《实施绿色管理发展绿色科技全力推进发展模式绿色转型》，《太原科技》2007年第6期。

张兵生：《政府绿色管理：基本依据、构建路径和战略着力点》，《中国行政管理》2007年第4期。

张复明：《工矿区域城市化模式研究——以山西省为例》，《经济地理》2001年第4期。

张复明、景普秋：《资源型区域中心城市的产业演进与城市化发展——以太原市为例》，《中国人口·资源与环境》2007年第2期。

张桂香、赵建华、赵景爱：《发展集群经济创新产业体系》，《理论探索》2007年第1期。

张惠程：《国内外资源型城市绿色转型研究综述》，《资源与产业》2018年第5期。

张金旺：《以科技管理创新推进绿色转型》，《太原科技》2007年第6期。

张米尔、武春友：《资源型城市产业转型障碍与对策研究》，《经济理论与经济管理》2001年第2期。

张涛、杨秀兰：《绿色供应链管理对企业成本的影响》，《经济管理》2008年第3期。

张文忠、余建辉、王岱等：《中国资源型城市可持续发展研究》，科学出版社2014年版。

张秀生、陈先勇：《论中国资源型城市产业发展的现状、困境与对策》，《经济评论》2001年第6期。

张旭、庞顺新：《成熟资源型城市绿色转型仿真研究》，《科技与管理》2019年第3期。

张艳、李黎聪、杨征：《技术创新是实现产业绿色转型的根本途径》，《太原科技》2008年第11期。

张耀辉、路世昌：《衰退地区经济振兴战略》，中国计划出版社1999年版。

张以诚：《矿业城市与可持续发展》，石油工业出版社1998年版。

张友祥、支大林、程林：《论资源型城市可持续发展应处理好的几个关系》，《经济学动态》2012年第4期。

赵景海：《我国资源型城市发展研究进展综述》，《城市发展研究》2006年第3期。

赵景海、俞滨洋：《资源型城市空间可持续发展战略初探——兼论大庆市城市空间重组》，《城市规划》1999年第8期。

赵洋：《我国资源型城市绿色转型效率研究》，《经济问题探索》2019年第7期。

郑伯红、廖荣华：《资源型城市可持续发展能力的演变与调控》，《中国人口·资源与环境》2003年第2期。

郑伯红：《资源型城市的可持续发展优化及案例研究》，《云南地理环境研究》1999年第1期。

郑婷婷：《资源诅咒、产业结构与绿色经济增长研究》，博士学位论文，北京邮电大学，2019年。

郑志国：《我国单一资源城市产业转轨模式初探》，《经济纵横》2002年第2期。

钟茂初：《以新发展理念推动资源型城市转型》，《国家治理》2018年第24期。

朱远：《城市发展的绿色转型：关键要素识别与推进策略选择》，《东南学术》2011 年第 5 期。

《资源型城市如何转型升级?"太原方案"计划三步走》,《山西日报》2018 年 5 月 15 日。

[德] Friedrich Schmidt-Bleek:《人类需要多大的世界:MIPS——生态经济的有效尺度》,吴晓东、翁端译,清华大学出版社 2003 年版。

Barnes, T. J., Hayter, R., Hay, E., "Stormy Weather: Cyclones, Harole Innis, and Port Alberni, BC", *Environment and Planning A*, Vol. 33, No. 12, 2001.

Baumol, W. J. and W. E. Oates, *The Theory of Environmental Policy*, Cambridge: Cambridge University Press, 1988.

Beamon, B. M., "Designing the Green Supply Chain", *Logistics Information Management*, Vol. 12, No. 4, 1999.

Bhat, Vasanthakumar N., *The Green Corporation: The Next Competitive Advantage*, Westport, Conn.: Quorum, 1996.

Bradbury, J. H., St. -Martin, I., "Winding Down in a Qubic Town: A Case Study of Schefferville", *The Canadian Geographer*, Vol. 27, No. 2, 1983.

Bradbury, J. H., "The Impact of Industrial Cycles in the Mining Sector", *International Journal of Urban and Regional Research*, Vol. 8, No. 3, 1984.

Bradbury, J. H., "Towards an Alternative Theory of Resource-Based Town Development in Canada", *Economic Geography*, Vol. 55, No. 2, 1979.

Commoner, B., Corr, M., Stamler, P. J., "The Causes of Pollution", *Environment*, Vol. 13, No. 3, 1971.

Cook, P., Uranga, M. C., Etxebarria, C., "Regional Innovation Systems: Institutional and Organizational Dimensions", *Research Policy*, No. 26, 1997.

Ehrlich, P., Holdren, J., "The People Problem", *Saturday Review*, No. 4, 1970.

George, V., Page, R. eds., *Modern Thinkers on Welfare*, London: Prentice Hall, 1995.

Grove, Stephen J., Raymond P. Fisk, Gregory M. Pickett and Norman

Kangun, "Going Green in the Service Sector", *European Journal of Marketing*, Vol. 30, No. 5, 1996.

Hayter, R., Barnes, T. J., "The Restructuring of British Columbia Coastal Forest Sector: Flexibility Perspectives", *BC Studies*, Vol. II, No. 3, 1997.

Hayter, R., *Flexible Crossroads: The Restructuring of British Columbia's Forest Economy*, Vancouver: UBC Press, 2000.

Innis, H. A., *The Fur Trade in Canada: An Introduction to Canadian Economic History*, Toronto: University of Toronto Press, 1930.

Lucas, R. A., *Minetown, Milltown, Railtown: Life in Canadian Communities of Single Industry*, Toronto: University of Toronto Press, 1971.

Markey, S., Halseth, G., Manson, D., "The Struggle to Compete: From Comparative to Competitive Advantage in Northern British Columbia", *International Planning Studies*, Vol. 11, No. 1, 2006.

Marsh, B., "Continuity and Decline in the Anthracite Towns of Pennsylvania", *Annals of the Association of American Geographers*, Vol. 77, No. 3, 1987.

Ma, S., Wang, R., "Social–Economic–Natural Complex Ecosystem and Sustainable Development", in Wang, R. ed, *Human Ecology in China*, Beijing: China Sci. and Technol. Press, 1989.

McMahon, G., Remy, F., *Large Mines and the Community: Socioeconomic and Environmental Effects in Latin America, Canada, and Spain*, Washington, D. C.: IDRC and World Bank, 2001.

O'Faircheallaigh, C., "Economic Base and Employment Structure in Northern Territory Mining Towns", in Brealey, C. T., Neil, N. P., eds., *Resource Communities: Settlement and Workforce Issues*, Melbourne: CSIRO, 1988.

Robinson, J. L., "Geographical Reviews", *American Geographical Review*, Vol. 54, No. 2, 1964.

Siemens, L. B., Peach, J. W., Weber, S. M., "Aspects of Interdisciplinary Research in Resource Frontier Communities", Papers Presented to the Canadian Council for Research in Education Conference, Ottawa, March

9-11, 1970, Occasional Papers, Series 5, No. 5. Winnipeg, Man.: Center for Settlement Studies, University of Manitoba, 1970.

Todaro, M. P., *Economic Development*, London: Longman, 1994.

Warren, R. L., *The Community in America*, Chicago: Rand McNally College Publishing, 1963.

Welford, R., *Corporate Environmental Management Systems and Strategies*, London: Earthscan Publications Ltd, 1996.

后　　记

十年前，在南开大学攻读博士学位期间，以资源型城市绿色转型作为主要研究方向，在导师刘纯彬先生的指导下，于核心期刊发表了若干论文，并顺利完成了博士学位论文的写作与答辩。工作后，曾在农业及金融部门从事对外经济合作研究，虽与原研究方向关联不大，但对该领域的关注从未间断。十年下来，又积攒了一些素材，理顺了一些思路，更新了一些观点，形成了目前这部书稿，希望能为我国资源型城市绿色转型提供些许思路。

本书能够顺利出版，得力于河北经贸大学学术著作出版基金、河北省高等学校人文社会科学重点研究基地河北经贸大学现代商贸服务业研究中心的资助，得力于中国社会科学出版社的大力支持与帮助，在此深表感谢！

书稿出版，仅代表阶段性成果，尚存很多有待完善之处。今后，我将一如既往地对该领域研究进展保持关注，更加努力工作，更广泛地开展调研，力争形成更高水平的研究成果服务社会。

付梓之际，喜迎母校百年华诞，谨以此书向母校献礼，也砥砺自身更加允公允能、日新月异。望于三尺讲台书写青春年华，为莘莘学子力行传道解惑。以期无愧于母校，无愧于人生。

张晨
2019 年 12 月